Josef Moos und Elisabeth Moos

WISO
kompakt

Wirtschafts- und Sozialkunde zur Prüfungsvorbereitung für gewerbliche Berufe

in 3 Kapiteln, unterteilt in insgesamt 12 Prüfungsteilgebiete

jeweils mit
- **Prüfungsanforderungen**
- **Prüfungsstoff**
- **offenen Fragen**
- **Multiple-Choice-Aufgaben**

Handwerk und Technik • Hamburg

Anstelle eines Vorwortes eine
Gebrauchsanweisung für dieses Buch

Nicht alles, was Sie in der Berufsschule im Fach Wirtschafts- und Sozialkunde gelernt haben, wird von der zuständigen Stelle, der Industrie- und Handelskammer bzw. der Handwerkskammer, geprüft, sondern nur das, was in der Ausbildungsordnung steht. Für die Auszubildenden gewerblicher Berufe, die ihre Ausbildung im Jahr 2007 begonnen haben, sind das ab 2009 folgende drei Prüfungsgebiete:

> ## 1. Der Jugendliche in Ausbildung und Beruf

- unterteilt in **5** Prüfungsteilgebiete

> ## 2. Nachhaltige Existenzsicherung

- unterteilt in **3** Prüfungsteilgebiete

> ## 3. Unternehmen in Wirtschaft und Gesellschaft sowie im Rahmen weltwirtschaftlicher Verflechtungen

- unterteilt in **4** Prüfungsteilgebiete

Dieses Arbeitsbuch folgt in seiner Gliederung diesen drei Prüfungsgebieten mit deren jeweiligen Teilgebieten. Die insgesamt zwölf Teilgebiete enthalten den gesamten Prüfungsstoff der Berufsabschlussprüfung in Wirtschafts- und Sozialkunde, wie er von der Kultusministerkonferenz (KMK) im Jahr 2007 festgelegt wurde. Er löst damit die Prüfungsvorgaben aus dem Jahr 1984 ab, nach denen bis 2009 geprüft wurde.

Was wird im Einzelnen geprüft?
Informationen hierzu finden Sie in einer Übersicht jeweils am Anfang der drei Kapitel. Die Aufgaben werden in der Prüfung als Multiple-Choice-Fragen gestellt, teilweise auch als offene Fragen, zu denen Sie selbst eine Antwort formulieren müssen.

Wie arbeiten Sie am wirkungsvollsten mit diesem Buch?
Arbeiten Sie den Inhalt des ersten Unterkapitels **„1.1 Berufliche Erstausbildung im Ausbildungsbetrieb"** durch. Jeweils am Ende eines Unterkapitels finden Sie dann Aufgaben zu diesem Prüfungsbereich. Prüfen Sie Ihr Wissen zuerst anhand der **offenen** Aufgaben. Notieren Sie Ihre Antworten stichwortartig. Wenn Sie alle Aufgaben bearbeitet haben, vergleichen Sie Ihre Antworten mit den Musterlösungen am Ende des Buchs.
Testen Sie dann Ihr Wissen anhand des darauffolgenden Multiple-Choice-Fragebogens. Auch in der Prüfung werden Sie überwiegend Multiple-Choice-Fragen lösen. Die Lösung zum Multiple-Choice-Test finden Sie ebenso am Buchende.

Wie geht es weiter?
Nach diesem Vorgehensmuster arbeiten Sie alle 12 Teilgebiete durch – idealerweise zwei pro Woche – und lösen die dazugehörigen Aufgaben. Einige Tage vor der Abschlussprüfung in Wirtschafts- und Sozialkunde lösen Sie dann den für Ihre Abschlussprüfung zutreffenden Musteraufgabensatz am Ende des Buchs. Wählen Sie hierzu – abhängig von Ihrem Ausbildungsberuf – einen der drei Musterprüfungsbögen aus. Die Lösungen finden Sie ebenso am Ende des Buchs.

Wenn Sie diese Gebrauchsanweisung beachten, dann sind Sie fit für die Prüfung in WISO.

Wie können Sie dieses Arbeitsbuch noch sinnvoll nutzen?
Sie finden hier nur eine knappe Zusammenfassung des Stoffes für die Abschlussprüfung in WISO. Sie können dieses Buch aber auch vom ersten Ausbildungsmonat an benutzen, um parallel zum Unterricht in der Berufsschule oder zur betrieblichen Unterweisung wichtige Inhalte nachzulesen, zu festigen, laufend zu wiederholen und Ihr Wissen anhand der Aufgaben selbst überprüfen. Wenn Sie von Beginn der Ausbildung an mit diesem Buch arbeiten, dann haben Sie weniger „WISO-Stress" in den Wochen unmittelbar vor Ihrer Abschlussprüfung.

Inhaltsverzeichnis

IV

1 Der Jugendliche in Ausbildung und Beruf

Prüfungsgebiet	Themenbereiche	Prüfungsinhalte
In der Abschlussprüfung WISO müssen Sie im Prüfungsgebiet „Der Jugendliche in Ausbildung und Beruf" Aufgaben zu folgenden Bereichen bearbeiten:	Präsentation des Ausbildungsbetriebs, Rechtsrahmen von Ausbildung und Berufstätigkeit	• Der Ausbildungsbetrieb in der Branche und der Gesamtwirtschaft • Wandel von Berufen • Berufsausbildungsvertrag • Berufsbildungsgesetz, Handwerksordnung • Arbeitsvertrag
	Rechte und Pflichten der Beteiligten	• Arbeitsrecht und -schutz • Arbeitsgerichtsbarkeit
	Möglichkeiten und Grenzen betrieblicher Mitbestimmung	• Arbeitgeberverbände • Gewerkschaften • Tarifrecht und Tarifverträge • Betriebsrat, Jugend- und Auszubildendenvertretung
	Lebenslanges Lernen, Wandel der Arbeitswelt	• Berufliche Fortbildung und Umschulung • Staatliche Fördermaßnahmen • Mobilität und Flexibilität
	Leben, Lernen und Arbeiten in Europa	• Europass und Mobilitätsprogramme • Europäische Sozialcharta

1.1 Berufliche Erstausbildung im Ausbildungsbetrieb

1.1.1 Der Ausbildungsbetrieb in der Wirtschaft – ein Mosaikstein unter vielen

Sie haben vor Kurzem eine gewerbliche Ausbildung in einem Betrieb begonnen – oder Sie stehen am Ende Ihrer Berufsausbildung und damit vor Ihrer Abschlussprüfung. Ihr Ausbildungsbetrieb nimmt in der Wirtschaft eine Sonderstellung ein, denn nur gut 30 % der Betriebe bilden aus. Das hat viele Gründe, u.a.:

• Manche Betriebe sind sehr spezialisiert, sie könnten die Inhalte einer Ausbildungsordnung nur zu einem geringen Teil vermitteln.
• Ausbildung verursacht Kosten, die manche Betriebe scheuen und daher ihren Mitarbeiternachwuchs lieber auf dem Arbeitsmarkt rekrutieren.
• Der technische Fortschritt lässt klassische Ausbildungsberufe verschwinden, neue Berufe entwickeln sich aber erst allmählich, denn ausgebildet werden darf erst, wenn eine Ausbildungsordnung vorliegt – das dauert oft Jahre.
• Es stehen keine geeigneten Ausbilder mit ausreichender Qualifikation zur Verfügung.

Sie haben während Ihrer Ausbildung schon einen ersten Einblick in die Struktur der Wirtschaft gewinnen können. Verschiedene **Ordnungsmerkmale** erleichtern den Überblick über die Stellung eines Betriebes im Geflecht einer Volkswirtschaft. So lassen sich Betriebe betrachten nach:

• **Produktionsfaktoren:** Welche werden gebraucht?
• **Produktionsformen:** Wie und was wird produziert?

Unternehmen und Betriebe werden im Prüfungsgebiet 3 *Unternehmen und Verbraucher in Wirtschaft und Gesellschaft* näher betrachtet.

Aber unabhängig davon, was ein Betrieb herstellt, benötigt er in jedem Fall die drei Produktionsfaktoren Arbeit, Boden und Kapital.

Produktionsfaktoren		
Arbeit	**Boden (Natur)**	**Kapital**
• Wissen und Kenntnisse (geistige Arbeit) • Muskelkraft (körperliche Arbeit)	• Betriebsgelände (Standort) • Gebrauchsgüter • Rohstoffe • Verbrauchsgüter	• Geldkapital: z. B. Kassen- und Bankbestand • Sachkapital: z. B. Maschinen, Anlagen, Gebäude

Je nach Art der Produktion unterscheidet man

Urproduktion (Primärbereich)	Verarbeitung (Sekundär- bereich)	Dienstleistung (Tertiärbereich)
Gewinnung der Rohstoffe	Veredelung der Roh- stoffe und Produktion von Gütern	Verteilung der produ- zierten Güter sowie Dienstleistungen
• Anbaubetriebe wie Landwirtschaft, Fischerei • Abbaubetriebe wie Montan- und Stein- industrie, Erdöl- und Erdgasgewinnung	produzierendes Gewerbe: • Handwerk (meist nach Kundenauftrag) • Industrie (Serien- fertigung für einen anonymen Markt)	z. B. Handel, Verkehr, Logistik, Banken, Versicherungen, öffentlicher Dienst, Schulen, Hochschulen

In den letzten beiden Jahrhunderten hat eine gewal- tige Verschiebung der Beschäftigtenzahlen in den Wirtschaftsbereichen stattgefunden. Während der Industrialisierung mussten die Menschen von der Landwirtschaft in die Verarbeitung wechseln, in den letzten Jahrzehnten verstärkt zu den Dienstleistungen. Im Dienstleistungsbereich sind in Deutschland heut- zutage über 50 % aller Beschäftigten tätig. Die Güter werden zunehmend von Maschinen und automati- sierten Anlagen produziert, die Zahl der Mitarbeiter in Planung und Steuerung wird dagegen noch weiter zunehmen.

Je nach Verwendung und Bedeutung der Erzeugnisse teilt man die produzierten Güter ein in:

Konsumgüter	Investitionsgüter
Sie werden für den Endverbrau- cher hergestellt.	Damit werden in Betrieben wiederum Güter produziert oder verteilt.
z. B. Kleidung, Möbel, Privat-Pkw	z. B. Werkzeugmaschinen, Roboter, Lkw

In welchem Bereich, in welcher Branche und in wel- chem Beruf Sie auch immer Ihre Ausbildung erhalten, Sie werden sich im Laufe Ihres gesamten Arbeitslebens laufend fortbilden müssen, um Ihre Qualifikation zu erhalten oder um in Ihrem Beruf aufzusteigen.

1.1.2 Wandel von Berufen

Als Jugendlicher dürfen Sie nur in einem anerkannten Ausbildungsberuf ausgebildet werden. Es gibt zurzeit über 300 vom Bundesministerium für Wirtschaft und Technologie anerkannte Ausbildungsberufe, die 15 Berufsfeldern zugeordnet sind.

Berufsfeld	Berufe z. B.:
1 Metalltechnik	Industriemechaniker, Metallbauer, …
2 Elektrotechnik	Elektroinstallateur, Energieelektroniker, …
…	…
14 Bautechnik	Maurer, Zimmerer
15 Farbtechnik	Maler und Lackierer, Raumausstatter

Daneben gibt es noch eine Reihe von Monoberufen, die keinem Berufsfeld zugeordnet werden können, z. B. der Beruf des Technischen Zeichners.

Alle Berufe unterliegen einem stetigen Wandel. Im Rahmen des technischen Fortschritts und der damit einhergehenden Veränderung der Gesellschaft wur- den auch die Berufe angepasst und erhielten neue Inhalte sowie neue Bezeichnungen. Dies zeigt sich beispielsweise am Beruf Schmied.

Um 2000 v. Chr.:
Schmied, ein vielseitiger Metallhandwerker

Um 800 n. Chr. :
Teilung in Waffen- und Dorfschmied

Um 1200:
Spezialisierung je nach Erzeugnis, unter anderem in Schlosser, Huf-, Kunst-, Berg- oder Nagelschmied

Um 1850:
Spezialisierung je nach Tätigkeit in Feinmechani- ker, Werkzeugmacher, Kunstschmied, Stahlbauer, Bauschlosser. Rein hand- werkliche Berufe wie der Nagelschmied verschwin- den, ihre Erzeugnisse werden von Maschinen produziert.

1936:
Stahlbauschlosser mit dem Abschluss Facharbeiter in der Industrie, im Handwerk; weiterhin: Bauschlosser und Kunstschmied als Geselle.

heute:
Konstruktionsmechaniker in der Industrie, Metallbauer im Handwerk. Alle aus dem Schmied hervorgegangenen Metallberufe sind im Berufsfeld Metalltechnik zusammengefasst. Neue Metallberufe kommen laufend hinzu, z. B. 1997 Fertigungsmechaniker, 1998 Mechatroniker.

Auch Ihr derzeitiger Ausbildungsberuf wird sich im Laufe Ihres Arbeitslebens wandeln. Die Veränderung wird umso größer sein, je
- weniger Beschäftigte in Ihrem Beruf arbeiten,
- spezialisierter Ihr Beruf ist,
- kostengünstiger Tätigkeiten von Maschinen übernommen werden können.

Deshalb wird es für Sie zunehmend wichtiger, sich laufend fortzubilden, flexibel auf Veränderungen zu reagieren und so auf dem Arbeitsmarkt mobil zu bleiben.

1.1.3 Azubi und Ausbildender – die Vertragspartner der Berufsausbildung

Ihre Ausbildung begann mit einem Berufsausbildungsvertrag, der zwischen dem Ausbildenden und dem oder der Auszubildenden geschlossen wird. Ein Berufsausbildungsvertrag ist kein Arbeitsvertrag im Sinne des Arbeitsrechts. Aus diesem Grunde sind Auszubildende auch keine „klassischen" Arbeitnehmer, sondern haben einen Sonderstatus im Betrieb. Die rechtlichen Grundlagen hierfür sind im **Berufsbildungsgesetz (BBiG)** geregelt (siehe Abschnitt 1.2.2, Seite 12).

Die Berufsausbildung vermittelt in einem geordneten Ausbildungsgang		
eine breit angelegte berufliche Grundbildung	**und**	die fachlichen Fertigkeiten, Fähigkeiten und Kenntnisse für eine qualifizierte berufliche Tätigkeit.

Wer darf ausbilden?
Der Ausbildende (= Betrieb) muss
- persönlich und fachlich geeignet sein,
- die notwendigen Einrichtungen für die Ausbildung besitzen,
- ein angemessenes Verhältnis zwischen Zahl der Mitarbeiter und der Auszubildenden sicherstellen können.

Für die Berufsausbildung seiner **Auszubildenden** kann der Ausbildende fachlich und pädagogisch geschulte **Ausbilder** beauftragen. **Ausbilder müssen**
- fachlich und persönlich geeignet sein,
- eine einschlägige Berufsabschlussprüfung abgelegt haben,
- eine Ausbildereignungsprüfung bzw. Meisterprüfung in ihrem Beruf abgelegt haben.

Der Nachweis der **Ausbildereignungsprüfung** ist seit August 2009 per Rechtsverordnung wieder in Kraft.

Sind sich die beiden Vertragspartner Ausbildender und Auszubildender einig, einen Ausbildungsvertrag abzuschließen, so muss dieser Mindestbestimmungen enthalten. Dafür halten Industrie- und Handelskammern sowie Handwerkskammern Vertragsvordrucke bereit.

1.1.4 Inhalte eines Berufsausbildungsvertrags – Was muss laut BiBG drinstehen?

➦ **Art, Beginn und Dauer der Ausbildung:**
Beispiel: Industriemechaniker, Ausbildungsbeginn: 01. September 2009, Dauer: 3,5 Jahre

➦ **Zeitliche und sachliche Gliederung der Ausbildung**
Beispiel: Dauer und Inhalte von Grund- und Fachausbildung; sie müssen der Ausbildungsordnung entsprechen und dem Ausbildungsvertrag beiliegen.

➦ **Probezeit**
Sie dauert mindestens 1 Monat bis höchstens 3 Monate.

Ausbildungsvergütung:
- Sie muss angemessen sein und mindestens einmal jährlich steigen,
- wird bei Krankheit sechs Wochen weiterbezahlt, anschließend gibt es Krankengeld,
- richtet sich nach dem Alter des Auszubildenden und der Dauer der Ausbildung und wird spätestens am letzten Arbeitstag des Monats gezahlt.

Besteht für den Betrieb oder die Branche ein verbindlicher Tarifvertrag, müssen die tariflichen Ausbildungsvergütungen bezahlt werden. Eine Ausbildungsvergütung wird auch für die Zeit in der Berufsschule sowie in der überbetrieblichen Ausbildung bezahlt.

Urlaub:
Er richtet sich nach den gesetzlichen Regelungen des Jugendarbeitsschutzgesetzes bzw. nach dem für den Ausbildungsbetrieb geltenden Tarifvertrag. Wer zu Beginn des Kalenderjahres (Stichtag 1. Januar) noch keine 18, 17 oder 16 Jahre alt ist, erhält als Mindesturlaub in diesem Jahr 25, 27 oder 30 Werktage (Montag bis Samstag).

Tägliche Arbeitszeit:
- Sie richtet sich nach den üblichen Arbeitszeiten des Betriebes, darf aber für Jugendliche nicht mehr als 8 Stunden täglich und 40 Stunden wöchentlich betragen.
- In Ausnahmefällen darf auch bis 8,5 Stunden täglich ausgebildet werden – beispielsweise dann, wenn die Arbeitszeit am Freitag verkürzt ist. Ein Ausgleich muss aber noch in derselben Arbeitswoche erfolgen.
- Pausen:
  - Ohne Ruhepause darf nicht länger als 4,5 Stunden gearbeitet werden.
  - Bei 4,5 – 6 Stunden Arbeitszeit gilt: insgesamt mindestes 30 Minuten Pause bei einer Pausendauer von mindestens 15 Minuten.
  - Bei mehr als 6 Stunden Arbeitszeit: insgesamt mindestens 60 Minuten Pause bei einer Pausendauer von mindestens 15 Minuten.
  - Lage der Pausen: frühestens 1 Stunde nach Schichtbeginn, spätestens 1 Stunde vor Schichtende.
- Die Schichtzeit darf maximal 10 Stunden betragen (= Arbeitszeit + Pausen) und muss zwischen 6 Uhr und 20 Uhr liegen, bei Mehrschichtbetrieb zwischen 5.30 Uhr und 23.30 Uhr.
- Die tägliche Freizeit muss ununterbrochen mindestens 12 Stunden betragen.

- Bei Samstags- und Sonntagsarbeit, z. B. im Hotel-/Gaststättengewerbe, **müssen** mindestens **zwei Sonntage** und **sollen** mindestens zwei Samstage im Monat arbeitsfrei sein.

Ergänzende Ausbildungsmaßnahmen:
Beispielsweise überbetriebliche Lehrgänge, wenn die Einrichtungen zur Vermittlung von Fertigkeiten nicht im Betrieb vorhanden sind. **Beispiel:** EDV-Kurse, Führerschein für Gabelstapler, Schweißkurs usw.

Kündigung (muss immer schriftlich erfolgen):
- vor und während der Probezeit: sofort und ohne Angabe von Gründen
- nach der Probezeit: sofortige Kündigung nur bei wichtigem Grund, z. B. sexuelle Belästigung
- bei Aufgabe des Berufs: vier Wochen, mit Angabe des Grundes
- in gegenseitigem Einvernehmen: sofort und ohne Fristen (Aufhebungsvertrag)
- zum Ende der Ausbildung: Aufhebungsvertrag möglich

Wichtig

Ein Ausbildungsverhältnis kann auch vom Ausbildenden gekündigt werden.
Beispiele: bei Diebstahl, vorsätzlicher Missachtung von Unfallverhütungsvorschriften. Voraussetzung für eine Kündigung ist aber, dass diese Missstände **vorher** durch den Ausbildenden abgemahnt wurden und sich das Verhalten nicht geändert hat.

Wann endet die Berufsausbildung?
Eine Berufsausbildung endet grundsätzlich mit Vertragsende. **Liegt der Prüfungstermin vor Vertragsende, endet die Ausbildung mit dem Bestehen des letzten Prüfungsabschnitts, d. h. wenn der Auszubildende definitiv erfährt, dass er die Prüfung bestanden hat.** Ein Auszubildender muss nach bestandener Prüfung nicht vom Betrieb übernommen werden, allerdings sollen Ausbildender und Auszubildender drei Monate vor Ausbildungsende vereinbaren, ob sich der Ausbildung ein unbefristetes oder ein Zeitarbeitsverhältnis anschließt.
Besteht der Auszubildende die Abschlussprüfung nicht, so kann er die Verlängerung seiner Ausbildung bis zum nächsten Prüfungstermin verlangen. Da es möglich ist, eine Prüfung zweimal zu wiederholen, kann eine Verlängerung der Ausbildung um maximal ein Jahr erfolgen.

Ungültige bzw. nichtige Vereinbarungen in einem Berufsausbildungsvertrag

Beispiele für derartige im Berufsausbildungsvertrag unzulässige Vereinbarungen sind:

- die Verpflichtung, nach der Ausbildung weiter im Betrieb tätig zu bleiben,
- der Verzicht auf tarifvertragliche oder gesetzliche Regelungen,
- die Entrichtung einer Gebühr oder Entschädigung für die Ausbildung („Lehrgeld" gibt es nicht),
- das Leisten einer Entschädigung, z. B. für verlorenes Werkzeug,
- der Verzicht auf den Erwerb bestimmter Fertigkeiten und Kenntnisse, die die Ausbildungsordnung vorsieht.

1.1.5 Inhalte der Berufsausbildung – Was lerne ich in meinem Beruf und wann?

Eine Berufsausbildung umfasst eine berufsfeldbreite Grundbildung sowie die sich anschließende berufsspezifische Fachqualifikation. Dafür hat der Ausbildende auf der Grundlage von **Ausbildungsordnung** und **Ausbildungsrahmenplan** für die Auszubildenden einen individuellen **Ausbildungsplan** zu erstellen – d. h. eine zeitlich und fachlich gegliederte Übersicht der Berufsausbildung.

Die gesetzlichen Ausbildungsordnungen gelten bundesweit und verlangen für die einzelnen Berufe, dass die darin genannten Fertigkeiten und Kenntnisse (= Qualifikationen)

- prozessbezogen und damit in der betrieblichen Praxis an konkreten Aufgaben vermittelt werden,
- zur Ausübung einer qualifizierten beruflichen Tätigkeit befähigen,
- ein selbstständiges Planen, Durchführen und Kontrollieren einschließen,
- zum Handeln im betrieblichen Gesamtzusammenhang befähigen.

Das **Ausbildungsberufsbild ist Teil der Ausbildungsordnung** und listet auf, was genau während der Ausbildung an Qualifikationen vom Ausbildenden vermittelt werden muss und vom Auszubildenden zu lernen ist.

Ausbildungsverordnungen entstehen in einem langwierigen Prozess im Bundesministerium für Wirtschaft. Beteiligt daran sind Arbeitgeberverbände und Gewerkschaften. Aus den Ausbildungsverordnungen entwickeln Vertreter der Kultusministerien der Länder einen KMK-Lehrplan (Kultusministerkonferenz) für die Berufsschulen.

Beispiel: Industriemechaniker/-in
Gegenstand der Berufsausbildung sind mindestens die folgenden Qualifikationen:

1. Berufsbild, Arbeits- und Tarifrecht
2. Aufbau und Organisation des Ausbildungsbetriebes
…
16. Aufbauen, Erweitern und Prüfen von elektrotechnischen Komponenten der Steuerungstechnik
17. Geschäftsprozesse und Qualitätssicherungssysteme im Einsatzgebiet

Diese Qualifikationen sind während der Ausbildungszeit in mindestens einem der folgenden Einsatzgebiete **anzuwenden** und zu **vertiefen**:

- Feingerätebau
- Instandhaltung
- Maschinen- und Anlagenbau
- Produktionstechnik

Das Einsatzgebiet legt der Ausbildungsbetrieb fest.

Die Lerninhalte des Berufsschulunterrichts finden Sie in den Lehrplänen für die einzelnen Unterrichtsfächer bzw. Lernfelder. Diese unterscheiden sich geringfügig in den einzelnen Bundesländern. Im Prüfungsfach WISO sind die Themenbereiche der Abschlussprüfung bundeseinheitlich die gleichen. Sie sind in diesem Arbeitsbuch jeweils zu Beginn der drei Hauptkapitel aufgelistet.

Hinweis:
Im Handwerk ist auch eine auftragsbezogene Ausbildung möglich. Die zu vermittelnden Qualifikationen sollen dabei anhand der jeweils vorliegenden konkreten Kundenaufträge vermittelt werden. Sind diese sehr einseitig, so ist auch eine **Verbundausbildung** möglich (siehe Abschnitt 1.2.1, Seite 12).

Der Vorteil der auftragsbezogenen Ausbildung besteht in der Nähe zur späteren Berufspraxis sowie zum Kunden. Als nachteilig wird die oft einseitige Ausbildung in solchen Betrieben angesehen, die sich auf bestimmte Erzeugnisse spezialisiert haben.

1.1.6 Prüfungen – Wer prüft was und wie?

Die Zwischen- und die Abschlussprüfung werden von den Prüfungsausschüssen abgenommen. Sie sind an den Kammern als die zuständigen Stellen eingerichtet und entscheiden allein über das Bestehen der Prüfung und die vorzeitige Zulassung. In den Prüfungsausschüssen sitzen zu gleichen Teilen Vertreter der Arbeitgeber und der Arbeitnehmer sowie mindestens ein Berufsschullehrer. Vorsitzender ist immer ein Vertreter der Arbeitgeber.

Die **Prüfungsanforderungen** sind wichtiger Bestandteil der Ausbildungsordnungen. Sie regeln unter anderem:

- Gegenstand der Prüfung,
- Zeitdauer der Prüfung,
- Prüfungsfächer und Sachgebiete,
- Form der Prüfung.

Die Kammer als zuständige Stelle entscheidet über alle *technischen Angelegenheiten* der *Prüfung* wie

- Prüfungstermine,
- Ort der Prüfung,
- Form des Zeugnisses und
- Bewertungsmaßstab.

Während Ihrer Ausbildung müssen Sie mindestens eine Zwischenprüfung sowie die Abschlussprüfung ablegen.

Zwischenprüfung – die erste Hürde	Abschlussprüfung – die letzte Hürde
• Sie ist eine Rückmeldung über den Stand der Kenntnisse zur „Halbzeit der Ausbildung" für den Ausbildenden und den Auszubildenden. • In Berufen mit geteilter Abschlussprüfung geht die Note der Zwischenprüfung mit 40 % in die Abschlussprüfung ein. • Sie muss nicht wiederholt werden, wenn sie nicht bestanden wurde. • **Hinweis:** In der Zwischenprüfung wird WISO **nicht** geprüft, sondern nur die „fachlichen" Inhalte.	• Sie liegt am Ende Ihrer Berufsausbildung und soll zeigen, ob Sie die Fertigkeiten und Kenntnisse der Ausbildungsordnung beherrschen. • Zugelassen werden kann auch, wer mindestens die doppelte Zeit in einem Beruf tätig war, ohne dafür ausgebildet zu sein. Beispiel: Industriemechaniker, Ausbildungszeit 3,5 Jahre, Mindestdauer einer einschlägigen Berufstätigkeit: 7 Jahre.

Was wird in der Abschlussprüfung geprüft?

Sie besteht aus einer Fertigkeits- und einer Kenntnisprüfung und erstreckt sich auf

- die in der Ausbildungsordnung genannten Qualifikationen und
- den Stoff der Berufsschule, soweit er für die Ausbildung wesentlich ist.

Beispiel: Industriemechaniker

Berufsabschlussprüfung			
Prüfungsbereich	Inhalte	Dauer	Bestanden, wenn
Fertigkeitsprüfung			mindestens Note 4,5 erreicht wurde
Arbeitsauftrag	realer Fertigungsauftrag im Ausbildungsbetrieb	maximal 18 Stunden, davon 30 Minuten Fachgespräch	
oder (nach Wahl des Ausbildungsbetriebes)			
Prüfungsstück	praktische Aufgabe im Ausbildungsbetrieb	maximal 18 Stunden, davon 20 Minuten Fachgespräch	
Kenntnisprüfung (offene Aufgaben und/oder Multiple-Choice-Aufgaben)			mindestens Note 4,5 erreicht wurde
1. Auftrags- und Funktionsanalyse	Analyse von technischen Systemen	120 Minuten	Wertung: zweifach
2. Fertigungstechnik	Fertigungsverfahren	120 Minuten	Wertung: zweifach
3. Wirtschafts- und Sozialkunde	**Die Lerninhalte dieses Arbeitsbuches**	**60 Minuten**	**Wertung: einfach**

Für einen erfolgreichen Abschluss müssen Sie die Fertigkeits- und die Kenntnisprüfung bestanden haben. In der Kenntnisprüfung müssen Sie in zwei Prüfungsbereichen mindestens die Note 4,5 erreichen, im dritten Prüfungsbereich mindestens die Note 5,5. Die Leistungen, die Sie in der Berufsschule erzielen, gehen nicht in die Noten der Abschlussprüfung ein. Nur in wenigen Ausnahmefällen gibt es eine gemeinsame Prüfung von Kammer und Berufsschule.

Durchgefallen? Was mache ich nun?
Mündliche Prüfung:
Sie ist auf Antrag des Prüflings **oder** nach Ermessen des Prüfungsausschusses in einzelnen Prüfungsbereichen der Kenntnisprüfung möglich, wenn durch sie noch ein Bestehen der Prüfung in Aussicht steht.
Die schriftliche Prüfung zählt dann doppelt, die mündliche einfach.

Eine nicht bestandene Prüfung kann zweimal wiederholt werden. Wer beispielsweise die Kenntnisprüfung bestanden hat, muss nur die Fertigkeitsprüfung wiederholen und umgekehrt. Der Auszubildende kann vom Betrieb die Verlängerung der Ausbildung verlangen, wenn er die Prüfung **nicht** bestanden hat.

1.1.7 Arbeitsvertrag – Vertrag ist Vertrag!
Mit dem Ende Ihrer Ausbildung endet auch der Berufsausbildungsvertrag. Mit einem Arbeitgeber werden Sie in Zukunft einen Arbeitsvertrag abschließen. Ein Arbeitsvertrag kommt, wie jeder andere Vertrag auch, durch eine Einigung der Vertragsparteien zustande. Er ist nach BGB § 611 eine Unterart eines Dienstvertrages und regelt die privatrechtlichen Beziehungen zwischen Arbeitgeber (AG) und Arbeitnehmer (AN).

Arbeitgeber (AG)		Arbeitnehmer (AN)		
Alle, die andere als Arbeitnehmer gegen eine Gegenleistung beschäftigen. Das können sein:		Alle, die aufgrund eines Arbeitsvertrages abhängige Arbeit leisten. Das können sein:		
Natürliche Personen in Einzelunternehmen, z. B. Hans Hingerl, Metallbaumeister	**Juristische Personen in Personen- und Kapitalgesellschaften,** z. B. BMW AG	**Arbeitnehmer** im gewerblichen Bereich (früher Arbeiter)	**Sonderform: leitende Angestellte** mit besonderen Befugnissen, z. B. Prokura	**Arbeitnehmer** in Verwaltung, Dienstleistung öffentlicher und privater Betriebe (früher Angestellter)

Hinweis: Der Ausbildungsvertrag ist kein Arbeitsvertrag, Auszubildende sind keine Arbeitnehmer.

Je nach Befristung unterscheidet man:

Art	unbefristete Arbeitsverträge	Zeitarbeitsverträge	Praktikantenverträge
Befristung	keine	• maximal 2 Jahre • bei Betriebsneugründungen 4 Jahre	maximal 6 Monate
Zulässig bei	Normalfall eines Arbeitsverhältnisses	• Neueinstellung • Anschluss an eine Berufsausbildung • Dauer: maximal 4 Jahre	AN, die die Chance bekommen sollen, in die Arbeitswelt hineinzuwachsen oder bestimmte Fertigkeiten zu lernen
Beendigung durch	• Kündigung • Aufhebung • Tod des AN • Erreichen der Altersgrenze • Erwerbsunfähigkeit • Betriebsschließung	• Fristablauf • Erreichen des vereinbarten Datums • Erreichen des Zwecks, z. B. Ende der Ernte bei Erntearbeitern	jederzeit
Besonderheiten	Zunehmend wird von Unternehmen nur noch eine Kernbelegschaft unbefristet angestellt, Auftragsspitzen oftmals durch Zeitarbeitsverträge und Leiharbeiter kompensiert.	• Arbeitsbedingungen und Entlohnung wie bei unbefristeten Arbeitsverhältnissen • zweimalige Verlängerung möglich	oft keine Entlohnung üblich

Eine Sonderform liegt bei sogenannten **Leiharbeitern** vor. Sie sind bei einer Leiharbeitsfirma befristet oder auf Dauer angestellt, verrichten ihre Tätigkeit aber in wechselnden Betrieben, die Kunden der Leiharbeitsfirma sind. Arbeitsbedingungen und Entlohnung bestimmt die Leiharbeitsfirma, nicht der Betrieb, in dem die Beschäftigung erfolgt.

Ein Arbeitsvertrag muss schriftlich abgeschlossen werden (Ausnahme: kurze Hilfeleistungen) und nach dem Nachweisgesetz Folgendes enthalten:
- Name und Anschrift von AG und AN
- Art der Tätigkeit
- Dauer (bei Zeitarbeitsverträgen)
- Ort der Tätigkeit
- Tages- und Wochenarbeitszeit
- Dauer der Probezeit (4 Wochen bis maximal 6 Monate) und des Urlaubs
- Höhe und Zusammensetzung von Lohn oder Gehalt
- Kündigungsfristen
- Hinweise auf geltende Tarifverträge und Betriebsvereinbarungen

Außerdem gilt: Arbeitsverträge müssen eingehalten werden, sonst droht Schadensersatz für Stellenanzeigen und kurzfristige Aushilfen.

Nach der Art der Erfüllung eines Arbeitsvertrags unterscheidet man zwischen:

Dienstvertrag	Werkvertrag
Er ist die Regelform eines Arbeitsvertrags. Der Arbeitnehmer wird für geleistete Arbeitszeit entlohnt, z. B. für 40 Stunden pro Woche. Der Arbeitserfolg fließt nur indirekt in die Höhe der Bezahlung ein.	Entlohnt wird ausschließlich das erfüllte Werk, z. B. der Haarschnitt nach Wunsch einer Kundin bzw. eines Kunden. Die Dauer der Arbeitszeit ist für die Entlohnung ohne Belang.

Wichtig

Gesetzliche Bestimmungen sind immer Mindestbestimmungen und müssen in jedem Arbeitsverhältnis eingehalten werden, z. B. der gesetzliche Urlaubsanspruch auf 24 Werktage.
Tarifbestimmungen gelten nur dann, wenn der Tarifvertrag allgemeinverbindlich ist oder wenn beide Vertragspartner organisiert sind: der AG in seinem Arbeitgeberverband, der AN in einer Gewerkschaft.

Bei Arbeitsverträgen hat der Betriebsrat Mitwirkungsrechte. Wurde er z. B. vor einer Einstellung oder Kündigung nicht gehört, so ist diese unwirksam. Hingegen aber muss der Betriebsrat einer Kündigung nicht zustimmen, wirksam wird sie trotzdem.

Aufgaben

Offene Fragen
Formulieren Sie Ihre Antworten in Stichpunkten und vermeiden Sie es, auf den vorhergehenden Seiten nachzusehen.

1 Nennen Sie vier Vorteile, die für einen Betrieb bestehen, wenn er selbst ausbildet.

2 Überlegen Sie, was in Ihrem Ausbildungsbetrieb überwiegend hergestellt wird, und nennen Sie je ein Beispiel für die drei benötigten Produktionsfaktoren.

3 Ordnen Sie jeweils die richtige Produktionsform zu

Urproduktion = **A**
Verarbeitung = **B**
Dienstleistung = **C**

Berufsschule ☐
Herstellung von PC-Chips ☐
Drehmaschinenherstellung ☐
Betreiben einer U-Bahn ☐
Gewerblicher Schneeräumdienst ☐
Getreideanbau ☐
Großhandel ☐

4 Erkundigen Sie sich mittels einer Internetrecherche, zu welchem Berufsfeld Ihr Ausbildungsberuf zählt, und nennen Sie drei weitere Berufe Ihres Berufsfelds.

5 Nennen Sie drei Voraussetzungen, die ein Ausbildender aufweisen muss, um ausbilden zu dürfen.

6 Nennen Sie fünf wichtige Inhalte eines Berufsausbildungsvertrags.

7 Ein Berufsausbildungsverhältnis unterscheidet sich von einem normalen Arbeitsverhältnis. Nennen Sie vier Besonderheiten eines Berufsausbildungsverhältnisses.

8 Ein Auszubildender im Maler- und Lackiererhandwerk ist nach dem 1. Ausbildungsjahr mit seinem Ausbildungsbetrieb unzufrieden. Er möchte die Lehrstelle wechseln. Erläutern Sie die Rechtslage.

9 Welche Bedeutung hat eine Ausbildungsordnung für einen Auszubildenden?

10 Welchen Zweck hat die Zwischenprüfung für einen Auszubildenden?

11 Entscheiden Sie, ob der Azubi (Industriemechaniker) die Abschlussprüfung bestanden hat.

Fertigkeitsprüfung	Note 4,0
Kenntnisprüfung	
1. Auftrags- und Funktionsanalyse	Note 4,5
2. Fertigungstechnik	Note 3,0
3. Wirtschafts- und Sozialkunde	Note 5,0

12 Ein Azubi wird von seinem Ausbildungsbetrieb am 1. 9. 2009 mit einem einjährigen Zeitvertrag übernommen. Muss ihm der Betrieb zum 31. 8. 2010 kündigen, wenn er das Arbeitsverhältnis nicht fortsetzen möchte?

13 Ein Betrieb bietet seinem Auszubildenden an, ihn nach der Abschlussprüfung zu übernehmen. Er soll für Wartungsarbeiten an Pkws einen festen Betrag erhalten. Welche Art von Vertrag liegt hier vor und ist er zulässig?

14 Der Betriebsrat teilt einem neu eingestellten jungen Facharbeiter mit, dass er seiner Einstellung nicht zugestimmt hat. Muss der Betroffene den Betrieb wieder verlassen?

Die Lösungen zum Überprüfen Ihrer Antworten finden Sie auf den Seiten 140–141.
Haben Sie alle Antworten richtig beantwortet, dann sind Sie für die Abschlussprüfung
im **Prüfungsgebiet 1: Der Jugendliche in Ausbildung und Beruf,**
Teilbereich 1.1: Berufliche Erstausbildung im Ausbildungsbetrieb gut vorbereitet.

Beantworten Sie nun die Multiple-Choice-Fragen.

Multiple-Choice-Fragen

Kreuzen Sie die richtige Lösung an!

1. Manche Betriebe bilden nicht aus, da
1. am Arbeitsmarkt genügend Facharbeiter vorhanden sind. ☐
2. die Ausbildungsordnungen zu komplex sind. ☐
3. die Ausbildungsvergütungen zu hoch sind. ☐
4. keine Fachkräfte als Ausbilder vorhanden sind. ☒
5. eine Ausbildungsabgabe bezahlt werden muss. ☐

2. Welcher Wirtschaftszweig betreibt Urproduktion?
1. Landwirtschaft ☐
2. Krankenhäuser ☐
3. Lebensmittelhandel ☐
4. Drehmaschinenhersteller ☐
5. Schiffsbau ☐

3. Welches Gut ist ein Konsumgut?
1. Taxi, Marke Daimler-Benz ☐
2. Hebebühne in KfZ-Werkstatt ☐
3. Zweitwagen, Marke Daimler-Benz ☐
4. Schneefräse eines Hausmeisters ☐
5. Leiter eines Malers und Lackierers ☐

4. Welcher Beruf ist heute vom Verschwinden besonders bedroht?
1. Mechatroniker ☐
2. Industriemechaniker ☐
3. Koch ☐
4. Betonbauer ☐
5. Schriftsetzer ☐

5. Für welchen Personenkreis gilt das Berufsbildungsgesetz?
1. nur für jugendliche Arbeitnehmer ☐
2. nur für Auszubildende in der Industrie ☐
3. für Auszubildende in der Wirtschaft allgemein ☐
4. für Beamtenanwärter im Kommunaldienst ☐
5. nur für Auszubildende im Handwerk ☐

6. Was gehört *nicht* zu den Pflichten des Ausbildenden?
1. Den Auszubildenden charakterlich fördern. ☐
2. Den Auszubildenden zum Berufsschulbesuch anzuhalten. ☐
3. Den Auszubildenden nach der Ausbildung weiterzubeschäftigen. ☐
4. Den Auszubildenden für Prüfungen freizustellen. ☐
5. Dem Auszubildenden die Arbeitsmittel kostenlos bereitzustellen. ☐

7. Wer erstellt den Ausbildungsplan für einen Azubi im Metallbauhandwerk?
1. Handwerkskammer ☐
2. Ausbildungsbetrieb ☐
3. der Azubi selbst ☐
4. zuständige Innung ☐
5. Berufsschule ☐

8. Was ist eine auftragsbezogene Ausbildung?
1. Ausgebildet wird nur, wenn Aufträge vorhanden sind. ☐
2. Ausbildungsinhalte orientieren sich an den Aufträgen. ☐
3. Azubis bearbeiten nur Kundenaufträge. ☐
4. Je mehr Aufträge, desto weniger Zeit für die Ausbildung. ☐
5. Ausbildungsvergütung ist an Aufträge gebunden. ☐

9. Ein Azubi hat die Zwischenprüfung nicht bestanden. Die Ausbildungsordnung sieht eine geteilte Abschlussprüfung vor. Was gilt?
1. Die Zwischenprüfung muss nicht wiederholt werden. ☐
2. Die Zwischenprüfung muss wiederholt werden. ☐
3. Die Noten zählen nicht für die Abschlussprüfung. ☐
4. Die Prüfung wird für die Abschlussprüfung als „bestanden" gewertet. ☐
5. Der Azubi wird nicht für die Abschlussprüfung zugelassen. ☐

10. **Wer stellt das Ergebnis der Abschluss-prüfung fest?**
   1. Ausbildungsbetrieb ☐
   2. Berufsschule ☐
   3. Prüfungsausschuss ☐
   4. Ausbildungsberater der Kammer ☐
   5. Ausbildungsbetrieb ☐

11. **Was gilt für Arbeitsverträge?**
   1. Sie werden immer auf Dauer abgeschlossen. ☐
   2. Kündigungsschutz darf ausgeschlossen werden. ☐
   3. Bei Nichterfüllung droht Schadens-ersatz. ☐
   4. Tarifvertragliche Regelungen sind immer bindend. ☐
   5. Gesetzliche Regelungen dürfen unterschritten werden. ☐

12. **Wie lange gelten Zeitarbeitsverträge?**
   1. grundsätzlich ein Jahr ☐
   2. grundsätzlich zwei Jahre ☐
   3. höchstens drei Jahre ☐
   4. mindestens sechs Monate ☐
   5. höchstens zwei Jahre ☐

13. **Zu den Pflichten eines Arbeitnehmers im Rahmen seines Arbeitsvertrages gehört es,**
   1. regelmäßig Überstunden zu leisten. ☐
   2. bei Auftragsmangel unbezahlten Urlaub zu nehmen. ☐
   3. zum Betriebserfolg beizutragen. ☐
   4. den Urlaub immer zur gleichen Zeit zu nehmen. ☐
   5. auf Arbeitsgerichtsverfahren zu verzichten. ☐

14. **Welche Auswirkungen auf bestehende Arbeitsverträge hat ein Besitzerwechsel im Unternehmen?**
   1. Keinerlei Auswirkungen. ☐
   2. Alle Arbeitsverträge sind nichtig. ☐
   3. Betriebszugehörigkeit beginnt bei 0 Jahren. ☐
   4. Alle Arbeitsverträge müssen erneuert werden. ☐
   5. Angestellte werden übernommen, Arbeiter nicht. ☐

15. **Welche Vereinbarungen in Arbeits-verträgen sind nichtig?**
   1. Die Probezeit beträgt ½ Jahr. ☐
   2. Es werden Tariflöhne bezahlt. ☐
   3. Kündigungsfristen richten sich nach Kündigungsschutzgesetz. ☐
   4. Der Arbeitnehmer verzichtet auf Kündigungsfristen. ☐
   5. Der Arbeitsvertrag ist auf 3 Jahre befristet. ☐

Die Lösungen finden Sie auf Seite 141. Arbeiten Sie jetzt das **Teilgebiet 1.2: Duales System – Arbeitsrechte – Arbeitsschutz** durch.

1.2 Duales System – Arbeitsrechte – Arbeitsschutz: bewährte Modelle

Seit Beginn des 20. Jahrhunderts gibt es im deutschsprachigen Raum Berufsschulen, die die betriebliche Ausbildung ergänzen. Eine anerkannte Ausbildung in der Industrie (Facharbeiterprüfung) hingegen existiert erst seit 1935.

1.2.1 Duale Ausbildung – Was ist das?

Nach Artikel 12 des Grundgesetzes hat jeder Deutsche das Recht, Beruf und Arbeitsplatz, insbesondere aber Ausbildungsberuf und Ausbildungsplatz, frei zu wählen. In Deutschland wird die gewerbliche Berufsausbildung meist im dualen System durchgeführt.
Dual bedeutet „zweifach": Die Ausbildung erfolgt durch **zwei Partner** an **zwei verschiedenen Lernorten:**

im Betrieb (Ausbildender)	in der Berufsschule
• praktische Ausbildung in der realen Arbeitswelt • Fachbildung • Vermittlung von Fertigkeiten	• berufsbegleitende theoretische Ausbildung • zusätzlich Allgemeinbildung • Vermittlung von Fachkenntnissen

In den beiden Ausbildungsorten gelten unterschiedliche gesetzliche Regelungen:

	Betrieb	Berufsschule
Rechts-grundlagen	• Berufsbildungsgesetz (BBiG) • Ausbildungsordnung für den jew. Beruf	• Rahmenlehrplan • Schulpflichtgesetze der Länder
Aufsicht/ Zuständig-keit	Bundeswirtschafts-ministerium (Bundesrecht)	• Rahmenlehrplan • Schulpflichtgesetze der Länder
Zweck	Güter- bzw. Dienst-leistungen herstellen	Bildungseinrichtung
Vertrag	privatrechtlicher Ver-trag zwischen Ausbil-denden (= Betrieb) und Auszubildenden	öffentlich-rechtliche Schulpflicht

Daneben gibt es noch die Berufsausbildung nur an **einem Lernort,** z. B. die Ausbildung zum Industriemechaniker an einer Berufsfachschule.
Erfolgt hingegen die Ausbildung in verschiedenen Zweigbetrieben eines Ausbildungsbetriebs, handelt es sich dennoch um eine duale Ausbildung – auch dann, wenn die Zweigbetriebe in unterschiedlichen Orten liegen.

Sonderfall: Verbundausbildung

Zwei und mehr Betriebe können gemeinsam eine Berufsausbildung durchführen. Das ist dann sinnvoll, wenn ein Ausbildungsbetrieb nur einen Teil der in der Ausbildungsordnung geforderten Qualifikationen anbieten kann, so, wie es manchmal im Handwerk zutrifft. Die Qualifikationsangebote können dann von einem oder mehreren Verbundpartnern ergänzt werden.
Beispiel: Ein Metallbaubetrieb A, der ausschließlich Systemkonstruktionen fertigt, lässt seine Auszubildenden im Metallbauhandwerk in einem zweiten Betrieb B für eine festgelegte Zeit die Arbeitsgebiete „Umformen und Fügen" erlernen. Der Ausbildungsvertrag wird aber nur mit dem Betrieb A abgeschlossen.
Problem: Oftmals sind der Lehrplan der Berufsschule und der betriebliche Ausbildungsplan nicht aufeinander abgestimmt. Das ist auch nicht immer möglich, denn in einer Berufsschulklasse sitzen oft Auszubildende aus verschiedenen Ausbildungsbetrieben. Für die Abschlussprüfung im Fach WISO ist aber unwichtig, zu welchem Zeitpunkt Sie die Themenbereiche gelernt haben, die geprüft werden.

1.2.2 Berufsbildung nach dem Berufsbildungs-gesetz (BBiG) – Was bedeutet das?

Das Berufsbildungsgesetz (BBiG) in der Neufassung von 2005 regelt den gesamten Bereich der beruflichen Bildung im Betrieb. Es gilt nur für die gewerbliche und die kaufmännische Ausbildung sowie für Umschulungen in
• Privatbetrieben,
• Betrieben der öffentlichen Hand,
• freien Berufen.

Im Handwerk hingegen gilt die Handwerksordnung (HWO). Sie ist in ihren Inhalten dem BBiG sehr ähnlich, berücksichtigt aber die Besonderheiten des Handwerks, z. B. durch eine auftragsbezogene Ausbildung. BBiG und HWO gelten aber **nicht** für die schulische Bildung und Ausbildung, wie beispielsweise im Rahmen einer Ausbildung an einer Berufsfachschule oder während einer Fortbildung zum Techniker an einer Technikerschule.

§ 1 des BBiG unterscheidet
• die **Berufsausbildung** (also die Erstausbildung in einem anerkannten Ausbildungsberuf),
• die berufliche Fortbildung (siehe Seite 47),
• die Umschulung (siehe Seite 47) sowie
• die Berufsvorbereitung.

Hinweis:
Nach der beruflichen Erstausbildung stehen Ihnen viele Möglichkeiten offen, sich in Ihrem erlernten oder ausgeübten Beruf fortzubilden. Besteht keine Möglichkeit mehr, Ihren erlernten Beruf auszuüben, können Sie sich mit Unterstützung der Arbeitsagenturen oder der gesetzlichen Rentenversicherung umschulen lassen.

Aus einem Berufsausbildungsvertrag folgen Rechte und Pflichten für die Vertragspartner, welche von der zuständigen Stelle auch überwacht werden.

Pflichten	
des Auszubildenden	**des Ausbildenden**
Der Auszubildende hat sich zu bemühen, die Fertigkeiten und Kenntnisse zu erwerben, die erforderlich sind, um das Ausbildungsziel zu erreichen.	Der Ausbildende (= Betrieb) hat alles zu unternehmen, damit der Auszubildende sein Ausbildungsziel erreicht.
Der „Azubi" muss	**Der Betrieb muss**
• die ihm im Rahmen seiner Berufsausbildung aufgetragenen Verrichtungen sorgfältig ausführen.	• die in der Ausbildungsverordnung geforderten Kenntnisse und Fertigkeiten vermitteln.
• die in der Ausbildungsordnung vorgegebenen Kenntnisse und Fertigkeiten erwerben.	• die Ausbildung planmäßig durchführen und zeitlich sowie sachlich so gliedern, dass das Ausbildungsziel in der vorgesehenen Ausbildungszeit erreicht wird; hierzu bestehen für die einzelnen Berufe sogenannte Ausbildungsrahmenpläne.
• Betriebs- und Geschäftsgeheimnisse wahren.	
• Weisungen sorgfältig ausführen, die ihm im Rahmen der Berufsausbildung vom Ausbildenden, vom Ausbilder oder von anderen weisungsberechtigten Personen erteilt werden, z. B. vom Sicherheitsbeauftragten usw.	• selbst ausbilden oder einen persönlich und fachlich geeigneten Ausbilder beauftragen (mit Prüfung nach der Ausbildereignungsverordnung oder mit Meisterprüfung).
• die Betriebsordnung einhalten.	• alle Ausbildungsmittel im Betrieb kostenlos bereitstellen.
• Werkzeuge, Maschinen usw. pfleglich behandeln.	• Auszubildende charakterlich fördern und vor sittlichen und körperlichen Gefährdungen bewahren.
• am Berufsschulunterricht und an überbetrieblichen Ausbildungsmaßnahmen teilnehmen. Der Ausbildende kann für jeden unentschuldigten Fehltag in der Berufsschule die Vergütung um 1/30 kürzen.	• Auszubildende für die Berufsschule und überbetriebliche Ausbildungsmaßnahmen freistellen, z. B. für einen Schweißkurs.
• regelmäßig die Berufsschule besuchen. Bleibt er z. B. wegen Krankheit der Schule fern, muss er dies nicht nur der Berufsschule, sondern auch dem Ausbildenden mitteilen. **Teilzeitunterricht:** bei mindestens 6 Unterrichtsstunden: Freistellung ganztägig **Blockunterricht:** bei mindestens 25 Zeitstunden wöchentlich und Unterricht an 5 Tagen: Freistellung für die ganze Woche, aber es sind zusätzlich 2 Stunden betriebliche Ausbildung in der Woche möglich.	• Auszubildende nur mit Arbeiten beschäftigen, die dem Ausbildungszweck dienen. So ist z. B. Akkordarbeit für Auszubildende verboten, es sei denn, sie dient unmittelbar zum Erreichen des Ausbildungsziels.
	• von Auszubildenden unter 18 Jahren eine ärztliche Bescheinigung der Eignung verlangen und nach einem Jahr den Nachweis einer Nachuntersuchung anfordern.
• ein Berichtsheft oder einen Ausbildungsnachweis führen.	• für ein ausgewogenes Verhältnis zwischen Fachkräften und Auszubildenden sorgen.
	• das Berichtsheft regelmäßig einsehen.

Ein Streik berührt das Ausbildungsverhältnis nicht, denn Auszubildende sind keine Arbeitnehmer im Sinne des Betriebsverfassungsgesetzes und besitzen daher kein Streikrecht – diese Regelung ist aber zwischen den Tarifpartnern umstritten.

> **Wichtig**
>
> Scheitert der Auszubildende in der Facharbeiter- bzw. in der Gesellenprüfung und lässt sich dies auf eine mangelhafte Ausbildung zurückführen, haftet der Ausbildende auf Schadensersatz.

Der Auszubildende hat auch Rechte, z. B.:
das Recht
- auf fachliche und pädagogische Anleitung zum Erreichen des Ausbildungsziels,
- auf Freistellung zum Besuch der Berufsschule sowie überbetrieblicher Ausbildungsmaßnahmen,
- auf ein Zeugnis bei Abschluss der Ausbildung:
  - ein **einfaches Zeugnis** enthält: Ausbildungsbetrieb, Name des Auszubildenden, Ausbildungsberuf, Dauer der Ausbildung, erworbene Fertigkeiten und Kenntnisse, Datum, Unterschrift des Auszubildenden.
  - ein **qualifiziertes Zeugnis** enthält zusätzlich: Angaben über Führung, besondere fachliche Fähigkeiten, Leistung (es muss aber wohlwollend abgefasst sein).

1.2.3 Registrierung – Wo macht man das?
Ausbildungsverträge müssen schriftlich abgeschlossen und bei der zuständigen Stelle registriert werden.

Zuständige Stellen für die Ausbildung			
in der Industrie	im Handwerk	bei „freien Berufen"	in der Land-/Hauswirtschaft
Industrie- und Handels- kammern	Handwerks- kammern (oft delegiert an die zustän- dige Innung)	berufs- ständische Kammern, z. B. Anwalts- kammer	die jeweiligen Bezirks- regierungen
Abschluss: Facharbeiter- prüfung	Abschluss: Gesellen- prüfung	Abschluss: Fachprüfung (früher: Gehil- fenprüfung)	Abschluss: Fachprüfung (früher: Gehilfen- prüfung)

Nach Abschluss eines Berufsausbildungsvertrags muss der Ausbildende **unverzüglich** die Eintragung in dieses Verzeichnis beantragen, im Handwerk ist dies die „Lehrlingsrolle". Die Eintragung muss spätestens bei Beginn der Ausbildung erfolgen. Sie wird nur dann vorgenommen, wenn der Ausbildungsvertrag dem Berufsbildungsgesetz und der Ausbildungsordnung bzw. der Handwerksordnung entspricht. Mit der Eintragung übernehmen die „zuständige Stelle" und ihr Berufsbildungsausschuss die Pflicht, die Durchführung der Ausbildung zu überwachen und diese durch Beratung der Ausbildenden und Auszubildenden zu fördern.

1.2.4 Arbeitsrecht und -schutz
Während Ihrer Ausbildung haben Sie bereits Bekanntschaft mit einem Sondergebiet des Arbeitsrechts, dem Berufsausbildungsrecht, gemacht. In Ihrem weiteren Arbeitsleben werden Sie noch vielfach mit dem Arbeitsrecht in Berührung kommen.

Arbeit ist neben Rohstoffen und Kapital der dritte Produktionsfaktor bei der Herstellung von Gütern und Dienstleistungen und damit eine elementare Quelle für Existenzsicherung und Wohlstand. In einer modernen Volkswirtschaft haben die Menschen nicht nur gegenüber dem Staat demokratische Rechte, sondern auch gegenüber ihren Arbeitgebern. Diese Schutzrechte sind im Arbeitsrecht festgelegt. Da Arbeit aber auch mit Gefahren für Leben und Gesundheit verbunden ist, haben Staat und Sozialpartner vielfältige Arbeitsschutzgesetze und –verordnungen entwickelt, vom Schutz am Arbeitsplatz bis hin zu sozialen Schutzvorschriften bei Alter, Krankheit usw.

Arbeitsrecht – Regelung auf vielen Ebenen
Das Arbeitsrecht regelt alle Beziehungen zwischen Arbeitgeber (AG) und Arbeitnehmer (AN). Es ist nicht in einem einheitlichen Gesetzeswerk, sondern in vielen Einzelgesetzen und Vorschriften geregelt und das Ergebnis einer über 100-jährigen Entwicklung.

Oberste Norm für das Arbeitsrecht ist Artikel 12 des Grundgesetzes. Ergänzt und verbessert wird das Arbeitsrecht durch
- Gesetze und Verordnungen des Bundes: Sie sind Mindestbestimmungen und binden alle AN und AG.
- Tarifvereinbarungen: Sie gelten nur, wenn AG und AN tarifgebunden sind oder der Tarifvertrag allgemein verbindlich ist.
- Betriebsvereinbarungen: Sie werden zwischen Betriebsrat und Betriebsleitung abgeschlossen und gelten nur im eigenen Betrieb.
- Individuelle Regelungen in einem Arbeitsvertrag: Sie gelten nur für den Einzelnen.
- Anweisungen des AGs im Rahmen seines Direktionsrechts.

**Rangfolge der Rechtsquellen
im Arbeitsrecht**

**Grund-
gesetz**
(insbesondere
Artikel 12 GG)

gesetzliche Vorschriften
(Mindestvorschriften,
z. B. Urlaub: 24 Werktage pro Jahr)

Tarifverträge
(z. B. Tarifvertrag für die Metallindustrie)

Betriebsvereinbarungen
(z. B. vier Wochen Betriebsschließung im August)

betriebliches Gewohnheitsrecht
(z. B. 15 Minuten pro Woche bezahlte Arbeitszeit zum Maschinenreinigen)

individuelle Arbeitsverträge

Anweisungen des Arbeitgebers

Die Wirksamkeit des Arbeitsrechts hängt davon ab, ob und inwieweit die Arbeitnehmer ihre Rechte auch tatsächlich in Anspruch nehmen. Ergänzt werden Arbeitsrecht und -schutz durch
- Vorschriften der Bundesanstalt für Arbeitsschutz und Arbeitsmedizin,
- Grundsatzentscheidungen der Arbeitsgerichte,
- Regeln für den technischen Arbeitsschutz von TÜV, VDE u. a.

Keine Zuständigkeit im Arbeitsrecht und -schutz haben die Industrie- und Handelskammern bzw. die Handwerkskammern.

Übersicht zum Arbeitsrecht

Das Arbeitsrecht und der Arbeitsschutz sind immer gemeinsam zu betrachten, sie sind nicht in einem einzigen Gesetz, sondern in einer Vielzahl von Gesetzen und Bestimmungen geregelt. Sie betreffen im individuellen Arbeitsrecht den Einzelnen, im kollektiven Arbeitsrecht und im Arbeitsschutzrecht alle Arbeitnehmer und Arbeitgeber.

Das Arbeitsrecht lässt sich gliedern in

individuelles Arbeitsrecht
enthält die zwischen AG und AN auf Betriebsebene frei ausgehandelten Arbeitsbedingungen.

z. B. Arbeitsvertrag

Es liegt beim Einzelnen, günstige Bedingungen in seinem Arbeitsvertrag auszuhandeln. Das individuelle Arbeitsrecht spielt bei der Masse der AN keine Rolle, da sie als Einzelne in der schwächeren Position gegenüber ihrem AG sind.

kollektives Arbeitsrecht
enthält Regelungen für die AN eines Betriebs oder einer Branche.

**z. B. Tarifvertragsrecht,
Betriebsvereinbarungen**

Eine Interessenvertretung handelt für die AN die Arbeitsbedingungen aus, dies kann sein:
- der Betriebsrat für einen Betrieb oder Konzern,
- eine Gewerkschaft für eine Branche in einem Tarifbezirk.

Arbeitsschutzrecht
Arbeitsschutz bewahrt vor Überanstrengungen, vorzeitigem Verschleiß der Arbeitskraft und Gefahren am Arbeitsplatz.

Arbeitszeitschutz
u. a. Bestimmungen zur Feiertagsarbeit, Höchstarbeitszeit und zu Ruhepausen

Gefahrenschutz
u. a. Vorschriften zur Verhütung von Arbeitsunfällen und Berufskrankheiten

Der Staat erfüllt diese Aufgabe durch Arbeitsschutzgesetze und durch die Berufsgenossenschaften als Träger der gesetzlichen Unfallversicherung. Es ist auch privatrechtliche Pflicht des Arbeitgebers, durch sichere Gestaltung des Arbeitsplatzes vor Gefahren zu schützen.

Arbeitsrecht am Arbeitsplatz – das betrifft jeden direkt

Im Rahmen eines Arbeitsvertrags haben Arbeitgeber und Arbeitnehmer wechselseitige Rechte und Pflichten. Diese leiten sich aus dem Arbeitsrecht, aber auch aus anderen Gesetzen ab, z. B. dem Bürgerlichen Gesetzbuch (BGB).

Pflichten des Arbeitgebers gegenüber dem Arbeitnehmer:	Pflichten des Arbeitnehmers gegenüber dem Arbeitgeber:
• **Fürsorgepflicht,** z. B. für Leben und Gesundheit des Arbeitnehmers im Betrieb, z. B. für das Eigentum des Arbeitnehmers im Betrieb. • **Gleichbehandlung,** z. B. 13. Monatsgehalt für alle Beschäftigten; nicht aber gleicher Lohn für alle, denn der ungleiche Lohn liegt im Rahmen der Vertragsfreiheit. • **Bezahlung** als Vergütung für geleistete Arbeit. • **Beschäftigungspflicht** gemäß der im Arbeitsvertrag vereinbarten Tätigkeit. • **Übernahme jeder Haftung** aus der Tätigkeit des Arbeitnehmers; hier bestehen Ausnahmen, z. B. wenn der Arbeitnehmer grob fahrlässig oder vorsätzlich handelt. • **Pflicht, ein Zeugnis auszustellen.**	• **Arbeitspflicht** gemäß der im Arbeitsvertrag vereinbarten Tätigkeit. • **Treuepflicht**, d. h. für die Interessen des Betriebs zu arbeiten und alles zu unterlassen, was diesem schaden könnte. • **Gehorsamspflicht** gegenüber dem Direktionsrecht des Arbeitgebers, welcher Arbeitsinhalt, Arbeitsbedingungen und Arbeitsleistung sowie das Verhalten des Arbeitnehmers im Betrieb bestimmen kann. Das Direktionsrecht berechtigt den Arbeitgeber, Weisungen zu erteilen, denen der Arbeitnehmer aufgrund der Gehorsamspflicht nachkommen muss, soweit sie nicht gegen Gesetze, Arbeitsvertrag, die guten Sitten oder gegen die Fürsorgepflicht verstoßen. • **Verschwiegenheitspflicht** bei Geschäfts- und Betriebsgeheimnissen. • **Wettbewerbsbeschränkungen**, z. B. Verbot, mit Betriebseigentum Geschäfte auf eigene Rechnung zu tätigen. Sie müssen schriftlich vereinbart werden.

Hinweis: Obwohl Auszubildende keine Arbeitnehmer sind, gilt auch für sie das Arbeitsrecht ohne jede Einschränkung.

Arbeitsentgelt

Arbeitsentgelt ist die Gegenleistung des Arbeitgebers für geleistete Arbeit. Historisch betrachtet erhielten Arbeiter laut Reichsversicherungsordnung einen Stundenlohn, Angestellte ein festes, gleichbleibendes Monatsgehalt. Heutzutage spricht man einheitlich von Entgelt, wobei umgangssprachlich die Begriffe Lohn und Gehalt, Entgelt, Salär oder Vergütung oft gleichbedeutend verwendet werden.

Ausbildungsvergütungen dagegen sind kein eigentliches Arbeitsentgelt, sondern stellen einen Beitrag zum Lebensunterhalt eines Auszubildenden dar und werden in Tarifverträgen separat ausgewiesen.

Generell kann zwischen vier Entgeltzahlungsarten unterschieden werden (siehe Tabelle rechts).

Daneben kann ein Arbeitnehmer noch erhalten:
- **Lohnzuschläge:** z. B. für Überstunden, Nacht- und Sonntagsarbeit;
- **Erschwerniszulage:** z. B. bei Arbeit in Schmutz, Kälte, Hitze;
- **übertarifliche Zulagen** z. B. für lange Betriebstreue.

Löhne und Gehälter lassen sich wie folgt unterscheiden:
- **Bruttolohn/-gehalt:** Lohn bzw. Gehalt vor Abzug von Steuern und Sozialversicherungsbeiträgen.
- **Nettolohn/-gehalt:** Lohn bzw. Gehalt nach Abzug von Steuern und Sozialversicherungsbeiträgen.
- **Tariflohn/-gehalt:** Lohn bzw. Gehalt, das nach Tarifvertrag für die Branche und Tätigkeit bezahlt wird.
- **Nominallohn/-gehalt:** Betrag des Lohns bzw. Gehalts ohne Rücksicht auf die Kaufkraft.
- **Reallohn/-gehalt:** Kaufkraft von Lohn oder Gehalt: Steigt der Nominallohn um 4 %, die Preise um 3 %, so ist der Reallohn nur um 1 % gestiegen.
- **übertarifliches Gehalt:** Gehalt, das höher als das zwischen den Tarifvertragsparteien ausgehandelte Gehalt ist; bei Arbeitskräftemangel werden in der Regel übertarifliche Gehälter bezahlt.
- **außertarifliches Gehalt:** Ein frei vereinbartes Gehalt über der sogenannten „AT-Grenze". Es wird meist nur an Führungskräfte bezahlt. (AT-Grenze in der Metallindustrie 2009: zwischen 5.640 bis 6.000 € je nach Bundesland).

Löhne bzw. Gehälter sind in Deutschland je nach Branche sehr unterschiedlich. Sie lagen z. B. im Jahr 2009 in der Metallindustrie – für vergleichbare Tätigkeiten – im Schnitt um 25 % höher als in der Nahrungsmittelindustrie.

Zeitlohn	Prämienlohn	Akkordlohn	Beteiligungslohn
Bruttolohn = Stundenlohn x Anzahl der geleisteten Stunden/Monat oder fester Lohn für jeden Monat. Die Eingruppierung erfolgt bei Mitarbeitern zunehmend nicht mehr in eine Lohn- oder Gehaltsgruppe, sondern nach ERA-Stufen (ERA = Entgeltrahmenabkommen).	Bruttolohn = Stundenlohn x Anzahl der geleisteten Stunden/Monat + Prämie für unterschiedliche Ziele, z. B. Menge, Qualität, Termintreue	Bruttolohn = Leistungslohn Formen sind • **Geldakkord:** Für jedes gefertigte Stück gibt es einen bestimmten Betrag. • **Zeitakkord:** Die Leistung über 100 % steigert den Lohn (Bezugsgröße ist der Akkordrichtsatz = 100 % Leistung).	Bruttolohn = Zeit-, Prämien- oder Akkordlohn + Gewinnbeteiligung (ausbezahlt) oder + Kapitalbeteiligung (z. B. in Form von Aktien)
Vorteile des Zeitlohns: • Einfache Abrechnung. • Der Betrag des Einkommens ist gesichert und nicht von Leistungsschwankungen beeinflusst. • Ist geeignet für Wartungsaufgaben sowie für Tätigkeiten, zu denen keine Vorgabezeit möglich ist.	**Vorteile des Prämienlohns:** • Es ist eine Schwerpunktbildung möglich, z. B. Qualität. • Es bestehen Leistungsanreize für den Mitarbeiter. • Reine Mengenleistung ohne Rücksicht auf Qualität und Termin werden vermieden.	**Vorteile des Akkordlohns:** • Höhere Leistung steigert den Lohn sofort. • Die Istmengenleistung ist meist größer als bei Zeit- und Prämienlohn. • Eignet sich gut für Serien- und Fließbandfertigung.	**Vorteile des Beteiligungslohns:** • Mitarbeiter identifizieren sich stärker mit ihrem Betrieb. • Eine Beteiligung wirkt leistungsanreizend. • Die strikte Trennung zwischen Kapital und Arbeit wird gelockert.
Nachteile des Zeitlohns: • Eine höhere Leistung wirkt sich nicht direkt auf das Einkommen aus. • Die Leistungsbeurteilung erfolgt nicht über Stückzahlen, sondern subjektiv durch den Vorgesetzten.	**Nachteile des Prämienlohns:** • Oft schwierig festzulegen und zu ermitteln. • Für Mitarbeiter häufig nicht einsichtig. **Beispiel:** Eine kombinierte Mengen-/Qualitätsprämie wird nicht bezahlt, wenn zwar die Menge, nicht aber 100 % Qualität erreicht wird.	**Nachteile des Akkordlohns:** • Gefahr der Überanstrengung der Mitarbeiter. • Werkzeuge und Maschinen werden stärker beansprucht. • Es ist eine aufwendige Arbeitsvorbereitung für Zeitstudien und mehr Aufwand für die Qualitätssicherung notwendig.	**Nachteile des Beteiligungslohns:** • Der Anteil der Kapitaleigner am Gewinn verringert sich. • Der Lohn hängt zum Teil direkt vom Erfolg des Unternehmens ab. • Die Berechnung des Beteiligungsschlüssels ist sehr aufwendig.

Merke:
In Deutschland gibt es nur in sehr wenigen Branchen einen gesetzlichen Mindestlohn, z. B. in der Bauwirtschaft, im Reinigungsgewerbe oder bei Postzustellern.

1.2.5 Arbeitsschutz – Risiken und Gefahren am Arbeitsplatz vermeiden

Die Vorschriften und Gesetze zum Arbeits- und Gesundheitsschutz dienen zur Erhaltung von Leben und Gesundheit der Arbeitnehmer im Betrieb. Die Unfallverhütungsvorschriften der Berufsgenossenschaften ergänzen die Gesetze. Auch Tarifverträge und Betriebsvereinbarungen zwischen Arbeitgebern und Betriebsrat entwickeln Unfallverhütungsvorschriften.

Man unterscheidet:

technische Schutzvorschriften	soziale Schutzvorschriften
z. B.	z. B.
• **Geräte- und Produktsicherheitsgesetz:** regelt die Sicherheit technischer Arbeitsmittel, z. B. Schutzvorrichtung an Pressen.	• **Kündigungsschutzgesetz:** regelt den Modus, wie ein Beschäftigungsverhältnis beendet wird.
• **Arbeitssicherheitsgesetz:** regelt Stellung und Aufgaben von Sicherheitsfachkräften und Betriebsärzten, z. B. Rechte einer Sicherheitsfachkraft und die Mitwirkung des Betriebsrats in allen Fragen des Arbeitsschutzes.	• **Urlaubsgesetz:** regelt den gesetzlichen Urlaubsanspruch (in der Regel 24 Werktage, in Tarifverträgen in der Regel 6 Wochen).
• **Gefahrstoffverordnung:** regelt den Umgang und die Kennzeichnung von gefährlichen Stoffen, z. B. Beizen.	• **Schwerbehindertengesetz:** regelt die Rechte von Schwerbehinderten und ihre Eingliederung in das Erwerbsleben.
• **Arbeitsstättenverordnung:** regelt die menschengerechte (ergonomische) Gestaltung von Arbeitsplätzen, z. B. Beleuchtung, Belüftung.	• **Mutterschutzgesetz:** regelt den Schutz von Müttern und werdenden Müttern.
• **Bildschirmarbeitsverordnung:** regelt Schutzbestimmungen an PC-Arbeitsplätzen, z. B. die Mindestgröße eines Monitors.	• **Jugendarbeitsschutzgesetz:** begründet Schutzvorschriften für Jugendliche im Arbeitsleben (Jugendliche sind alle Menschen im Alter von 15-18 Jahren).
	• **Bundeseltern- und Elternzeitgesetz (BEEG):** regelt seit 2007 den Anspruch auf bezahlte Elternzeit und Freistellung nach Geburt eines Kindes.

Zu beachten ist, dass 80 % aller Arbeitsunfälle durch Leichtsinn oder mangelnde Erfahrung und nur 20 % aus technischem Grund verursacht werden.

Über die Einhaltung der Schutzvorschriften wachen Gewerbeaufsichtsämter und der Außendienst der Berufsgenossenschaften. Das Gewerbeaufsichtsamt als staatliche Behörde überprüft nicht nur Arbeitsstätten, Maschinen, Anlagen und Arbeitsmittel, sondern überwacht auch die Einhaltung von Jugendarbeitsschutzbestimmungen und hat alle Ausnahmen zu genehmigen, wie z. B. die Verlängerung der täglichen Arbeitszeit.

Urlaub: erholen – ausspannen – relaxen

Der Urlaubsanspruch von Arbeitnehmern ist ein wichtiger Teil des sozialen Arbeitsschutzes. Er dient der Erholung und der Erhaltung der Arbeitskraft und ist deshalb möglichst zusammenhängend zu nehmen. Bei der Aufstellung des Urlaubsplans hat der Betriebsrat ein Mitbestimmungsrecht. Die Urlaubswünsche des Arbeitnehmers sind zu berücksichtigen, soweit diesen nicht betriebliche Belange entgegenstehen. Auch gehen die Urlaubswünsche der Arbeitnehmer vor, die unter sozialen Gesichtspunkten den Vorrang verdienen, z. B. Väter und Mütter vor Singles.

Urlaubsdauer und **Urlaubsgeld** sowie die sonstigen Vorschriften dazu sind im **Bundesurlaubsgesetz (BUrlG)** und in Tarifverträgen festgelegt:

- Jeder Arbeitnehmer hat nach dem BUrlG Anspruch auf mindestens 24 Werktage Urlaub, (Werktag: jeder Kalendertag außer Sonn- und Feiertage). In den Tarifverträgen wird der Urlaub oft nach Arbeitstagen gerechnet.
- Urlaubsanspruch besteht erst nach sechsmonatiger Beschäftigung. Nach dieser Wartezeit kann der volle Jahresurlaub genommen werden.
- Für die Urlaubzeit erhält der Arbeitnehmer ein Urlaubsentgelt, das nach dem durchschnittlichen Verdienst der letzten 13 Wochen berechnet wird. (Manche Tarifverträge sehen noch ein zusätzliches Urlaubsgeld vor).
- Scheidet ein Arbeitnehmer vor dem 30. Juni aus dem Betrieb aus, so hat er nur Anspruch auf Teilurlaub, d. h. für jeden Beschäftigungsmonat auf 1/12 seines Gesamturlaubs.
- Nicht beanspruchter Urlaub kann bis zu drei Monate lang in das nächste Kalenderjahr übertragen werden, eine Ausbezahlung von Urlaubstagen ist nur in Ausnahmefällen beim Ausscheiden aus dem Betrieb möglich.
- Erkrankt ein Arbeitnehmer während des Urlaubs, so werden die ärztlich nachgewiesenen Krankheitstage nicht auf den Urlaub angerechnet.
- **Vorsicht:** *Schwarzarbeit* während des Urlaubs kann die fristlose Kündigung zur Folge haben.

In Tarifverträgen sind Bestimmungen über **Sonderurlaub** enthalten. Zusätzlich zum Jahresurlaub erhalten Arbeitnehmer diese bezahlten Freistellungen unter anderem bei

- Eheschließung, nicht aber bei Scheidung,
- Niederkunft der Ehefrau, nicht aber der Freundin,
- Erkrankung oder Tod von nahen Angehörigen,
- aber auch um sich nach einer ordentlichen Kündigung eine neue Stelle zu suchen.

Ein **Bildungsurlaub** ist nur in sehr wenigen Tarifverträgen vereinbart.

Mutterschutz – wenn Nachwuchs kommt
Das Mutterschutzgesetz (MuSchG) von 1968 gilt für Frauen in einem Arbeits- oder Ausbildungsverhältnis und soll Mutter und Kind besonders vor den Risiken und Gefahren des Arbeitslebens schützen. Es ist für sie eines der wichtigsten sozialen Schutzgesetze.

Wichtige Schutzvorschriften sind:
- Beschäftigungsverbot während der Schutzzeit, das sind 6 Wochen vor und 8 Wochen nach der Entbindung,
- Mutterschaftsgeld während der Schutzzeit (aus der Risikokasse der Krankenversicherung),
- Verbot der Akkordarbeit und von Arbeiten, die Mutter und Kind gefährden könnten,
- Elternzeit, bis das Kind das 3. Lebensjahr vollendet hat (auch für Väter oder aufgeteilt möglich),
- Verbot einer Kündigung bis vier Monate nach der Entbindung und während der Elternzeit,
- Freistellung für erforderliche Untersuchungen während der Schwangerschaft.

Voraussetzung dafür, dass Rechte aus dem MuSchG in Anspruch genommen werden können, ist die Vorlage eines ärztlichen Zeugnisses über die Schwangerschaft. Das MuSchG wird durch das BEEG (Bundeselterngeld- und Elternzeitgesetz) von 2006 ergänzt.

Arbeitszeit – 40 Stunden sind genug
Die Dauer der Arbeitszeit ist im Arbeitszeitgesetz (ArbZG) sowie in den Tarifverträgen der einzelnen Wirtschaftszweige geregelt. Die gesetzliche Regelarbeitszeit darf 8 Stunden pro Tag und 48 Stunden pro Woche nicht überschreiten. Längere Arbeitszeit muss durch das Gewerbeaufsichtsamt genehmigt werden. Ausnahmen gelten für die Landwirtschaft und Bereitschaftsdienste, z. B. Rettungsdienste.
In den meisten Tarifverträgen ist eine wöchentliche Regelarbeitszeit von 35 bis zu 42 Stunden vereinbart. Beschränkungen in der Arbeitszeit und ihrer Verteilung auf den Tag gelten für Jugendliche, werdende und stillende Mütter sowie für Schwerbehinderte (ab 50 % Behinderung).

Regelungen
- Auf keinen Fall darf eine Arbeitszeit 10 Stunden pro Tag überschreiten.
- Eine Verlängerung über 8 Stunden hinaus kann das Gewerbeaufsichtsamt genehmigen.
- Zwischen zwei Arbeitsschichten müssen mindestens 11 Stunden Ruhezeit liegen, bei mehr als 6 Stunden Arbeitszeit ist eine Pause von mindestens 30 Minuten oder zwei Pausen von je 15 Minuten zu gewähren.
- Für Jugendliche gelten besondere Regelungen (siehe Seite 22).
- An Sonn- und Feiertagen herrscht grundsätzlich Arbeitsruhe, außer es sind zwingende Gründe vorhanden, dies gilt z. B. für Krankenhäuser, Senioren- und Pflegeheime, Gaststätten, die Freizeitindustrie usw.

Die tägliche Höchstarbeitszeit beträgt			
	ohne Genehmigung der Gewerbeaufsicht:	mit Genehmigung der Gewerbeaufsicht:	
an Werktagen grundsätzlich	an 30 Tagen pro Jahr für besondere Fälle maximal	bei Nachweis von dringendem Bedarf	in wenigen Ausnahmefällen mehr als
8 Std.	**10 Std.**	**10 Std.**	**10 Std.**
	z. B. für Instandsetzungsarbeiten	z. B. für Sonderschichten	z. B. bei Notfällen und Katastrophen

Die tägliche Arbeitszeit ist die Zeit vom Beginn bis zum Ende der täglichen Beschäftigung ohne die Ruhepausen. Die tägliche Arbeitszeit einschließlich der Pausen ist die **Schichtzeit.**

Kündigungsschutz
Der Kündigungsschutz umfasst alle Rechtsnormen, welche Arbeitnehmern aus sozialen Gründen den Arbeitsplatz sichern und ihnen eine Nachprüfung der Kündigung durch das Arbeitsgericht erlauben. Er gilt in Betrieben, die 10 oder mehr Arbeitnehmer beschäftigen.

Kündigungsschutz gliedert sich in		
individualrechtlichen Kündigungsschutz	besonderen Kündigungsschutz	Kündigungsschutz bei Massenentlassungen

Ein Arbeitsverhältnis kann beendet werden
- durch einen Aufhebungsvertrag in beiderseitigem Einvernehmen, ohne die Einhaltung von Fristen – hierzu bedarf es keiner Kündigung.
- gegen den Willen eines Vertragspartners – hier ist eine Kündigung notwendig. Dabei wird unterschieden zwischen
  - ordentlicher Kündigung (fristgemäß) und
  - außerordentlicher Kündigung (fristlos).
- durch eine Änderungskündigung.
- durch Vertragsende, z. B. im Falle befristeter Arbeitsverhältnisse.

Eine Kündigung
- **ist die einseitige Ankündigung, das Arbeitsverhältnis beenden zu wollen,**
- **kann nicht zurückgenommen werden,**
- **ist dann wirksam, wenn der Vertragspartner davon Kenntnis erhält,**
- **muss nach § 623 BGB schriftlich erfolgen,**
- **muss begründet sein; die Beweislast hat der Arbeitgeber.**

Will der AN eine ordentliche Kündigung zurückweisen, muss er nachweisen, dass ein anderer Arbeitnehmer gegebenenfalls sozial weniger schutzwürdig ist und statt seiner entlassen werden könnte.

Kündigungsgründe, -fristen und -form sind durch Manteltarifverträge geregelt, die oft weit über die gesetzlichen Vorschriften hinausreichen. Besonders für ältere Arbeitnehmer mit längerer Betriebszugehörigkeit gelten besondere Schutzvorschriften.

Ein Arbeitnehmer, dem gekündigt wurde, kann binnen drei Wochen beim Arbeitsgericht dagegen klagen, wenn er davon überzeugt ist, dass seine Kündigung sozial ungerechtfertigt ist. Ist die Klage erfolgreich, das Vertrauensverhältnis aber soweit gestört, dass keiner Seite mehr eine Arbeitsaufnahme im Betrieb zugemutet werden kann, so hat der Arbeitnehmer Anspruch auf eine Abfindung von bis zu maximal 12 Monatsgehältern. Verzichtet der Arbeitnehmer auf eine Kündigungsschutzklage, so hat er Anspruch auf eine Abfindung, wenn der Arbeitgeber diese anbietet. Üblich ist ein halber Monatsverdienst für jedes Jahr Betriebszugehörigkeit.

Merke:
- **Kündigungsschutzklagen** sichern nicht den Arbeitsplatz, sondern sind meist Klagen auf Abfindung.
- Kann über die Klage nicht innerhalb der Kündigungsfrist beim Arbeitsgericht verhandelt werden, scheidet der Arbeitnehmer auf jeden Fall aus dem Betrieb aus.

Ordentliche Kündigung	Außerordentliche Kündigung	Änderungskündigung
Kündigung mit Einhaltung der geltenden Kündigungsfristen. Sie muss, um wirksam zu sein, **sozial gerechtfertigt** sein.	Kündigung ohne Einhaltung von Kündigungsfristen – **sofort.**	Eine Kündigung mit dem Ziel, die Arbeitsbedingungen oder den Arbeitsplatz innerhalb eines Betriebes zu verändern.
Sie ist durch den AG möglich, wenn der Kündigungsgrund • **personenbedingt** ist: z. B. Verlust der Arbeitsfähigkeit, ungenügende Leistung, häufige Kurzerkrankungen, • **verhaltensbedingt** ist: Unpünktlichkeit, Diebstahl, Mobbing, Drogenkonsum am Arbeitsplatz, Störung des Betriebsfriedens, • **betriebsbedingt** ist: z. B. Auftragsmangel, Rationalisierung, Gewinnrückgang **und** die Kündigung durch Weiterbildung oder innerbetriebliche Umsetzung des Arbeitnehmers nicht abgewendet werden kann. Bei verhaltensbedingter Kündigung muss der Arbeitgeber das unerwünschte Verhalten erst abmahnen.	Sie ist durch den AG oder den AN möglich, z. B. bei • grober Pflichtverletzung durch einen der beiden Partner, z. B. bei sexueller Belästigung. • Verrat von Betriebsgeheimnissen gegen Entgelt, z. B. Verkauf von Konstruktionszeichnungen. • Verweigerung des Lohnes, z. B. wenn der Arbeitgeber einem Mitarbeiter angeordnete Überstunden nicht bezahlen will. **Der Verursacher der fristlosen Kündigung ist schadensersatzpflichtig.** Die Kündigung muss innerhalb von zwei Wochen, nachdem der Kündigungsgrund bekannt wurde, erfolgen.	Sie ist durch den AG möglich, z. B. bei • Umstrukturierung des Betriebs. • geringer Bereitschaft des Arbeitnehmers, seine Fachkenntnisse den an seinem Arbeitsplatz erforderlichen Kenntnissen anzupassen. **Akzeptiert der Arbeitnehmer eine Änderungskündigung nicht, so wandelt sie sich automatisch in eine ordentliche Kündigung.**

Der Arbeitgeber hat dem Arbeitnehmer aber innerhalb der Kündigungszeit angemessene Freizeit zu gewähren, damit sich dieser eine neue Stelle suchen kann; üblich sind hier um die 10 Stunden während der Kündigungsfrist.

Massenentlassungen müssen dem Arbeitsamt angezeigt werden. Entlassungen sind innerhalb von 30 Kalendertagen anzeigepflichtig bei:

Betriebsgröße (Mitarbeiter)	Zahl der Kündigungen
20 – 60	5
60 – 500	25 bzw. 10 % der Beschäftigten
500 und mehr	mehr als 30 Beschäftigte

Bei Massenentlassungen ist der Betriebsrat **vorher** durch die Betriebsleitung umfassend zu informieren!

Wird ein Unternehmen oder Betriebsteil wegen Konkurs geschlossen und alle Arbeitnehmer entlassen, so stellen Unternehmensleitung und Betriebsrat einen **Sozialplan** auf, gemäß dem die Beschäftigten je nach Alter und Betriebszugehörigkeit finanzielle Abfindungen erhalten können.

Kündigungsfristen
können im Arbeitsvertrag individuell vereinbart werden. Wird nichts vereinbart, so gilt die gesetzliche Regelung:

Kündigt der Arbeitnehmer,
betragen die Mindestkündigungsfristen nach der Probezeit für Arbeitnehmer vier Wochen zum 15. eines Monats oder zum Monatsende.

Kündigt der Arbeitgeber,
so verlängern sich die Kündigungsfristen mit der Dauer der Betriebszugehörigkeit auf bis zu 7 Monate (nach 20 Jahren) zum Quartalsende. Eine Betriebszugehörigkeit zählt erst ab dem 25. Lebensjahr.

Liegt ein Zeitarbeitsvertrag vor, dann endet das Arbeitsverhältnis mit dem vereinbarten Ende oder mit der Erfüllung des Zwecks, ohne dass es einer Kündigung bedarf.

Erhöhter Kündigungsschutz
Nach dem **Kündigungsschutzgesetz (KSchG)** von 1969 genießen einige Gruppen einen besonderen, kollektiv gültigen Kündigungsschutz, **jedoch nicht bei fristlosen Kündigungen:**
- Wahlvorstände bei Betriebsratswahlen während der Amtszeit,
- Betriebsratsmitglieder und Jugendvertreter bis ein Jahr nach Ablauf der Amtszeit,
- Schwerbehinderte – nach dem Schwerbehindertengesetz nur mit Zustimmung der Hauptfürsorgestelle,
- werdende Mütter bis 4 Monate nach der Entbindung (**Mutterschutzgesetz [MSchG]**),
- Mütter oder Väter während der Elternzeit (sie können sich die Elternzeit auch teilen),
- Personen, die Wehr- oder Ersatzdienst leisten (**Arbeitsplatzschutzgesetz [ArbPlSchG]**). Das Arbeitsverhältnis ruht in dieser Zeit, die Dienstzeit wird aber auf die Betriebszugehörigkeit angerechnet, gleichzeitig hat der Arbeitnehmer das aktive Wahlrecht zum Betriebsrat.

Für Schwerbehinderte gilt:
Schwerbehindert ist, wer mindestens mit 50 % erwerbsgemindert ist. Das neunte **Sozialgesetzbuch (SGB IX)** gewährt neben dem erhöhten Kündigungsschutz noch folgende Rechte:
- fünf Tage Zusatzurlaub pro Jahr,
- einen Behinderten-Vertrauensmann, der an allen Betriebsratssitzungen teilnehmen kann (bei mindestens fünf Schwerbehinderten ein Vertrauensmann),
- eine Ausgleichsabgabe der Unternehmen, um die Einstellung Schwerbehinderter zu fördern.

Für **Auszubildende** ist das Kündigungsschutzgesetz ohne Wirkung, da sie keine Arbeitnehmer im Sinne des Betriebsverfassungsgesetzes sind. Für sie gelten Sonderregelungen (siehe Seite 4).

Arbeitszeugnisse
Verlässt ein Arbeitnehmer endgültig den Betrieb, so hat er Anspruch auf ein schriftliches Arbeitszeugnis. Es muss vom „Wohlwollen des Arbeitgebers getragen sein" und darf keine negativen Bemerkungen enthalten.
Man unterscheidet:

einfaches Zeugnis (Arbeitszeugnis)	qualifiziertes Zeugnis (Führungszeugnis)
• Personalien	• Personalien
• Art der Beschäftigung	• Art der Beschäftigung
• Dauer der Beschäftigung	• Dauer der Beschäftigung
	• Angaben der Führung und Leistung

- Im Zeugnis muss der Kündigungsgrund nicht genannt werden. Ein Arbeitnehmer kann jederzeit ohne Angabe von Gründen ein *Zwischenzeugnis* verlangen.

- Üblich geworden sind verklausulierte Formulierungen in Arbeitszeugnissen, z. B. „… er bemühte sich …".
- Nach dem Ausscheiden eines Arbeitnehmers aus einem Betrieb muss ihm der Arbeitgeber folgende Unterlagen aushändigen:
  - Arbeitszeugnis (ein qualifiziertes nur auf Verlangen),
  - Lohnsteuerkarte,
  - Urlaubsbescheinigung,
  - Entgeltbescheinigung für die Rentenversicherung.
- Hat der Arbeitnehmer noch Lohn- oder Gehaltsforderungen, so muss er diese innerhalb von zwei Kalenderjahren anmelden, da diese sonst verjähren.

1.2.6 Jugendarbeitsschutzgesetz: Exklusiv – nur für Jugendliche!

Das **Jugendarbeitsschutzgesetz (JArbSchG)** von 1960 gilt für alle jugendlichen Beschäftigten bis zum vollendeten 18. Lebensjahr und soll sie vor Entwicklungsschäden und Ausbeutung schützen. Im Gesetz wird zwischen Kindern und Jugendlichen unterschieden. Als Kinder gelten alle, die noch der Vollzeitschulpflicht unterliegen.

Die wichtigsten Vorschriften des JArbschG sind:

- **Kinderarbeit:** Sie ist grundsätzlich verboten. Ausnahmen bestehen z. B. ab dem 13. Lebensjahr beim Austragen von Zeitungen bis 2 Stunden am Tag usw.;
- **Arbeitszeit:** höchstens 8 Stunden pro Tag und 40 Stunden die Woche oder 8,5 Stunden, wenn an einem Arbeitstag die Arbeitszeit verkürzt wird; in der Landwirtschaft während der Ernte 9 Stunden pro Tag bzw. 85 Stunden in der Doppelwoche;
- **Pausen:** 30 Minuten bei 4,5 bis 6 Stunden Arbeitszeit, 60 Minuten bei mehr als 6 Stunden Arbeitszeit;
- **Freizeit:** mindestens 12 Stunden ununterbrochen, regelmäßige Beschäftigung nur zwischen 6 Uhr und 20 Uhr, Ausnahmen sind jedoch möglich;
- **Schichtzeit:** maximal 11 Stunden einschließlich der Pausen im Gastgewerbe und in der Landwirtschaft;
- **Wochenende:** Samstags-, Sonntags- und Nachtarbeit sind zu vermeiden. Ausnahmen: Bäckereien, Handel, Kfz-Werkstätten. Es müssen aber zwei Samstage pro Monat beschäftigungsfrei bleiben;

- **Berufsschule:** gilt als Arbeitszeit
  - bei **Teilzeitunterricht:** bei mindestens 6 Unterrichtsstunden: Freistellung ganztägig
  - bei **Blockunterricht:** bei mindestens 25 Zeitstunden wöchentlich und Unterricht an 5 Tagen: Freistellung für die ganze Woche; **aber:** Es sind zusätzlich 2 Stunden pro Woche betriebliche Ausbildung möglich.
- **ärztliche Untersuchung:** frühestens 9 Monate vor und dann ein Jahr nach Aufnahme der Beschäftigung;
- **Beschäftigungsverbot:** keine gefährlichen Arbeiten und solche, die die sittliche Entwicklung gefährden könnten; Akkordarbeit ist nur zulässig, wenn sie der Ausbildung dient;
- **Urlaub:** gestaffelt nach Alter (Stichtag = 1. Januar des Jahres)
  - bis 16 Jahre: 30 Werktage (Mo – Sa)
  - bis 17 Jahre: 27 Werktage (Mo – Sa)
  - bis 18 Jahre: 25 Werktage (Mo – Sa)
  - Tarifverträge bieten oft bessere Urlaubsregelungen für alle Arbeitnehmer;
- **Bußen:** bis zu 10.000 € für denjenigen, der die Verstöße anordnet und sich dadurch wirtschaftlich bereichert; bei dreimaliger Geldbuße droht ein Beschäftigungsverbot für Jugendliche.

1.2.7 Arbeitsgerichtsbarkeit – wenn es Ärger im Betrieb gibt

Arbeitsgerichte sind Teil der Zivilgerichtsbarkeit und zuständig für alle Rechtsstreitigkeiten im Zusammenhang mit

- **Arbeitsverträgen:** z. B. Kündigungsschutzklagen – bei diesen Klagen fällt das Gericht ein Urteil. Hinweis: Kündigungsschutzklagen haben gegenüber allen anderen Klagen Vorrang.
- dem **Betriebsverfassungsgesetz** sowie dem **Mitbestimmungsgesetz:** z. B. die Rechte des Betriebsrats; hier gibt es das sogenannte Beschlussverfahren, das Gericht fällt kein Urteil.
- **Tarifverträgen:** z. B. Gültigkeit von Tarifverträgen, auch hier ergeht kein Urteil, sondern ein Beschluss.

Das **Arbeitsrecht** ist ein Beispiel für die Überschneidung von öffentlichem und privatem Recht:

private Rechtsbereiche sind z. B. Fragen des Arbeitsvertrags	**öffentliche Rechtsbereiche** sind z. B. Betriebsverfassungs-, Tarifvertrags-, Arbeitszeit- und Arbeitsschutzrecht

Verfahren

Zuständig ist das Gericht des Ortes, an dem die beklagte Partei ihren Wohnort bzw. Firmensitz hat. Eine Verhandlung vor dem Arbeitsgericht im Urteilsverfahren beginnt immer mit einer **Güteverhandlung** durch den Arbeitsrichter.

Die Güteverhandlung

* soll vor Beginn der Verhandlung eine Einigung herbeiführen,
* dient der Beschleunigung der Arbeitsgerichtsverfahren,
* soll ein Verhärten der Fronten zwischen Klägern und Beklagten verhindern.

Wichtig

Nur wenn die Güteverhandlung scheitert, wird das Verfahren eröffnet.

* In der I. Instanz herrscht kein Anwaltszwang. Der Kläger kann die Klage formlos einreichen oder bei der Rechtsantragsstelle im Arbeitsgericht **zu Protokoll** geben.
* In der I. Instanz tragen Kläger und Beklagte ihre Kosten selbst, in der II. und III. Instanz muss die unterlegene Partei die gesamten Prozess- und Anwaltskosten bezahlen.
* Es fallen nur sehr niedrige Gerichtskosten und keine Kostenvorschüsse, wie es sonst bei Zivilprozessen üblich ist, an. Die Gerichtskosten betragen 1,50 € je 50 € Streitwert und insgesamt höchstens 250 €.
* Wird in der Güteverhandlung eine Einigung erzielt, die Klage vom Kläger zurückgezogen oder schließen Kläger und Beklagte einen Vergleich, so fallen keine Kosten an.
* In allen Instanzen wirken Vertreter der Sozialpartner als ehrenamtliche Arbeitsrichter mit gleichem Stimmrecht mit. Gewerkschaften und Arbeitgeberverbände schlagen aus ihren Reihen geeignete Personen als Arbeitsrichter vor. Sie müssen keine juristische Ausbildung haben. Das Mindestalter für eine Berufung zum Arbeitsrichter beträgt 25 Jahre.

Sind Kläger oder Beklagter mit dem Urteil des Arbeitsgerichts nicht einverstanden, dann können sie gegen das Urteil Berufung einlegen. Eine Berufung ist nur zulässig, wenn sie
* vom Arbeitsgericht zugelassen worden ist
* **und** der Streitwert über 600 € liegt
* **oder** die Rechtssache von grundsätzlicher Bedeutung ist.

Instanzen

Die Arbeitsgerichtsbarkeit kennt drei Instanzen:

I. Instanz örtliches Arbeitsgericht: 1 Berufsrichter und je 1 Arbeitsrichter von Arbeitgeber- und Arbeitnehmerverbänden.

II. Instanz Landesarbeitsgericht (Berufungsinstanz): 1 Berufsrichter und je 1 Arbeitsrichter von Arbeitgeber- und Arbeitnehmerverbänden.

III. Instanz Bundesarbeitsgericht in Erfurt (Revisionsinstanz): 3 Berufsrichter und je 1 Arbeitsrichter von Arbeitgeber- und Arbeitnehmerverbänden. Eine Revision vor dem Bundesarbeitsgericht ist nur möglich, wenn sie vom Landesarbeitsgericht zugelassen worden ist und die Rechtssache von grundsätzlicher Bedeutung ist.

Grundsatzentscheidungen zum Arbeitsrecht fällt der **Große Senat am Bundesarbeitsgericht:**
Präsident, je ein Berufsrichter der zehn Senate, je drei ehrenamtliche Richter aus den Kreisen der Arbeitgeber und Arbeitnehmer.

In der II. und III. Instanz besteht Anwaltszwang. Gewerkschaftsmitglieder erhalten hier – wie auch in der Sozialgerichtsbarkeit – Rechtsschutz von ihrer Organisation. Die Einschränkung von Berufungs- und Revisionsmöglichkeiten soll sicherstellen, dass nicht jede Meinungsverschiedenheit zwischen Kläger und Beklagtem vor Gericht ausgetragen wird.

Für alle drei Arbeitsgerichtsinstanzen gilt:
* Es gibt vor Gericht nur die drei „Parteien": Kläger, Beklagter, Richter.
* Das Gericht ermittelt nicht von sich aus, es gibt also keinen Staatsanwalt, sondern es fällt sein Urteil aufgrund der Tatsachen, die Kläger und Beklagte in der Verhandlung vortragen.
* Das Gericht kann Gutachter zur Urteilsfindung heranziehen.

Wichtig

Grundsatz im privatrechtlichen Arbeitsrecht ist die **Vertragsfreiheit.**

Die Vertragspartner haben beispielsweise einen Arbeitsvertrag so zu gestalten, dass er eindeutig ist und nicht von den Arbeitsgerichten im Fall einer Klage erst interpretiert werden muss.

Arbeitsgerichte sollen vor allem

- im Einzelfall den Arbeitnehmer vor fehlerhaften oder willkürlichen Entscheidungen ihres Arbeitgebers schützen,
- dem Einzelnen helfen, seine Rechte aus dem Arbeitsrecht wahrzunehmen,
- das Arbeitsrecht weiterentwickeln,
- die Rechte der Organe der Betriebsverfassung, z. B. des Betriebsrats oder der Jugend- und Auszubildendenvertretung, gegenüber „unwilligen" Arbeitgebern sichern und die Mitbestimmungsrechte auf Betriebsebene schützen.

Besonderheit bei Berufsausbildungsverhältnissen

Streitigkeiten aus einem Berufsausbildungsverhältnis werden nur sehr selten am Arbeitsgericht behandelt, denn sie lassen sich meist durch Beratung und Schlichtung vonseiten der Ausbildungsberater der Kammern bereinigen.

Ist dies nicht möglich, so entscheidet die Schiedsstelle bei der zuständigen IHK bzw. Innung als Schlichtungsstelle. Sie ist paritätisch mit Vertretern von Arbeitgebern und von Arbeitnehmern besetzt. Erst wenn dieses Verfahren keine einvernehmliche Lösung bringt, ist eine Klage vor dem zuständigen Arbeitsgericht möglich.

Offene Fragen
Formulieren Sie Ihre Antworten in Stichpunkten und vermeiden
Sie es, auf den vorhergehenden Seiten nachzusehen.

1 Beschreiben Sie das *Duale System der Berufs-*
ausbildung am Beispiel *Ausbildung zum*
Werkzeugmechaniker bei der Firma Müller in
Coburg (Bayern).
- Lernorte
- Was wird jeweils vermittelt?
- Rechtsgrundlagen

2 Unterscheiden Sie Berufsausbildung, Fortbildung,
Umschulung, Berufsvorbereitung und geben Sie
je ein Beispiel an.

3 Es gilt: *Der Ausbildende hat alles zu tun, damit*
der Auszubildende sein Ausbildungsziel erreicht.
Zählt dazu auch der Einsatz in Akkordlohn-
gruppen?

4 Ein Auszubildender verlangt zum Abschluss
seiner Ausbildung ein Zeugnis. Was unterscheidet ein qualifiziertes Ausbildungszeugnis
von einem einfachen Arbeitszeugnis?

5 Ein Azubi lernt den Beruf Metallbauer im
Handwerksbetrieb Hans Müller.
Welche Stelle ist zuständig?
Welchen Abschluss erwirbt er?

6 Bringen Sie die Vorschriften und Verträge ihrer
Bedeutung nach in die richtige Reihenfolge:
5 • individueller Arbeitsvertrag
1 • Grundgesetz Artikel 12
3 • Lohntarifvertrag
2 • Mutterschutzgesetz
6 • Gewohnheitsrecht
4 • Manteltarifvertrag

7 Nennen Sie jeweils drei Pflichten für Arbeitgeber
und Arbeitnehmer, die im Rahmen eines Arbeitsvertrags vorliegen.

8 Nennen Sie jeweils zwei Vorteile von Zeit-,
Prämien- und Akkordlohn.

9 Erläutern Sie die Begriffe *Reallohn, Nominallohn,*
Tariflohn.

10 Arbeitsschutzvorschriften lassen sich in technische und soziale Schutzvorschriften unter-
teilen. Nennen Sie jeweils zwei technische und
zwei soziale Schutzvorschriften sowie den
Bereich, den sie regeln.

11 Eine Arbeitnehmerin nimmt während ihres
Jahresurlaubs einen Job als Animateurin an
und erleidet dabei einen Arbeitsunfall, der
zwei Wochen Krankenhausaufenthalt nach sich
zieht. Muss ihr eigentlicher Arbeitgeber eine
Lohnfortzahlung leisten?

12 Eine Mitarbeiterin, die ein Kind erwartet, arbeitet
im Akkord. Welche Fürsorgepflicht hat ihr Arbeitgeber?

13 Ein Arbeitsvertrag sieht eine 5-Tage-Woche
bei einer wöchentlichen Arbeitszeit von
42 Stunden pro Woche sowie die Bereitschaft
zu Überstunden vor. Ist das bei einer täglichen
Regelarbeitszeit von 8 Stunden pro Tag zulässig?

14 Nennen Sie je zwei Gründe, derentwegen
gekündigt werden kann:
a) ordentlich,   b) fristlos.

15 Nennen Sie drei Mitarbeitergruppen mit
erhöhtem Kündigungsschutz.

16 Nennen Sie drei wichtige Vorschriften aus dem
Jugendarbeitsschutzgesetz.

17 Was ist das Güteverfahren am Arbeitsgericht und
welchen Zweck hat es?

18 Warum gibt es keinen Anwaltszwang in der
I. Instanz bei Arbeitsgerichten?

19 Die Grafik zeigt den Weg durch die Instanzen der Arbeitsgerichtsbarkeit und verdeutlicht den Weg eines Arbeitsgerichtsprozesses von der Klageerhebung bis zum letztinstanzlichen Urteil.
a) Beschreiben Sie, welchen Sinn der Gütetermin hat und
b) warum es drei Instanzen gibt.

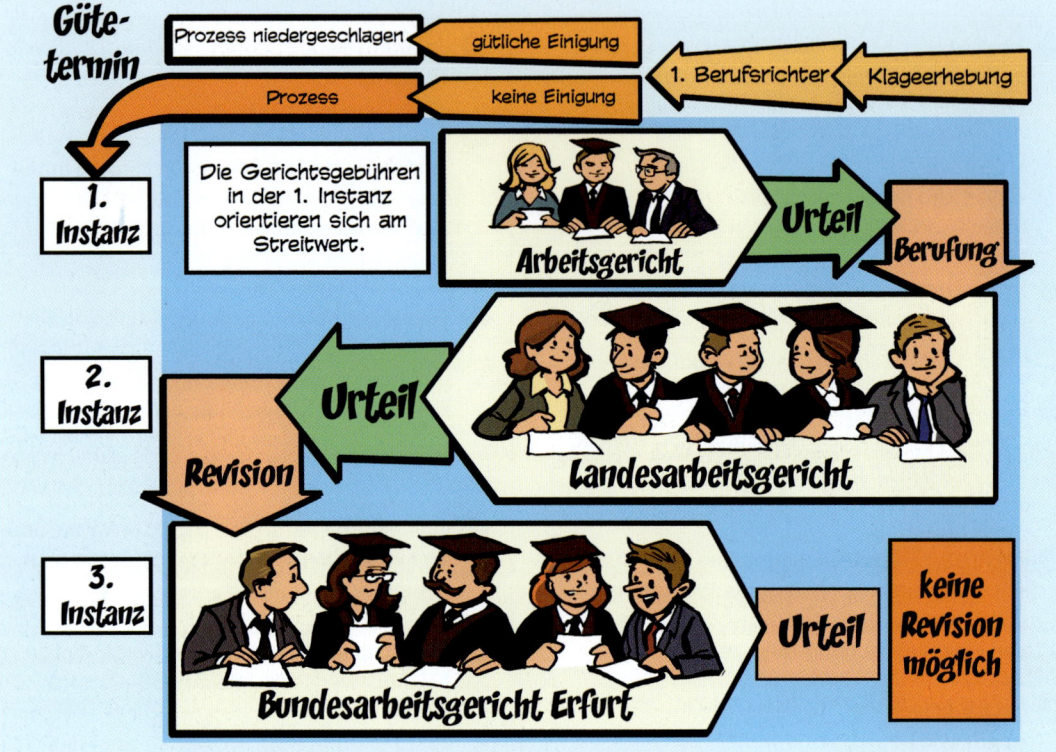

Die Lösungen zum Überprüfen Ihrer Antworten finden Sie auf den Seiten 141–143.
Haben Sie alle Fragen richtig beantwortet, dann sind Sie für die Abschlussprüfung
im **Prüfungsgebiet 1: Der Jugendliche in Ausbildung und Beruf,**
Teilgebiet 1.2 Duales System – Arbeitsrechte – Arbeitsschutz gut vorbereitet.

Beantworten Sie nun die Multiple-Choice-Fragen.

Multiple-Choice-Fragen  Kreuzen Sie die richtige Lösung an!

1. Was versteht man in der Berufsausbildung unter „dualer Ausbildung"?
1. zweijährige Ausbildung ☐
2. zweijährige Fortbildung ☐
3. Ausbildung in zwei Berufen ☐
4. Ausbildung in zwei Betrieben ☐
5. Ausbildung an zwei Lernorten: Betrieb + Berufsschule ☐

2. Nach Artikel 12 des Grundgesetzes haben alle Deutschen das Recht, Beruf und Ausbildungsstätte frei zu wählen. Was ist damit gemeint?
1. Jeder Beruf darf frei ausgeübt werden. ☐
2. Der Ausbildungsplatz ist frei wählbar. ☐
3. Der Wohnort ist frei wählbar. ☐
4. Es gibt einen Rechtsanspruch auf Arbeit. ☐
5. Wehrpflicht kann aus Gewissensgründen verweigert werden. ☐

3. Was versteht man unter einer Verbundausbildung?
1. Ausbildung in zwei Betrieben ☐
2. duale Ausbildung ☐
3. Ausbildung in Industrie und Handwerk ☐
4. Ausbildung durch zwei Ausbilder ☐
5. Zweitausbildung ☐

4. Was gehört *nicht* zu den Pflichten des Ausbildenden? Den Auszubildenden
1. charakterlich fördern. ☐
2. zum Berufsschulbesuch anhalten. ☐
3. nach der Ausbildung weiterbeschäftigen. ☐
4. für Prüfungen freistellen. ☐
5. die Arbeitsmittel kostenlos bereitzustellen. ☐

5. In welcher Richtlinie sind die Inhalte der betrieblichen Ausbildung festgelegt?
1. Rahmenlehrplan der Berufsschule ☐
2. Berufsbildungsgesetz ☐
3. Ausbildungsverordnung ☐
4. Tarifvertrag ☐
5. Prüfungsordnung der Kammern ☐

6. Wer registriert Ausbildungsverhältnisse im Handwerk?
1. zuständige Innung ☐
2. Handwerkskammer ☐
3. Ausbildungsberater ☐
4. Industrie- und Handelskammer ☐
5. Berufsschule ☐

7. Was zählt *nicht* zum kollektiven Arbeitsrecht?
1. Betriebsvereinbarungen ☐
2. Lohntarifverträge ☐
3. Manteltarifverträge ☐
4. Arbeitszeitgesetz (AZG) ☐
5. Einzelarbeitsvertrag ☐

8. In welchem Fall spricht man von Zeitlohn?
1. Tantiemen ☐
2. Einzelakkord ☐
3. Gruppenakkord ☐
4. Prämienlohn ☐
5. Stundenlohn ☐

9. In welchem Fall handelt es sich um Leistungslohn?
1. Monatslohn ☐
2. Monatsgehalt ☐
3. Stundenlohn ☐
4. Wochenlohn ☐
5. Akkordlohn ☐

10. Anhand welches Lohns werden die Sozialversicherungsbeiträge berechnet?
1. Bruttolohn ☐
2. Nettolohn ☐
3. Kaufkraftlohn ☐
4. Durchschnittsnettolohn ☐
5. Reallohn ☐

11. In welchem Fall spricht man von AT-Gehalt?
  1 Das Gehalt liegt über dem Mindestlohn der Branche. ☐
  2 Das Gehalt ist übertariflich. ☐
  3 Das Gehalt liegt über der AT-Grenze. ☐
  4 Das Gehalt wird als Bonus bezahlt. ☐
  5 Das Gehalt wird als Jahresgehalt festgelegt. ☐

12. In welchem Gesetz ist die Tätigkeit von Fachkräften für Arbeitssicherheit geregelt?
  1 Arbeitssicherheitsgesetz ☐
  2 Geräte- und Produktsicherheitsgesetz ☐
  3 Arbeitsstättenverordnung ☐
  4 Arbeitszeitgesetz ☐
  5 Jugendarbeitsschutzgesetz ☐

13. Eine Mitarbeiterin fühlt sich vom Monitor an ihrem Arbeitsplatz geschädigt. Wer ist *nicht* für eine Beschwerde zuständig?
  1 Arbeitgeber ☐
  2 Betriebsrat ☐
  3 Sicherheitsbeauftragter ☐
  4 Betriebsarzt ☐
  5 Sozialgericht ☐

14. Ein Arbeitnehmer scheidet am 1. März nach einer Probezeit von sechs Wochen aus dem Betrieb aus. Hat er Anspruch auf Urlaub?
  1 Nein, für Probezeit besteht kein Urlaubsanspruch. ☐
  2 Ja, anteilig für die Probezeit. ☐
  3 Ja, auf den halben Jahresurlaub. ☐
  4 Nein, er ist noch keine 6 Monate im Betrieb beschäftigt. ☐
  5 Ja, auf den gesamten Jahresurlaub. ☐

15. Ein Arbeitnehmer erkrankt im Urlaub. Was gilt?
  1 Der Urlaub verlängert sich um die Krankheitstage. ☐
  2 Erkrankung im Urlaub ist für den Arbeitgeber ohne Belang. ☐
  3 Nachgewiesene Krankheit unterbricht den Urlaub. ☐
  4 Nachgewiesene Arbeitsunfähigkeit unterbricht den Urlaub. ☐
  5 Der Arbeitnehmer muss sofort am Arbeitsplatz erscheinen. ☐

16. Wie lange hat ein Arbeitnehmer Anspruch auf Lohnfortzahlung, wenn er 12 Wochen krank ist?
  1 3 Wochen ☐
  2 4 Wochen ☐
  3 6 Wochen ☐
  4 10 Wochen ☐
  5 12 Wochen ☐

17. In welchen Fällen sind Kündigungsfristen einzuhalten?
  1 bei ordentlicher Kündigung ☐
  2 bei Aufhebung des Arbeitsvertrags ☐
  3 bei Abschluss eines Zeitarbeitsvertrags ☐
  4 ein Azubi hat seine Abschlussprüfung bestanden ☐
  5 bei Erreichen der Altersgrenze eines Mitarbeiters ☐

18. Eine Kündigung ist unwirksam, wenn
  1 sie sozial ungerechtfertigt ist. ☐
  2 der Betriebsrat nicht beteiligt wurde. ☐
  3 sie in den ersten drei Monaten des Jahres erfolgt. ☐
  4 sie nur Arbeiter, aber keine Angestellten betrifft. ☐
  5 sie nur jüngere, unverheiratete Mitarbeiter betrifft. ☐

19. Welche Gruppe genießt keinen besonderen Kündigungsschutz?
  1 Auszubildende ☐
  2 Jugendvertreter ☐
  3 Betriebsräte ☐
  4 Vertrauensleute ☐
  5 werdende Mütter ☐

20. In welchem Fall ist eine außerordentliche Kündigung berechtigt?
  1 Ein Mitarbeiter kandidiert für ein politisches Amt. ☐
  2 Eine Mitarbeiterin ist seit 8 Wochen erkrankt. ☐
  3 Ein Mitarbeiter beschwert sich über Arbeitsbedingungen. ☐
  4 Eine Mitarbeiterin organisiert einen wilden Streik. ☐
  5 Ein Mitarbeiter fordert die Einrichtung eines Betriebsrats. ☐

21. Ein Arbeitnehmer zieht nach zwei Wochen seine ordentliche Kündigung wieder zurück. Was gilt?

1 Die Kündigung kann nicht zurückgenommen werden. ☐
2 Der Betriebsrat muss der Rücknahme zustimmen. ☐
3 Die Kündigung gilt als „nichtig". ☐
4 Die Kündigung ist wirkungslos. ☐
5 Die Kündigung wird zur Änderungskündigung. ☐

22. Was begünstigt die Eingliederung Schwerbehinderter in das Arbeitsleben?

1 Sie erhalten 6 Tage zusätzlichen Urlaub pro Jahr. ☐
2 Sie erhalten Steuervergünstigungen. ☐
3 Betriebe müssen eine Pflichtquote an Schwerbehinderten beschäftigen. ☐
4 Sie wählen einen Vertrauensmann, der an Betriebsratssitzungen teilnehmen kann. ☐
5 Schwerbehinderten darf nur mit Zustimmung der Hauptfürsorgestelle gekündigt werden. ☐

23. Wer bezahlt die ausfallende Arbeitszeit eines Wehrpflichtigen bei der Musterung?

1 Wehrpflichtiger selbst ☐
2 Kreiswehrersatzamt ☐
3 Arbeitsamt ☐
4 Arbeitgeber ☐
5 Bundesministerium für Verteidigung ☐

24. Für welche Gruppe gilt das Jugendarbeitsschutzgesetz?

1 alle Auszubildenden im Betrieb ☐
2 jugendliche Beschäftigte bis 21 Jahre ☐
3 Studenten ☐
4 Jungarbeiter unter 21 Jahren ☐
5 jugendliche Beschäftigte bis 18 Jahre ☐

25. Bis zu welchem Alter gilt das Jugendarbeitsschutzgesetz?

1 15 Jahre ☐
2 16 Jahre ☐
3 18 Jahre ☐
4 21 Jahre ☐
5 24 Jahre ☐

26. Welche Pausenzeit hat ein Jugendlicher bei acht Stunden Arbeitszeit pro Tag?

1 mindestens 15 min ☐
2 mindestens 30 min ☐
3 mindestens 60 min ☐
4 maximal 60 min ☐
5 maximal 45 min ☐

27. Ein Auszubildender wird am 2. Januar 16 Jahre alt. Wie viele Tage Urlaub stehen ihm in diesem Jahr nach dem JArbSchG zu?

1 30 Tage ☐
2 28 Tage ☐
3 27 Tage ☐
4 25 Tage ☐
5 18 Tage ☐

28. Eine 18-jährige Mitarbeiterin erwartet ein Kind. Was gilt nach Mutterschutzgesetz (MuSchG)?

1 Sie darf zwischen 18 Uhr und 7 Uhr morgens nicht beschäftigt werden. ☐
2 Sie darf nicht mit Akkordarbeiten beschäftigt werden. ☐
3 Die Mutterschutzfrist beginnt acht Wochen vor der Geburt und dauert drei Jahre. ☐
4 Die Frau kann auf den Mutterschutz verzichten. ☐
5 Mit der Mutterschutzfrist endet automatisch das Arbeitsverhältnis. ☐

29. Welches Gericht ist für die Klage eines Arbeitnehmers gegen eine Kündigung zuständig?

1 Amtsgericht ☐
2 Arbeitsgericht ☐
3 Sozialgericht ☐
4 Landgericht ☐
5 Verwaltungsgericht ☐

30. Am Arbeitsgericht unterbreitet der Richter im Urteilsverfahren vor Prozessbeginn immer einen Gütevorschlag. Was bedeutet das?
   1. Vorschlag, den Fall erst am Amtsgericht zu verhandeln ☐
   2. Appell an die Verfahrensbeteiligten, auf Drohungen in der Verhandlung zu verzichten ☐
   3. Hinweis, geübten Rechtsvertretern, z.B. Anwälten, Prozessvollmacht zu erteilen ☐
   4. Hinweis an Kläger und Beklagte, wegen hoher Kosten auf das Verfahren zu verzichten ☐
   5. Hinweis an die Prozessbeteiligten, sich vor Verfahrensbeginn außergerichtlich zu einigen ☐

31. Wer entscheidet als erste Stelle bei Streitigkeiten aus Berufsausbildungsverhältnissen?
   1. Arbeitsgericht ☐
   2. Landesarbeitsgericht ☐
   3. Sozialgericht ☐
   4. Landessozialgericht ☐
   5. Schlichtungsstelle bei der IHK oder Innung ☐

32. Welche Aussage im Zusammenhang mit einer Kündigungsschutzklage ist falsch?
   1. Der Staatsanwalt erhebt Anklage. ☐
   2. Es wirken ehrenamtliche Richter mit. ☐
   3. Der Richter unterbreitet zuerst einen Gütevorschlag. ☐
   4. In der I. Instanz tragen Kläger und Beklagte ihre Kosten selbst. ☐
   5. Der Kläger kann sich von einer Person seines Vertrauens vertreten lassen. ☐

33. Welche Voraussetzungen müssen ehrenamtliche Richter an Arbeitsgerichten besitzen?
   1. Sie brauchen eine juristische Vorbildung. ☐
   2. Sie müssen Mitglied einer Gewerkschaft sein. ☐
   3. Sie müssen Mitglied eines Arbeitgeberverbands sein. ☐
   4. Sie müssen mindestens 25 Jahre alt sein. ☐
   5. Sie dürfen selbst keine Sozialleistungen beziehen. ☐

34. Warum ist die Revision gegen Urteile von Arbeitsgerichten eingeschränkt?
   1. Diese Gerichte sollen vor Überlastung geschützt werden. ☐
   2. Kläger sollen vor großen Kosten geschützt werden. ☐
   3. Meinungsverschiedenheiten zwischen Arbeitgeber und Arbeitnehmer sollen im Betrieb gelöst werden. ☐
   4. Arbeitsgerichte sind Sondergerichte und behandeln nur ausgewählte Fälle. ☐
   5. Die Tarifvertragsparteien sollen ihre Angelegenheiten selbst regeln. ☐

Die Lösungen finden Sie auf Seite 143. Arbeiten Sie jetzt das **Prüfungsgebiet Der Jugendliche in Ausbildung und Betrieb, Teilgebiet 1.3 Möglichkeiten und Grenzen betrieblicher Mitbestimmung** durch.

1.3 Möglichkeiten und Grenzen betrieblicher Mitbestimmung

Arbeitgeber als Eigentümer der Produktionsmittel haben andere Interessen als ihre lohnabhängigen Arbeitnehmer. Niemand kann seine Interessen allein und individuell gegenüber anderen durchsetzen, er braucht einen Interessenverband, der für ihn kämpft. Vielfältige Interessenverbände sammeln, bündeln, organisieren und vertreten diese Interessen und stellen sie in der Öffentlichkeit dar.

Interessenverbände sind durch Artikel 9 des Grundgesetzes (Koalitionsfreiheit) besonders geschützt.

für Arbeitgeber bzw. Unternehmen	für Arbeitnehmer
• Bundesverband der Deutschen Industrie (BDI) • Bundesvereinigung der Deutschen Arbeitgeberverbände (BDA) • Deutscher Industrie- und Handelstag (DIHT) (= Spitzenorganisation der Industrie- und Handelskammern) • Zentralverband des Deutschen Handwerks (= Spitzenorganisation der Handwerkskammern)	• Einzelgewerkschaften bzw. Industriegewerkschaften mit ihrem Dachverband „Deutscher Gewerkschaftsbund" (DGB) • Deutscher Beamtenbund (DBB) • Berufsständische Organisationen, z. B. Verein deutscher Ingenieure (VDI)

Folgende Eigenschaften sind allen Interessenverbänden gemeinsam:
• Sie müssen nicht parteipolitisch neutral sein, sondern dürfen eine bestimmte politische Richtung vertreten.
• Sie erhalten für ihre Arbeit keine Zuschüsse von staatlicher Seite.
• Sie wirken mit bei der Vorbereitung von Gesetzen und Verwaltungsentscheidungen durch Anregungen, Vorschläge sowie Stellungnahmen.
• Ihr Prinzip ist die freiwillige Mitgliedschaft, die durch freie Willenserklärung zustande kommt.
• Sie müssen über ihre Finanzen keine öffentliche Rechenschaft ablegen.
• Ihre Spitzenverbände sind in der Regel im Bundestag in der Lobbyistenliste eingetragen und haben Zugang zu den Abgeordneten, zur Staatsverwaltung sowie zur Ministerialbürokratie.
• Als Tarifpartner wirken einige Verbände beim Aushandeln von Tarifen und Arbeitsbedingungen sowie bei Arbeitskämpfen mit.

1.3.1 Arbeitgeberorganisationen

Sie werden unterschieden in Organisationen
• der Industrie: Arbeitgeberverbände, Wirtschaftsverbände, Industrie- und Handelskammern;
• des Handwerks: Innungen, Kreishandwerkerschaften, Handwerkskammern.

Arbeitgeberverbände

Sie vertreten die sozial- und tarifpolitischen Belange ihrer Mitgliedsunternehmen, handeln Löhne und Arbeitsbedingungen mit den Gewerkschaften aus und vertreten die Interessen der Arbeitgeber in den Selbstverwaltungsorganen der Sozialversicherungen. Sie wirken durch entsandte ehrenamtliche Richter auch in der Arbeits- und Sozialgerichtsbarkeit mit.

Gemeinsame Ziele aller Arbeitgeberverbände sind:

• Abwehr gewerkschaftlicher Forderungen
• Abschaffung staatlicher Subventionen für einzelne Unternehmen
• Einschränkung der Mitbestimmung
• Privatisierung aller staatlicher Wirtschaftstätigkeit
• Reform der gesetzlichen Sozialversicherungen
• Beseitigung sozialpolitischer Elemente aus Arbeitsverträgen
• Schaffung von unternehmerfreundlichen Rahmenbedingungen
• investitionsfördernde Steuerpolitik

Der Zusammenschluss aller industriellen Arbeitgeberverbände ist die „Bundesvereinigung der Deutschen Arbeitgeberverbände" (BDA): Sie vertritt als Dachorganisation über 800 Arbeitgeberverbände aus allen Wirtschaftszweigen.

Wirtschaftsverbände

Sie vertreten die berufsständischen Interessen ihrer Mitgliedsverbände in Staat und Öffentlichkeit, wie beispielsweise der Bundesverband der Deutschen Industrie (BDI). Er vertritt als Gesamtverband vor allem die wirtschaftspolitischen Interessen der Industrie, z. B. in der Wirtschafts- und Steuerpolitik. Er ist nicht tariffähig.
Dem BDI gehören keine Einzelpersonen an, sondern die Spitzenverbände der Industrie, z. B. Verband der Automobilindustrie e. V.

In der Öffentlichkeit können Wirtschaftsverbände, ebenso wie Arbeitgeberverbände und Gewerkschaften, ihre Standpunkte und Meinungen einseitig und subjektiv darstellen. Sie sind nicht wie die Kammern zur Objektivität und Zurückhaltung verpflichtet.

Industrie- und Handelskammern (IHK) und Handwerkskammern (HWK)

Die Kammern sind im Gegensatz zu den Mitgliedsverbänden der BDA und des BDI keine Vereine, sondern Körperschaften des öffentlichen Rechts und werden von ihren Mitgliedern selbst verwaltet. Sie nehmen die Interessen ihrer Mitgliedsbetriebe, der Unternehmen des jeweiligen Kammerbezirks, wahr. Sie fördern die gewerbliche Wirtschaft und sollen dabei die wirtschaftlichen Interessen der einzelnen Gewerbezweige und Betriebe abwägend und ausgleichend berücksichtigen. Auch führen sie als zuständige Stelle die Berufsausbildungsverhältnisse ihrer Mitgliedsfirmen. Es herrscht **Zwangsmitgliedschaft.**

Organe einer IHK sind:

- Vollversammlung: Versammlung aller Mitgliedsfirmen, wählt das Präsidium und die Ausschussmitglieder,
- Präsidium: Präsident, Vizepräsident; die laufenden Geschäfte obliegen dem Hauptgeschäftsführer,
- Ausschüsse: Sie beraten spezielle Angelegenheiten der Mitgliedsfirmen, z. B. als Berufsbildungsausschuss.

Die Kammern

- unterliegen nicht staatlichen Weisungen, jedoch der Staatsaufsicht,
- sind „Körperschaften des öffentlichen Rechts",
- nehmen für den Staat Aufgaben wahr, z. B. die Durchführung von Berufsabschlussprüfungen.

	Industrie- und Handelskammer	Handwerkskammer
Mitglieder	jedes Industrie- und Handelsunternehmen im jeweiligen Kammerbezirk	jeder selbstständige Handwerksmeister im jeweiligen Kammerbezirk über seine Kreishandwerkerschaft
Spitzenorganisation	Deutscher Industrie- und Handelstag (DIHT)	Deutscher Handwerkstag (DHT)
Beitrag	wird von den Mitgliedsfirmen aufgebracht, Kleinbetriebe sind oft beitragsfrei	
Aufgaben	beraten ihre Mitglieder in Vertrieb, Handelsrecht, Patentrecht; • unterstützen die Staatsverwaltung durch Anregungen, Gutachten, Berichte; • erstellen Gutachten für Gerichte und Schiedsstellen; • beraten in der betrieblichen Berufsausbildung, z. B. durch Ausbildungsberater; • führen Zwischen- und Abschlussprüfungen, Meister- und Umschulungsprüfungen durch; • führen das Verzeichnis der Ausbildungsverhältnisse (im Handwerk „Lehrlingsrolle" genannt).	

Insbesondere die Prüfungsausschüsse für Zwischen- und Abschlussprüfungen sind bei den Kammern eingerichtet. Sie legen die Prüfungsinhalte nach dem Berufsbild fest, führen die Prüfungen durch und entscheiden über das Prüfungsergebnis. Die Handwerkskammern delegieren für viele Berufe die Durchführung von Gesellenprüfungen an die Innungen.

Bei den Kammern ist auch der Berufsbildungsausschuss eingerichtet, der nach dem BBiG Rechtsvorschriften der Berufsausbildung beschließt, z. B. die Prüfungsordnung.

Eine Besonderheit sind die Schiedsstellen der Kammern. Sie schlichten vor einem Arbeitsgerichtsverfahren Streitigkeiten, die sich aus Berufsausbildungsverhältnissen zwischen Ausbildenden (= Betrieb) und Auszubildenden ergeben.

Innungen – Kreishandwerkerschaften

Eine Besonderheit im Rahmen der Interessenverbände des Handwerks stellen die Innungen dar. Sie sind freiwillige fachliche Vereinigungen von selbstständigen Handwerksmeistern einer Branche. So können sich beispielsweise die Schreiner eines Bezirks oder einer Stadt zu einer Schreinerinnung zusammenschließen. Die Handwerkskammern übertragen den Innungen oft die Durchführung von Gesellenprüfungen im Handwerk. In den Prüfungsausschuss der prüfenden Innung müssen dann neben den Meistervertretern noch Arbeitnehmer (Gesellen) und ein Berufsschullehrer berufen werden.

Auf Landesebene schließen sich die Innungen zu Landesinnungsverbänden zusammen, z. B. dem Landesverband Bayern Metall.

Auf Kreisebene schließen sich die fachlich organisierten Innungen zu berufsständisch organisierten Kreishandwerkerschaften zusammen. Alle selbstständigen Handwerksmeister sind Pflichtmitglieder. Die Kreishandwerkerschaften bilden auf Regierungsbezirksebene die Handwerkskammern, die sich auf Bundesebene zum Zentralverband des Deutschen Handwerks zusammengeschlossen haben.

Aufgaben der Innungen:

- Pflege von Berufstradition und Gemeinsinn (Hinweis: Vorläufer der Innungen waren die Zünfte),
- Schlichten und Vermitteln bei Klagen von Kunden über mangelhafte Handwerksarbeit,
- Durchführen von Zwischen- und Abschlussprüfungen im Handwerk,
- Überwachen der Lehrlingsausbildung,
- Organisieren von Fortbildungsveranstaltungen für Meister, Gesellen und Interessierte.

Eine Besonderheit gilt bei Innungen und Handwerkskammern:

In der Mitgliederversammlung, in den Ausschüssen (z. B. für Berufsbildung) sowie im Vorstand sind immer zu einem Drittel Gesellen aus den innungs- bzw. kammerzugehörigen Betrieben vertreten. Das entspricht der alten Zunfttradition, in der es neben der Meisterlade immer auch eine Gesellenlade gab (Lade: Truhe, in der wichtige Schriftstücke sowie Unterstützungsgelder verwahrt wurden – und die bei Versammlungen geöffnet vor dem Obermeister oder Altgesellen stand).

1.3.2 Arbeitnehmerorganisationen: Gewerkschaften

Gewerkschaften entstanden im 19. Jahrhundert als Kampforganisation und Interessenvertretung der Arbeiter gegenüber den Fabrikbesitzern. Im Interesse ihrer Mitglieder verfolgen sie heute

- wirtschaftliche,
- soziale,
- berufliche und
- kulturelle Interessen.

Sie treten für eine Verbesserung der Arbeits- und Lebensbedingungen der abhängig Beschäftigten ein. Sie wollen nicht nur die Arbeitnehmer vertreten, sondern ebenso wie die Arbeitgeberverbände **in die Gesellschaft hineinwirken.**

Aufgaben der Gewerkschaften:
- Aushandeln von Lohn- und Manteltarifverträgen mit den Arbeitgeberverbänden oder einzelnen Betrieben,
- Wahrnehmung von Arbeitnehmerinteressen in der Öffentlichkeit, in Gesetzgebung, Verwaltung und gegenüber Unternehmerverbänden,
- Mitwirkung bei Gesetzesvorhaben durch Anträge, Beratungen, Stellungnahmen,
- Mitwirkung in den Selbstverwaltungsorganen der Sozialversicherungsträger,
- Unterstützen der Mitglieder (ideell und finanziell) bei Streiks und Aussperrungen,
- Vorschlagen von Arbeits- und Sozialrichtern,
- Beratung und Rechtshilfe bei Verfahren vor Arbeits- und Sozialgerichten,
- Unterstützen von bedürftigen Mitgliedern und Gewähren von Stipendien,
- Umsetzen der Mitbestimmung durch Entsenden von Mitgliedern in Aufsichtsräte und als Arbeitsdirektoren,
- Mitwirkung in Aufsichtsgremien von Anstalten des öffentlichen Rechts, z. B. als Rundfunkräte.

Deutscher Gewerkschaftsbund (DGB)

Er ist der Dachverband von acht Einzelgewerkschaften mit insgesamt ungefähr sechs Millionen Mitgliedern. Nicht einzelne Arbeitnehmer bzw. einzelne Personen sind Mitglieder des DGB, sondern die acht Einzelgewerkschaften (siehe weiter unten).

Der DGB
- ist nicht tariffähig, dies sind nur die Einzelgewerkschaften, z. B. die IG Metall,
- darf sich nicht an Arbeitskampfmaßnahmen beteiligen, jedoch gewerkschaftliche Interessen koordinieren und die Einzelgewerkschaften in Arbeitskämpfen unterstützen,
- ist den Einzelgewerkschaften gegenüber nicht weisungsbefugt,
- vertritt die sozialpolitischen und wirtschaftlichen Interessen der Arbeitnehmerschaft als Ganzes gegenüber Regierung, Parlament, Behörden, Wirtschaft, Gesellschaft und Bildungswesen,
- beteiligt sich zur Sicherung seines Vermögens an Unternehmen und ist dort dann Arbeitgeber.

Die Einzelgewerkschaften im DGB
- vertreten die Interessen der Arbeitnehmer eines Wirtschaftszweiges;
- arbeiten nach dem **Prinzip der Industriegewerkschaft,** das heißt, in einem Betrieb und Industriezweig ist nur eine Gewerkschaft des DGB tätig. So kann beispielsweise der Kantinenkoch in einem Automobilwerk nur der IG Metall beitreten, nicht der IG NGG (Nahrung, Genussmittel, Gaststätten);

> **Wichtig**
>
> Der Wirtschaftszweig des Unternehmens bestimmt die Zugehörigkeit zu einer bestimmten Industriegewerkschaft.

- verstehen sich als **Einheitsgewerkschaften,** d. h., sie organisieren Mitglieder ohne Rücksicht auf deren parteipolitische und weltanschauliche Richtung; das Gegenteil der Einheitsgewerkschaft wäre die **Richtungsgewerkschaft** oder eine **Berufsgewerkschaft** beispielsweise für Mechaniker, Transportarbeiter, Meister usw., wie sie z. B. in den USA üblich sind;
- sind tariffähig;
- gewähren ihren Mitgliedern Rechtsschutz und Rechtsberatung;
- fördern die berufliche, allgemeine und arbeitsrechtliche Bildung ihrer Mitglieder;

- leisten Unterstützung bei organisierten Arbeitskämpfen, z. B. in Form von Streikgeld bei Arbeitskampfmaßnahmen. Das Streikgeld richtet sich nach Höhe und Anzahl der in der Vergangenheit bezahlten Beiträge. Außerdem schreiben die meisten Gewerkschaften eine Mindestmitgliedszeit vor, ehe Streikunterstützung bezahlt wird;
- sind **vor Ort,** also in den Betrieben, durch ihre **Vertrauensleute** vertreten.

Hinweis:
Ein Betriebsrat darf nicht einseitig die Interessen einer Gewerkschaft vertreten, er ist der gesamten Belegschaft eines Betriebes verpflichtet – auch den Mitarbeitern, die nicht in einer Gewerkschaft organisiert sind.

Durch das **Prinzip der Industriegewerkschaft** kann auch **in einem Betrieb nur ein Tarifvertrag** gelten, für ein Pkw-Herstellerwerk z. B. in Bayern also nur der zwischen IG Metall und VBM (Verband der Bayerischen Metallindustrie) abgeschlossene Tarifvertrag.
Ausnahme:
Das Unternehmen wird in einzelne, rechtlich selbstständige GmbHs aufgespalten, beispielsweise in Automobilwerk, Betriebskantine usw.

Neben der zuständigen Industriegewerkschaft des DGB kann in einem Betrieb auch eine Konkurrenzgewerkschaft des DGB tätig sein, z. B. der Christliche Gewerkschaftsbund (CGB).

Der Organisationsgrad der Arbeitnehmer beträgt in der Bundesrepublik im Durchschnitt (nur) 20 %, der Monatsbeitrag zu einer Gewerkschaft meist 1 % des Bruttolohns.
Der Organisationsgrad der Arbeitnehmer sinkt seit vielen Jahren, das bedeutet: Immer weniger Arbeitnehmer sind Mitglied einer Gewerkschaft. So gab es 2009 in Deutschland ungefähr 40 Millionen Beschäftigte, hingegen zählten alle Gewerkschaften zusammen nur ungefähr 7 Millionen Mitglieder.

Überlegen Sie – im Hinblick auf Ihre Berufstätigkeit nach der Ausbildung – welche Auswirkungen ein weiter sinkender Organisationsgrad der Arbeitnehmer
- für Sie persönlich,
- für die Rechte der Arbeitnehmer in Betrieben und
- für den sozialen Frieden in Deutschland und in der Europäischen Union haben könnte.

Einzelgewerkschaften im DGB und ihre Mitgliederzahlen (gesamt ca. 7 Mio.)								
IG Metall	ver.di	IG BCE	IG BAU-Agrar	Transnet	GEW	NGG	GdP
Industrie-gewerkschaft Metall	Vereinigte Dienstleis-tungsgewerk-schaften	Industrie-gewerkschaft Bergbau, Chemie, Energie	Industrie-gewerkschaft Bau, Agrar, Umwelt	vormals: Gewerkschaft der Eisen-bahner Deutschlands	Gewerkschaft Erziehung und Wissenschaft	Gewerkschaft Nahrungs-mittel, Genussmittel, Gaststätten	Gewerkschaft der Polizei
ca. 2,3 Mio.	ca. 2,1 Mio.	ca. 0,7 Mio.	ca. 0,3 Mio.	ca. 0,2 Mio.	ca. 0,2 Mio.	ca. 0,2 Mio.	ca. 0,1 Mio.
organisiert sind Beschäftigte in							
der Metall-, Elektro- und Holz- und Bekleidungs-industrie und des ent-sprechenden Handwerks	Handel, Banken, Ver-sicherungen, öffentlichem Dienst	Bergbau, Chemie-industrie, Energie-wirtschaft	Bauindustrie und Bau-handwerk, Landwirtschaft und im Umweltschutz	der Deutschen Bahn AG und der privaten Verkehrs-betriebe	Schulen, Hochschulen, Kindertages-stätten	Gaststätten, Hotels, Lebensmittel-industrie, Genussmittel-herstellung	Polizei und Bundespolizei
z. B. Industrie-mechaniker in der Fa. BMW	z. B. Trambahn-schaffner	z. B. Bergleute	z. B. Beton-bauer	z. B. Busfahrer, Bahnschaffner	z. B. Lehrer, Hochschul-lehrer usw.	z. B. Köche, Service-personal	z. B. Polizei-beamte

1.3.3 Tarifrecht, Tarifverträge

Der Artikel 9 des Grundgesetzes und das Tarifvertragsgesetz (TVG) von 1969 sichern den Tarif- oder Sozialpartnern die **Tarifautonomie.** Das bedeutet, sie können die Lohn- und Arbeitsbedingungen in Tarifverträgen frei von staatlicher Einmischung oder Vorgaben aushandeln. Nicht in Gesetzen geregelt sind hingegen der Ablauf von Tarifverhandlungen und die Regeln für Arbeitskampfmaßnahmen – sie sind ein sogenanntes Gewohnheitsrecht.

Tarif- oder Sozialpartner sind:

auf Arbeitnehmerseite	auf Arbeitgeberseite
tariffähige Gewerkschaften, z. B. IG Metall, ver.di	regionale Arbeitgeberverbände, z. B. Verband der Norddeutschen Metallindustrie, oder einzelne Unternehmen mit „Haustarifverträgen", z. B. Volkswagenwerk

Tarifverträge – ... haben viele Funktionen

Tarifverträge sind privatrechtliche Verträge zwischen „tariffähigen" Sozialpartnern. Sie
* müssen immer schriftlich abgeschlossen werden,
* dürfen nicht gegen staatliches Recht verstoßen,
* dürfen keine Verschlechterung der gesetzlich geregelten Arbeitsbedingungen enthalten.
Die Mitglieder der Tarifvertragsparteien sind an die Vereinbarungen des Tarifvertrags gebunden. Beim Bundesminister für Arbeit und Soziales wird ein Tarifvertragsregister geführt, in das Abschluss, Änderung und Aufhebung von Tarifverträgen eingetragen wird. **Öffnungsklauseln** in Tarifverträgen gestatten Arbeitgebern, bei wirtschaftlichen Krisen die Tarifbestimmungen zu unterschreiten, nicht aber den Tarifvertrag außer Kraft zu setzen.

Jeder Tarifvertrag hat einen räumlichen, betrieblichen, fachlichen, persönlichen und zeitlichen Geltungsbereich und enthält Regularien für seine Kündigung.

Tarifverträge unterscheiden sich
* in der **Branche,** für die sie gelten, z. B. Metallindustrie, chemische Industrie;
* im **Geltungsbereich,** z. B. sind sie für ein Werk gültig, als Flächentarifvertrag regional, landesweit oder bundesweit gültig;
* in ihrem **Inhalt,** z. B. Lohntarifvertrag, Manteltarifvertrag, Rahmentarifvertrag, Einzeltarifvertrag;
* nach der **Gültigkeit,** z. B. für Angestellte.

Die Gewerkschaften streben in allen Branchen **Einheitstarifverträge** an, ohne Unterschiede zwischen Arbeitnehmern.

Tarifverträge enthalten immer Mindestbestimmungen, die gelten, wenn

Arbeitnehmer **und** Arbeitgeber **organisiert** sind	**oder**	der Tarifvertrag für **allgemein verbindlich** erklärt worden ist.

Wird der Tarifvertrag auf Antrag eines Sozialpartners vom Landes- oder Bundesminister für Arbeit und Soziales für **allgemein verbindlich erklärt,** so gilt er für alle Arbeitnehmer und Arbeitgeber des betreffenden Wirtschaftszweiges und Tarifbezirks und hat Gesetzeskraft. Allgemeinverbindliche Tarifverträge müssen im Betrieb ausgelegt werden.

Funktionen von Tarifverträgen

Schutzfunktion

Da die tariftraglichen Arbeitsbedingungen nicht unterschritten werden dürfen, sind Arbeitnehmer gegen einseitige Festlegungen durch die Arbeitgeber geschützt – Arbeitsbedingungen und Lohn können nicht willkürlich geändert werden. Die Mindestarbeitsbedingungen sind für die Laufzeit des Tarifvertrags garantiert.

Ordnungsfunktion

Während der Laufzeit eines Tarifvertrags sind alle davon erfassten Arbeitsverhältnisse gleichartig geregelt. Arbeitnehmer mit gleicher Tätigkeit, gleicher Berufserfahrung und gleicher Verantwortung sind gleich *eingruppiert* und somit gleichgestellt.

Friedensfunktion

Während der Laufzeit eines Tarifvertrags gilt die **Friedenspflicht,** Arbeitskämpfe wie Streiks und Aussperrungen sowie neue Forderungen und Nachforderungen zu tariftraglichen Abmachungen sind während der Geltungsdauer eines Tarifvertrags bis vier Wochen nach Ablauf ausgeschlossen.

Inhalte von Tarifverträgen

Lohntarifvertrag (LTV)	Manteltarifvertrag (MTV), Rahmentarifvertrag
Tariflohn nach Lohngruppen, Tarifgehälter nach Gehaltsgruppen und -jahren, Ausbildungsvergütungen, Akkordrichtsätze Laufzeit: meist 1 – 2 Jahre	alle Rahmenbedingungen des Arbeitslebens wie Urlaub, Arbeitszeit, Zulagen, Akkordgrundsätze, Arbeitsbeispiele zur Eingruppierung u. a. Laufzeit: meist mehrere Jahre

Tarifverhandlungen – Rituale und Ergebnisse

Läuft ein Tarifvertrag aus oder wird er von einem Tarifpartner fristgerecht gekündigt, kommt es zu Verhandlungen über einen neuen Tarifvertrag. Die Tarifpartner benennen dazu Tarifkommissionen, die in den Tarifverhandlungen ihre Forderungen bzw. Angebote nennen. Oft organisieren in dieser Phase einzelne Belegschaften spontane **Warnstreiks.** Dabei handelt es sich um kurze Arbeitsunterbrechungen, die dezent Druck auf die Arbeitgeber ausüben sollen.

Das Ergebnis von Tarifverhandlungen kann sein

	Einigung	keine Einigung	
Ergebnis	ein neuer Tarifvertrag	Tarifverhandlung gescheitert	
Es folgt		Schlichtungsverfahren	
		ist es erfolgreich	nicht erfolgreich
Ergebnis		neuer Tarifvertrag	Arbeitskampfmaßnahmen zulässig

Streik und Aussperrung – Kampfmaßnahmen

Stimmen in der – nach einer gescheiterten Schlichtung – folgenden Urabstimmung mehr als 75 % der Gewerkschaftsmitglieder des Tarifbezirks für einen Streik, dann kann die Gewerkschaftsführung zum Streik aufrufen. Abstimmen dürfen nur die organisierten Arbeitnehmer der betroffenen Branche des Tarifbezirks, z. B. nur die in Niedersachsen in der Metallindustrie beschäftigten Mitglieder der IG Metall, wenn die IG-Metall Tarifverhandlungen führt.

Meist werden nur einige Betriebe bestreikt, man spricht von einem **Schwerpunktstreik.** Die Antwort der Arbeitgeber darauf ist die **Abwehraussperrung.** Sie muss aber **verhältnismäßig** sein, d. h., streiken weniger als 10 % der Arbeitnehmer des Tarifbezirks, dürfen auch nur 10 % der Arbeitnehmer dieses Tarifbezirks ausgesperrt werden.

Für einen Streik gelten folgende „Spielregeln", die aber nicht gesetzlich verankert sind:

- Ein Streik löst das Arbeitsverhältnis nicht, es **ruht** nur, ebenso die Lohnzahlungspflicht des Arbeitgebers.
- Streikende Arbeitnehmer dürfen Arbeitswillige nicht mit Gewalt hindern, den Betrieb zu betreten. Sie können nur versuchen, sie mit Worten zu überzeugen, am Streik teilzunehmen.
- Ein Streik, der nicht von einer Gewerkschaft geführt wird, ist ein **wilder Streik.** Wer sich daran beteiligt, kann fristlos entlassen werden.
- Schließen sich Arbeitnehmer außerhalb des betroffenen Tarifgebiets den Streikmaßnahmen an, so spricht man von **Sympathiestreik.**
- Während des Streiks ruht der Anspruch auf Arbeitsentgelt. Wer nicht Gewerkschaftsmitglied ist und deshalb keine Streikunterstützung erhält, ist auf Sozialhilfe angewiesen. Das gezahlte **Streikgeld** der Gewerkschaften beträgt in der Regel drei Monatsbeiträge pro Streiktag.
- Streikende sind beitragsfrei krankenversichert, jedoch nicht unfall- und rentenversichert.
- Der Betriebsrat als gewählte Institution aller Arbeitnehmer muss sich bei einem Streik **neutral** verhalten.
- Nach Beendigung des Arbeitskampfes müssen Arbeitgeber ausgesperrte Arbeitnehmer wieder einstellen.
- Ein **Generalstreik** aller Arbeitnehmer zur Durchsetzung politischer Ziele ist verboten.

Die Antwort der Arbeitgeber auf einen Streik ist die **Aussperrung.** Dabei werden alle Arbeitnehmer, auch Nichtstreikende, vom Betrieb und von der Arbeit ausgeschlossen.

Bisherige Arbeitskämpfe und die Rechtssprechung des Bundesarbeitsgerichts haben folgende Regeln zur Aussperrung entwickelt:

- Verboten ist es, nur Mitglieder der streikenden Gewerkschaft auszusperren, nichtorganisierte Arbeitnehmer aber arbeiten zu lassen.
- Als Antwort auf einen Schwerpunktstreik ist eine Abwehraussperrung erlaubt. Sie muss verhältnismäßig sein.
- Kommt es aufgrund eines Schwerpunktstreiks zu Produktionsausfällen in anderen Branchen, so wird dort kein Kurzarbeitergeld bezahlt.

Streik und Aussperrung sind **letzte Mittel** zur Durchsetzung von Forderungen und sollen den jeweils anderen Partner nicht wirtschaftlich vernichten, sondern an den Verhandlungstisch zwingen:

Die **Gewerkschaftskassen** werden durch Streikgeld und Unterstützung für Ausgesperrte belastet.	Die Arbeitgeber haben **Einbußen** durch den Produktionsausfall.
Arbeitnehmer streiken mit der Absicht, durch gemeinsame, planmäßige Arbeitsniederlegung eine Verbesserung der Arbeitsbedingungen zu erreichen.	Arbeitgeber verwehren **allen** Arbeitnehmern den Zutritt zum Betrieb und wollen so die Solidarität der Arbeitnehmer untereinander untergraben.

Arbeitskampfmaßnahmen sind **legale Mittel** zur Durchsetzung von Forderungen. Kommt eine Einigung zustande, so müssen nach den meisten Gewerkschaftssatzungen nur noch 25 % der Gewerkschaftsmitglieder dem Verhandlungsergebnis in einer Urabstimmung zustimmen, um den Streik zu beenden.

Die Regeln für Urabstimmung, Streik und Aussperrung variieren in den einzelnen Wirtschaftszweigen, weil sie in Satzungen von Gewerkschaften und Arbeitgeberverbänden unterschiedlich geregelt sind. Verordnungen des Bundesministers für Arbeit und Soziales und die höchstrichterliche Rechtssprechung des Bundesarbeitsgerichts beeinflussen ebenfalls das **Arbeitskampfrecht.**

Nach den Vorschriften des Bürgerlichen Gesetzbuchs (BGB) kann ein Arbeitgeber bei einem rechtswidrigen Streik Schadensersatz verlangen:
• von der Gewerkschaft, die den Streik ausgerufen hat, oder
• direkt bei den streikenden Arbeitnehmern.

Dies kommt aber in der Realität praktisch nicht vor.

1.3.4 Betriebsrat – der „Katalysator" im Betrieb

Das wichtigste Organ für die Zusammenarbeit von Arbeitgeber und Arbeitnehmern im Betrieb ist der **Betriebsrat,** seine Stellung und Aufgaben sind im Betriebsverfassungsgesetz von 1972 verankert. Dieses Gesetz beteiligt die Arbeitnehmer an Entscheidungen des Arbeitgebers.

Arbeitnehmer üben die Beteiligungsrechte nicht unmittelbar aus, sondern übertragen sie auf

Betriebsrat   Belegschaftsvertreter
                          im Aufsichtsrat

Das Betriebsverfassungsgesetz (BetrVerfG) gilt in Privatunternehmen mit mindestens fünf Arbeitnehmern, von denen drei das passive Wahlrecht zum Betriebsrat haben müssen. Nur in diesen Betrieben kann zur Sicherung der Arbeitnehmerinteressen ein Betriebsrat gewählt werden. Er wird nur gewählt, wenn Arbeitgeber oder Arbeitnehmer dies wünschen. Das BetrVerfG gilt **nicht** in Unternehmen der öffentlichen Hand, z. B. der Stadtverwaltung. Hier wirken die Arbeitnehmer über einen **Personalrat** mit.

Wichtige Organe der Betriebsverfassung sind:
• **Betriebsrat**
• **Jugend- und Auszubildendenvertretung (JAV)** (siehe Seite 41)
• **Betriebsversammlung** (siehe Seite 39)

Dazu kommen in größeren Betrieben noch
• **Betriebsausschuss**
• **Wirtschaftsausschuss**

Der Betriebsrat muss mit dem Arbeitgeber bei Beachtung der geltenden Tarifverträge vertrauensvoll zum Wohl der Arbeitnehmer und des Betriebs zusammenarbeiten. Dabei sind die im Betrieb vertretenen Gewerkschaften und Arbeitgebervereinigungen mit einzubeziehen.
Eine Gewerkschaft gilt als **im Betrieb vertreten,** wenn sie bei der letzten Betriebsratswahl einen Wahlvorschlag eingereicht hat.

Aufgaben des Betriebsrats
Der Betriebsrat sorgt dafür, dass
• Tarifverträge, Gesetze, Unfallverhütungsvorschriften, Betriebsvereinbarungen beachtet und umgesetzt werden,
• eine Jugend- und Auszubildendenvertretung eingerichtet wird,
• Schwerbeschädigte, Schutzbedürftige und ausländische Mitarbeiter eingegliedert werden,
• alle Arbeitnehmer gleich behandelt werden,
• sämtliche Maßnahmen unterbleiben, die Arbeitsablauf oder Arbeitsfrieden beeinträchtigen können.

Zur Erfüllung ihrer Aufgaben haben Betriebsräte Anspruch auf bis zu drei Wochen bezahlte Freistellung pro Jahr, um an Schulungs- und Bildungsveranstaltungen teilzunehmen.

Betriebsrat und Arbeitgeber treffen sich mindestens einmal im Monat und haben dabei über strittige Fragen mit dem ernsten Willen zur Einigung zu verhandeln. Alle Maßnahmen des Arbeitskampfes zwischen

Betriebsrat und Arbeitgeber sind unzulässig, ebenso alles, was den Betriebsfrieden beeinträchtigen könnte, z. B. einseitige politische Werbung, Mitarbeiter zum Eintritt in eine bestimmte Gewerkschaft anzuhalten usw.

> **Merke:**
> Keinen Betriebsrat gibt es in sogenannten **Tendenzbetrieben** (z. B. Redaktionen von Tageszeitungen) und Unternehmen, die Religionsgemeinschaften betreiben, da hier das BetrVerfG nicht gilt.

Wahl des Betriebsrats – alle vier Jahre neu

- Eine Wahl findet alle vier Jahre in der Zeit vom 1. März bis 31. Mai statt.
- Die Kosten trägt der Arbeitgeber.
- Wahlvorschläge können einreichen:
  - die im Betrieb vertretenen Gewerkschaften,
  - wahlberechtigte Arbeitnehmer – der Vorschlag muss allerdings von 5 % der Wahlberechtigten einer Gruppe unterzeichnet sein. Gruppen sind Arbeiter und Angestellte.
- Die Anzahl der Betriebsräte richtet sich nach der Zahl der wahlberechtigten Arbeitnehmer im Betrieb:

Zahl der Arbeitnehmer	Anzahl der gewählten Betriebsräte
5 – 20	1
21 – 50	3
51 – 100	5
101 – 200	7
201 – 400	9
401 – 700	11
701 – 1 000	13
ab 1 001 …	15 …
… 7 001 – 9 000	35
ab 9 001	35 und zusätzlich 2 Betriebsräte je angefangener 3 000 Arbeitneh-

Ist in einem Kleinbetrieb nur ein Betriebsrat gewählt, so bezeichnet man ihn auch als **Betriebsobmann.**

- Aktives Wahlrecht haben alle Arbeitnehmer, die das 18. Lebensjahr vollendet haben, unabhängig von der Dauer der Betriebszugehörigkeit.
- Es besteht keine Wahlpflicht.
- Die Wahl ist geheim und unmittelbar (= direkt).
- Passives Wahlrecht haben alle Arbeitnehmer, die dem Betrieb mindestens sechs Monate angehören.

- Nicht wählbar ist, wem die bürgerlichen Ehrenrechte entzogen wurden.

Keine Arbeitnehmer im Sinne des BetrVerfG sind z. B. der Geschäftsführer einer GmbH, betriebsfremde Aktionäre, Vorstandsmitglieder einer AG sowie der Ehegatte des Arbeitgebers.

Das Ergebnis einer Betriebsratswahl kann angefochten werden:
- vom Arbeitgeber,
- von mindestens 3 Arbeitnehmern,
- von einer im Betrieb vertretenen Gewerkschaft.

Tätigkeit des Betriebsrats – für die Arbeitnehmer und zum Wohl des Betriebs

Das BetrVerfG regelt umfassend die Tätigkeit des Betriebsrats:
- Der Betriebsrat wählt aus seiner Mitte einen Vorsitzenden, der das Gremium nach außen vertritt und die Geschäfte führt.
- Alle Kosten des Betriebsrats und seiner Arbeit, z. B. die Kosten für das Büro usw., trägt der Arbeitgeber. Er darf von den Arbeitnehmern keinen Kostenersatz, z. B. über eine Umlage, verlangen.
- Die Tätigkeit der Betriebsräte ist ehrenamtlich, sie erhalten dafür keinerlei Vergütung.
- Ab 201 Arbeitnehmern kann ein Betriebsrat in Absprache mit dem Arbeitgeber freigestellt werden.
- Freigestellte Betriebsräte erhalten Lohn bzw. Gehalt, so als ob sie weiterhin berufstätig wären.
- Die Tätigkeit als Betriebsrat darf dem Amtsinhaber weder Vor- noch Nachteile bringen.
- Der Betriebsrat hält während der Arbeitszeit Sprechstunden für die Arbeitnehmer ab, die diese ohne Lohnabzug wahrnehmen können.
- Hat der Betriebsrat mehr als neun Mitglieder, so bildet er einen Betriebsausschuss, dem der Vorsitzende, sein Stellvertreter und weitere Mitglieder angehören.

Besteht ein Unternehmen aus mehreren rechtlich selbstständigen Betrieben, so können in jedem Betrieb eigene Betriebsratsgremien gewählt werden. Diese entsenden dann Mitglieder in einen **Gesamtbetriebsrat** und diese wiederum entsenden Vertreter in einen **Konzernbetriebsrat.**

Neben den Sprechstunden und regelmäßigen Betriebsrundgängen hält der Betriebsrat Sitzungen ab und beruft Betriebsversammlungen ein (eine pro Quartal).

Betriebsratssitzungen beruft der Betriebsratsvorsitzende ein, er leitet sie und legt auch die Tagesordnung fest. An Betriebsratssitzungen können teilnehmen:
- der Vertrauensmann der Schwerbehinderten,
- ein Vertreter der Jugend- und Auszubildendenvertretung,
- die gesamte Jugend- und Auszubildendenvertretung, wenn Probleme behandelt werden, die Jugendliche oder Auszubildende betreffen,
- der Arbeitgeber, wenn er ausdrücklich eingeladen ist oder er die Sitzung beantragt hat (er kann einen Vertreter einer Arbeitgebervereinigung hinzuziehen),
- auf Einladung: die im Betrieb vertretenen Gewerkschaften.

Wichtig

Betriebsratssitzungen sind nicht öffentlich. Stimmrecht haben nur die Betriebsräte.

Gremien für die Mitwirkung der Arbeitnehmer
- **Betriebsversammlung – für alle im Betrieb**
  Der Betriebsrat beruft einmal pro Kalendervierteljahr **während der Arbeitszeit** eine Betriebsversammlung ein und erstattet einen Tätigkeitsbericht. Der Arbeitgeber ist dazu eingeladen und hat Rederecht, insbesondere hat er mindestens einmal jährlich über die wirtschaftliche Lage des Unternehmens zu referieren. Beratend teilnehmen dürfen auch Beauftragte der im Betrieb vertretenen Gewerkschaften und des Arbeitgeberverbandes.

Wichtig

Betriebsversammlungen sind nicht öffentlich!

- **Wirtschaftsausschuss – ein Spezialgremium**
  In Unternehmen mit mehr als 100 Beschäftigten ist ein Wirtschaftsausschuss zu bilden, der nicht mit dem Betriebsrat identisch ist.
  Der Wirtschaftsausschuss
  - wird vom Betriebsrat berufen,
  - besteht aus mindestens drei und höchstens sieben Mitgliedern, darunter mindestens ein Betriebsratsmitglied,
  - berät den Arbeitgeber in wirtschaftlichen Angelegenheiten und berichtet darüber dem Betriebsrat.

- **Einigungsstelle – Schlichter zwischen Fronten**
  Sie entscheidet, wenn sich Betriebsrat und Arbeitgeber in Mitbestimmungs- und Zustimmungsfragen nicht einigen können. Sie ist eine vom Betriebsrat und Arbeitgeber einzurichtende Stelle im Betrieb mit
  - jeweils vom Arbeitgeber und vom Betriebsrat in gleicher Anzahl benannten Beisitzern sowie
  - einem unparteiischen Vorsitzenden, auf den sich beide Seiten einigen müssen. Können sie sich nicht auf einen Vorsitzenden einigen, dann bestellt ihn das zuständige Arbeitsgericht.

Wichtig

Die Einigungsstelle wird nur tätig, wenn sowohl Arbeitgeber als auch der Betriebsrat das wünschen. Sind sie mit der Entscheidung der Einigungsstelle nicht einverstanden, können sie am Arbeitsgericht klagen.

- **Betriebsrat – seine Rechte:
  abgestuft und unterschiedlich wirksam**
  Nach dem BetrVerfG hat der Betriebsrat je nach Angelegenheit unterschiedlich wirksame Beteiligungsrechte. Diese Rechte gelten nicht für das Personalrecht in Unternehmen der öffentlichen Hand.

Mitbestimmungsrechte in sozialen Angelegenheiten, § 87 BetrVerfG	Anhörungsrechte (Mitwirkungsrechte, Zustimmungsverweigerungsrechte) in personellen Angelegenheiten	Informations- und Beratungs-rechte in wirtschaftlichen Angelegenheiten
• Mitbestimmen bedeutet gleich-berechtigtes Mitentscheiden. • Arbeitgeber und Betriebsrat *müssen* sich einigen.	In den folgenden Angelegenheiten muss der Betriebsrat angehört werden, er muss aber der Maßnahme nicht zustimmen:	In den folgenden Angelegenheiten ist der Betriebsrat nur zu unterrichten, er hat kein Mitbestimmungs- und Zustimmungs-verweigerungsrecht:
• Urlaubsgrundsätze • Einrichtungen zur Überwachung von Arbeit-nehmern • betriebliches Vorschlagswesen • Festsetzung von Prämien- und Akkordsätzen • Betriebsordnung • Beginn und Ende der täglichen Arbeitszeit • zeitweilige Änderung der Arbeitszeit • Unfallverhütungsmaßnahmen • Belegung von Werkswohnungen	• alle Fragen im Zusammenhang mit Beurteilungsgrundsätzen • Versetzung , Einstellung und Umgruppie-rung von Mitarbeitern • Gestaltung von Arbeitsplätzen • ordentliche und außerordentliche Kündigung von Arbeitern, Angestellten, Auszubildenden – nicht jedoch bei leitenden Angestellten, Geschäftsführern und Vorstandsmitgliedern **Es gilt:** Eine Kündigung ohne vorherige Anhörung des Betriebsrats ist unwirksam. Der Arbeitgeber kann trotz Widerspruch des Betriebsrats kündigen.	• Einstellung von leitenden Mitarbeitern • Planung des Personalbedarfs • Um- und Erweiterungsbauten • Fragen der globalen Arbeitsgestaltung • Einführung neuer Produkte

In **Betrieben mit mehr als 20 wahlberechtigten Arbeitnehmern** hat der Betriebsrat ferner ein
• Zustimmungsverweigerungsrecht bei Einstellungen,
• Mitbestimmungsrecht bei Umgruppierungen,
• Informationsrecht bei jeder Betriebsänderung, die sich auf Arbeitnehmer auswirkt,
• Mitwirkungsrecht bei der Aufstellung eines **Sozialplans:** Hierbei handelt es sich um eine Vereinbarung über Abfindungszahlungen bei Schließung des gesamten Betriebs oder eines Betriebsteils.

Wichtig

In Betrieben mit weniger als 20 Arbeitnehmern und in Betrieben ohne Betriebsrat ist kein Sozialplan möglich!

Die Verwirklichung der Mitbestimmung auf Betriebsebene geschieht

im Fall der Einigung durch	im Konfliktfall durch
• mündliche oder schriftliche Festlegung • Abschluss einer Betriebs-vereinbarung	• Anrufung der Einigungsstelle

Können sich Betriebsrat und Arbeitgeber in Mitbe-stimmungs- und Zustimmungsfragen nicht einigen, dann entscheidet die **Einigungsstelle.**

Ein Mittel der Mitwirkung an betrieblichen Entschei-dungen und der Festschreibung von Ergebnissen ist der Abschluss von Betriebsvereinbarungen.
Betriebsvereinbarungen sind schriftliche Verträge zwischen Arbeitgeber und Betriebsrat, die gemein-same Beschlüsse – auch die der Einigungsstelle – fest-halten und für solche Fälle Vereinbarungen treffen, für die es keine gesetzlichen oder tarifvertraglichen Vor-gaben gibt, z. B.:
• Verfahren der Leistungsfeststellung,
• Beginn und Ende der täglichen Arbeitszeit,
• Betriebsordnung,
• Verwaltung der betrieblichen Sozialeinrichtungen,
• Unfallverhütungsmaßnahmen – über die gesetz-lichen Vorschriften hinaus,
• betriebliche Sozialleistungen.

Betriebsvereinbarungen dürfen gesetzliche oder tarif-vertragliche Bestimmungen nicht außer Kraft setzen und müssen im Betrieb an geeigneter Stelle ausliegen. Will ein Arbeitnehmer auf Rechte aus einer Betriebs-vereinbarung verzichten, dann braucht er dazu die Zustimmung des Betriebsrats.

1.3.5 Jugend- und Auszubildenden-vertretung (JAV) – exklusive Vertretung für die Jüngeren

Zur Vertretung ihrer besonderen Interessen können jugendliche Arbeitnehmer und Auszubildende in einem Betrieb eine Jugend- und Auszubildenvertretung (JAV) wählen. Die JAV kann aber gegenüber der Betriebsleitung nicht selbst aktiv werden, sondern muss den Betriebsrat einschalten.

Voraussetzungen zur Wahl einer JAV sind:

- Es sind mindestens fünf jugendliche Arbeit-nehmer (unter 18 Jahren) beschäftigt

oder

- es sind mindestens fünf Auszubildende (unter 25 Jahren) beschäftigt.

Merke:
In einem Betrieb ohne Betriebsrat gibt es auch keine Jugend- und Auszubildendenvertretung.

Wahl der JAV – alle 2 Jahre neu

Für die Wahl einer JAV gilt:

- Sie findet alle zwei Jahre in der Zeit vom 1. Oktober bis 30. November statt; die Kosten trägt der Arbeitgeber.
- Die Anzahl der Jugendvertreter richtet sich nach der Anzahl der wahlberechtigten Jugendlichen oder Auszubildenden im Betrieb:

Anzahl der Jugendlichen/Azubis	Anzahl der Jugendvertreter
5 – 20	1
21 – 50	3
51 – 150	5
151 – 300	7
…	…

- **Aktives Wahlrecht** haben alle jugendlichen Arbeit-nehmer (unter 18) des Betriebs sowie alle Auszubil-denden und Praktikanten unter 25 Jahren, unab-hängig von der Dauer der Betriebszugehörigkeit.
- **Passives Wahlrecht** haben alle Arbeitnehmer des Betriebs, die das 25. Lebensjahr noch nicht voll-endet haben, jedoch dürfen sie nicht gleichzeitig Betriebsräte sein.
- Es besteht keine Wahlpflicht; die Wahl ist geheim und unmittelbar.

Will der Arbeitgeber ein Mitglied der JAV nach dem Ende der Ausbildung nicht übernehmen, so muss er ihm dieses drei Monate vor Ende der Ausbildung schriftlich mitteilen. Der Jugendvertreter muss eben-falls einen schriftlichen Antrag stellen, will er nach der Ausbildung übernommen werden.

Begrenzte Rechte der JAV

Die JAV kann ihre Rechte gegenüber der Betriebs-leitung nur mithilfe des Betriebsrats wirkungsvoll vertreten.

Antragsrecht	Überwachungs-recht	Informations-recht
liegt beim Betriebsrat: zu allen Maßnahmen, die Jugendliche und Auszubildende betreffen	damit alle für Jugend-liche und Azubis gültigen Gesetze, Tarifverträge, Unfall-verhütungsvorschrif-ten usw. eingehalten werden	liegt beim Betriebsrat: über alle Fragen, die Jugendliche und Azubis betreffen, sowie Sammeln und Weiterleiten von Anträgen

Im Einzelnen hat die JAV folgende **eigenständige Rechte:**

- Freistellungsanspruch von Mitgliedern oder Vertre-tern für Schulungs- und Bildungsveranstaltungen;
- Teilnahmerecht eines Mitglieds der JAV an allen Betriebsratssitzungen;
- Teilnahmerecht der gesamten JAV mit vollem Stimmrecht an Betriebsratssitzungen, wenn spezielle Fragen der Jugendlichen oder Azubis behandelt werden; ein sehr wirkungsvolles Recht der JAV, denn es zwingt den Betriebsrat, sich mit den Problemen der Jugendlichen und Azubis im Betrieb zu befassen und sie bei der Betriebsleitung vorzubringen;
- Informationsrecht gegenüber dem Betriebsrat;
- Abhalten von Sprechstunden während der Arbeits-zeit in Betrieben mit mehr als 50 Jugendlichen/Azu-bis; ein Betriebsrat darf daran beratend teilnehmen;
- Aussetzen von Beschlüssen des Betriebsrats für eine Woche, wenn sie Jugendliche und Azubis betreffen;
- Abhalten von Jugend- und Auszubildendenver-sammlungen im Einvernehmen mit dem Betriebs-rat vor bzw. nach jeder Betriebsversammlung;
- Bildung einer Gesamt-JAV in Unternehmen mit mehreren Einzelbetrieben:
  - jede JAV entsendet ein Mitglied,
  - jeder Vertreter hat so viele Stimmen, wie in seinem Betrieb wahlberechtigte Jugendliche/Azubis beschäftigt sind.

Wichtig
Die JAV hat kein direktes Zugangsrecht zur Betriebs- bzw. Unternehmensleitung, sondern nur über den Betriebsrat.

1.3.6 Allgemeine Arbeitnehmerrechte

Existiert in einem Betrieb kein Betriebsrat und keine Jugend- und Auszubildendenvertretung, so hat ein hier beschäftigter Arbeitnehmer trotzdem gewisse Minimalrechte. Er muss sie aber direkt bei seinem Arbeitgeber geltend machen:

- Der Arbeitgeber muss den Arbeitnehmer über Aufgaben, Tätigkeit, Unfallgefahren und Veränderungen in seinem Arbeitsbereich unterrichten.
- Ein Arbeitnehmer hat beim Arbeitgeber ein Anhörungs-, Unterrichtungs- und Beschwerderecht über alle Fragen, die ihn und seinen Arbeitsplatz betreffen, einschließlich der Lohngestaltung und seiner beruflichen Zukunft. Er darf seine Personalakte einsehen und Erklärungen dazu abgeben, die **zu den Akten** genommen werden müssen.

Ein Arbeitnehmer hat im Fall einer Kündigung Anspruch auf die Aushändigung seiner Arbeitspapiere, insbesondere auf ein Zeugnis. Er kann jederzeit ein Zwischenzeugnis verlangen.

1.3.7 Mitbestimmung im Aufsichtsrat – nicht nur von der Unternehmensgröße abhängig

Umfang der Mitbestimmung von Arbeitnehmern im Aufsichtsrat von Unternehmen richtet sich nach Art und Größe des Unternehmens.

Montanindustrie: paritätische Mitbestimmung

Die Montanindustrie ist der Bereich der Eisen- und Stahlgewinnung sowie der Kohleförderung und des Bergbaus. Hier gilt die paritätische (= gleichgestellte) Mitbestimmung nach dem Montan-Mitbestimmungsgesetz von 1951. Sie gilt für Unternehmen (AGs und GmbHs) mit mehr als 1000 Beschäftigten.

Die Mitbestimmung findet statt im		
Aufsichtsrat		**Vorstand**
1/2 Arbeitnehmervertreter	**1/2 Vertreter der Kapitaleigner**	neben den sonstigen Vorstandsmitgliedern **ein Arbeitsdirektor.** Dieser muss das Vertrauen der Arbeitnehmervertreter im Aufsichtsrat haben.
2 Betriebsangehörige 2 Außerbetriebliche 1 weiteres Mitglied	4 Kapitaleigner 1 weiteres Mitglied	
+ gemeinsame Wahl eines neutralen Mitglieds. Das neutrale Mitglied stellt die Parität (Gleichrangigkeit) her.		
Die Aufsichtsräte werden in unmittelbarer Wahl von den Beschäftigten gewählt.	Die Aufsichtsräte werden von den Anteilseignern in der Hauptversammlung (AG) gewählt.	Der Vorstand wird vom Aufsichtsrat bestimmt.

Kapitalgesellschaften: fast paritätisch

In Großbetrieben, die als KGaA, AG oder GmbH organisiert sind (siehe Seite 89) und mehr als 2 000 Beschäftigte haben, gilt das Mitbestimmungsgesetz von 1976. Beispiel: Unternehmen bis 10 000 Beschäftigte.

Die Mitbestimmung findet nur im Aufsichtsrat statt	
1/2 Arbeitnehmervertreter	**1/2 Vertreter der Kapitaleigner**
• 4 Betriebsangehörige (davon 1 leitender Angestellter) • 2 Gewerkschaftsvertreter	• 6 Kapitaleigner Ein Kapitaleigner ist in der Regel Aufsichtsratsvorsitzender, der bei Patt (= Stimmengleichheit) zwei Stimmen hat.
Die Aufsichtsräte werden in unmittelbarer Wahl von den Beschäftigten gewählt.	Die Aufsichtsräte werden von den Anteilseignern in der Hauptversammlung (AG) bzw. Gesellschafterversammlung (GmbH) gewählt.

Kleine Kapitalgesellschaften: eher geringe Mitbestimmung

In Mittelbetrieben, die als KGaA, AG oder GmbH organisiert sind und weniger als 2 000 Beschäftigte haben, gilt das Drittelbeteiligungsgesetz von 2004.

Die Mitbestimmung findet nur im Aufsichtsrat statt	
1/3 Arbeitnehmervertreter	**2/3 Vertreter der Kapitaleigner**
• 2 Betriebsangehörige • 1 Gewerkschaftsvertreter	• 6 Kapitaleigner Ein Kapitaleigner ist Aufsichtsratsvorsitzender.
Die Aufsichtsräte werden in unmittelbarer Wahl von den Beschäftigten gewählt.	Die Aufsichtsräte werden von den Anteilseignern in der Hauptversammlung (AG) bzw. Gesellschafterversammlung (GmbH) gewählt.

In KGaAs und AGs, die in Familienbesitz sind und weniger als 500 Beschäftigte haben, existiert kein Aufsichtsrat und es gibt dort aus diesem Grund keine Mitbestimmung.

Aufgaben

Offene Fragen
Formulieren Sie Ihre Antworten in Stichpunkten und vermeiden Sie es, auf den vorhergehenden Seiten nachzusehen.

1 Für jedes Interesse gibt es bei uns einen Verband, z. B. für Arbeitgeber, Arbeitnehmer, Autofahrer, Steuerzahler, Handwerksmeister usw. Nennen Sie vier Merkmale, die allen Interessenverbänden gemeinsam sind.

2 Arbeitgeberverbände vertreten die Interessen von Arbeitgebern, Gewerkschaften die von Arbeitnehmern. Stellen Sie die unterschiedlichen Interessen in einer Übersicht gegenüber.

3 Was unterscheidet eine Kammer, z. B. eine IHK, von einem Arbeitgeberverband? Nennen Sie drei Merkmale.

4 a) Welche Aufgaben haben Innungen im Bereich des Handwerks?
b) Warum sind in Innungsgremien Gesellen vertreten?

5 Gewerkschaften haben eine Vielzahl von Aufgaben. Nennen Sie drei Vorteile, die Sie durch die Mitgliedschaft in einer Gewerkschaft haben.

6 Nennen Sie je einen Vorteil von Industriegewerkschaft und Einheitsgewerkschaft.

7 Was bedeutet „Tarifautonomie"?

8 Tarifverträge schützen, ordnen und sie sichern den Betriebsfrieden. Erläutern Sie diese Behauptungen.

9 Unterscheiden Sie Lohntarifvertrag und Manteltarifvertrag.

10 Erklären Sie den Begriff und erläutern Sie den Zweck von
a) Schwerpunktstreik,
b) Warnstreik,
c) Aussperrung.

11 Nennen Sie zwei Beispiele für rechtswidrige Streiks.

12 Nennen Sie wichtige Organe der Betriebsverfassung.

13 Nennen Sie drei wichtige Aufgaben des Betriebsrats.

14 Welche Formvorschriften gelten für Betriebsratswahlen?

15 Bei den Rechten des Betriebsrats unterscheidet man Mitbestimmung, Mitwirkung, Information. Erläutern Sie diese Rechte und geben Sie je zwei Beispiele an.

16 Welche Möglichkeiten hat ein Betriebsrat, wenn er sich mit dem Arbeitgeber über Beginn und Ende der täglichen Arbeitszeit nicht einigen kann?

17 Nennen Sie drei eigenständige Rechte der Jugend- und Auszubildendenvertretung (JAV).

18 Ein Arbeitgeber untersagt der JAV das Abhalten von Sprechstunden während der Arbeitszeit. Erläutern Sie die Rechtslage.

19 Welche Minimalrechte haben Arbeitnehmer, in deren Betrieb kein Betriebsrat vorhanden ist?

20 Was versteht man unter paritätischer Mitbestimmung und in welchen Wirtschaftszweigen liegt sie vor?

Die Lösungen zum Überprüfen Ihrer Antworten finden Sie auf den Seiten 143–145.
Haben Sie alle Fragen richtig beantwortet, dann sind Sie für die Abschlussprüfung
im **Prüfungsgebiet 1: Der Jugendliche in Ausbildung und Beruf,**
Teilgebiet 1.3 Möglichkeiten und Grenzen betrieblicher Mitbestimmung gut vorbereitet.

Beantworten Sie nun die Multiple-Choice-Fragen.

Multiple-Choice-Fragen

Kreuzen Sie die richtige Lösung an!

1. **Was trifft für die Interessenverbände von Arbeitgebern und Arbeitnehmern zu?**
   1. Sie unterstehen der Aufsicht des Bundesministers für Arbeit und Soziales. ☐
   2. Sie müssen ihre Ein- und Ausgaben offenlegen. ☐
   3. Sie wirken mit bei der Vorbereitung und Beratung von Gesetzen. ☐
   4. Sie müssen jedermann als Mitglied aufnehmen. ☐
   5. Sie haben ein Monopol bei der Vertretung ihrer Mitglieder. ☐

2. **Welcher Verband vertritt primär Interessen von Arbeitnehmern?**
   1. ver.di. ☐
   2. BDA ☐
   3. IHK ☐
   4. VDI ☐
   5. DIHT ☐

3. **Welche Aufgaben haben unter anderem die Industrie- und Handelskammern?**
   1. Durchführen von Berufs-, Zwischen- und Abschlussprüfungen ☐
   2. Überwachen von Unfallverhütungs-vorschriften ☐
   3. Abschließen von Tarifverträgen mit Gewerkschaften ☐
   4. Vertretung ihrer Mitglieder bei Arbeitsgerichten ☐
   5. Genehmigen von Zeit- und befristeten Arbeitsverträgen ☐

4. **Welche Zuordnung ist falsch?**
   1. BDA – sozial- und tarifpolitische Belange von Arbeitgebern ☐
   2. BDI – wirtschaftspolitische Belange von Arbeitgebern ☐
   3. Zentralverband des Handwerks – Spitzenorganisation der IHKs ☐
   4. ver.di – sozialpolitische Belange von Arbeitnehmern ☐
   5. DGB – Dachverband der Einzel-gewerkschaften ☐

5. **Der Begriff *Einheitsgewerkschaft* bedeutet:**
   1. In einem Betrieb ist nur eine Gewerkschaft des DGB tätig. ☐
   2. Nur **eine** Gewerkschaft für Arbeiter und Angestellte. ☐
   3. Ein Arbeitnehmer darf nur einer Gewerkschaft als Mitglied beitreten. ☐
   4. Gewerkschaften vertreten eine einheitliche politische Meinung. ☐
   5. Gewerkschaften verpflichten sich, nur einheitliche Forderungen zu stellen. ☐

6. **Welchen Vorteil hat man durch Mitgliedschaft bei einer Gewerkschaft?**
   1. erhöhten Kündigungsschutz ☐
   2. Beratung im Arbeitsrecht ☐
   3. höheren Lohn ☐
   4. Anspruch auf Bildungsurlaub ☐
   5. Unterstützung im Alter ☐

7. **Wer handelt Tarifverträge aus?**
   1. Arbeitgeber mit einzelnen Arbeitnehmern ☐
   2. Bundesminister für Arbeit und Soziales mit Gewerkschaften ☐
   3. einzelne Betriebe mit Industrie- und Handelskammern ☐
   4. Betriebsrat mit Arbeitgeber ☐
   5. Gewerkschaften mit Arbeitgeber-verbänden ☐

8. **Welche Arbeitskampfmaßnahmen sind *nicht* zulässig?**
   1. spontane Arbeitsniederlegungen ☐
   2. organisierte Streiks ☐
   3. Aussperrungen ☐
   4. wilde Streiks ☐
   5. Sympathiestreiks ☐

9. **Welche Gruppen haben kein Streikrecht?**
   1. Vertrauensleute der Gewerkschaften ☐
   2. übertariflich bezahlte Mitarbeiter ☐
   3. ausländische Arbeitnehmer ☐
   4. Zeitarbeiter ☐
   5. Beamte ☐

10. Ein Unternehmen beschließt, seine Produktion ins Ausland zu verlagern. Ein Streik der Mitarbeiter gegen diese Absicht

① verstößt gegen das Direktionsrecht des Arbeitgebers. ☐

② ist nach Tarifrecht zulässig. ☐

③ ist verboten, da dieser ein politischer Streik ist. ☐

④ darf nur vom Betriebsrat dieses Unternehmens geführt werden. ☐

⑤ ist nur zulässig, wenn Mitarbeiter von Arbeitslosigkeit bedroht sind. ☐

11. In einem Betrieb kann ein Betriebsrat gewählt werden, wenn

① mindestens drei Mitarbeiter beschäftigt sind. ☐

② drei Beschäftigte dies beantragen. ☐

③ der Betrieb Mitglied im Arbeitgeberverband ist. ☐

④ mindestens fünf Mitarbeiter beschäftigt sind, drei davon mit passivem Wahlrecht. ☐

⑤ ein Arbeitsgericht die Wahl eines Betriebsrats genehmigt. ☐

12. Die im Betrieb vertretenen Gewerkschaften dürfen

① an Betriebsversammlungen teilnehmen. ☐

② ein Veto gegen Entlassungen einlegen. ☐

③ an allen Konferenzen im Betrieb teilnehmen. ☐

④ den Betriebsratsvorsitzenden wählen. ☐

⑤ die Einhaltung von Arbeitsschutzbestimmungen überwachen. ☐

13. Wie lang ist die Amtsperiode eines Betriebsrats?

① ein Jahr ☐

② zwei Jahre ☐

③ drei Jahre ☐

④ vier Jahre ☐

⑤ fünf Jahre ☐

14. Wer wählt den Betriebsratsvorsitzenden?

① Betriebsräte ☐

② Betriebsversammlung ☐

③ Gewerkschaft ☐

④ Aufsichtsrat ☐

⑤ Vorstand ☐

15. Was gilt für eine Betriebsversammlung?

① Sie wird von der Betriebsleitung einberufen. ☐

② Der Betriebsrat erstattet einen Rechenschaftsbericht. ☐

③ Sie ist öffentlich. ☐

④ Der Arbeitgeber darf nicht teilnehmen. ☐

⑤ Hier wird der Wirtschaftsausschuss gewählt. ☐

16. Was gehört *nicht* zum Katalog der Mitbestimmungsrechte?

① Belegung von Werkswohnungen ☐

② Preise der Erzeugnisse ☐

③ Vereinbarung über Leistungslohnfeststellung ☐

④ Urlaubsplan für die Mitarbeiter ☐

⑤ Vereinbarung über Verteilung der täglichen Arbeitszeit ☐

17. Was trifft *nicht* zu? Der Betriebsrat hat ein

① Mitbestimmungsrecht in sozialen Angelegenheiten. ☐

② Mitwirkungsrecht bei Einstellungen und Entlassungen. ☐

③ Informationsrecht in wirtschaftlichen Angelegenheiten. ☐

④ Informationsrecht zur finanziellen Lage des Unternehmens. ☐

⑤ alleiniges Besetzungsrecht für die Einigungsstelle. ☐

18. Betriebsvereinbarungen sind bindend für

① Gewerkschaftsmitglieder ☐

② leitende Angestellte ☐

③ alle Beschäftigten ☐

④ Vertrauensleute ☐

⑤ die Mitarbeiter, die zustimmen ☐

19. In welchen Fällen wird die Einigungsstelle aktiv?

① Betriebsrat und Betriebsleitung können sich nicht auf Investitionen einigen. ☐

② Betriebsrat und Betriebsleitung können sich nicht über Arbeitskampfmaßnahmen einigen. ☐

③ Betriebsrat und Betriebsleitung können sich in einer Mitbestimmungsangelegenheit nicht einigen. ☐

④ Der Wirtschaftsausschuss sieht andere Unternehmensziele als der Betriebsrat. ☐

⑤ Betriebsrat verweigert seine Mitwirkung bei Kreditaufnahmen. ☐

20. Wer hat kein aktives Wahlrecht zur Jugend- und Auszubildendenvertretung?
1. Auszubildender, 20 Jahre alt ☐
2. Jungarbeiter, 17 Jahre alt ☐
3. Praktikant, 17 Jahre alt ☐
4. Jungarbeiter, 16 Jahre alt ☐
5. Werkstudent mit Zeitarbeitsvertrag, 30 Jahre alt ☐

21. Was ist *nicht* Aufgabe der Jugend- und Auszubildendenvertretung?
1. Betriebsjugendversammlungen einberufen ☐
2. Maßnahmen zur Verbesserung der Berufsausbildung anregen ☐
3. Sprechstunden für Jugendliche abhalten ☐
4. Betriebsvereinbarungen mit der Betriebsleitung abschließen ☐
5. Jugendarbeitsschutzgesetz und Arbeitszeitgesetz im Betrieb umsetzen ☐

22. Der Betriebsrat berät Fragen der Berufsausbildung. Was gilt?
1. Alle Jugendvertreter nehmen mit Stimmrecht daran teil. ☐
2. Der Vorsitzende der JAV nimmt an der Sitzung teil. ☐
3. Alle Jugendvertreter nehmen teil, jedoch ohne Stimmrecht. ☐
4. Die JAV müssen den Beratungsergebnissen zustimmen. ☐
5. Stimmt die Einigungsstelle den Ergebnissen zu, treten sie in Kraft. ☐

23. In Betrieben ohne Betriebsrat besitzen Arbeitnehmer
1. Mitbestimmungsrechte direkt. ☐
2. nur geringe Informationsrechte. ☐
3. kein Streikrecht. ☐
4. Informationsrechte über Investitionen. ☐
5. Recht auf eine tarifliche Entlohnung. ☐

Die Lösungen finden Sie auf Seite 145. Arbeiten Sie nun das Teilgebiet **1.4 Lebenslanges Lernen durch permanenten Wandel der Arbeitswelt** durch.

1.4 Lebenslanges Lernen durch permanenten Wandel der Arbeitswelt

Eine solide berufliche Bildung hat viele Vorteile, sie
- mindert das Arbeitsplatzrisiko,
- legt die Grundlage für Aufstiegsmöglichkeiten,
- sichert die Wettbewerbsfähigkeit der Wirtschaft,
- erhöht die berufliche Mobilität und Flexibilität,
- sichert den sozialen Frieden durch ausreichende Einkommensmöglichkeiten.

Eine berufliche Erstausbildung reicht aber nicht für ein ganzes Berufsleben. Der technische Fortschritt und der Wandel zur Wissensgesellschaft fordern von Ihnen ein lebenslanges Lernen. Sie müssen die Qualifikationen Ihrer Erstausbildung erhalten, anpassen und erweitern, also immer flexibel sein. Dabei helfen berufliche Fortbildung und Weiterbildung, manchmal wird auch eine Umschulung notwendig sein.

1.4.1 Berufliche Fortbildung, Weiterbildung und Umschulung – man lernt nie aus!

Es wird unterschieden zwischen

Maßnahme	Weiterbildung		Umschulung
	berufliche Fortbildung	**allgemeine Weiterbildung**	
Erklärung	= Weiterbildung im erlernten oder ausgeübten Beruf	= Erwerb von persönlichen Kompetenzen und Qualifikationen	= Wechsel des Berufs nach einer Erstausbildung
Ziele	• berufliche Mobilität und Flexibilität erhalten • wirtschaftliche Lage verbessern • Beschäftigung unter Qualifikationsniveau vermeiden • beruflichen Aufstieg ermöglichen	Erwerben und Verbessern von z. B. • Sozialkompetenzen • Methodenkompetenzen • Sprachen • höheren Schul- und Bildungsabschlüssen, z. B. FHR, Abitur	Wechsel des Berufs z. B. zu einem zukunftssicheren Beruf **oder** Rehabilitationsmaßnahme nach einem Unfall („Reha") **oder** Verhinderung von Arbeitslosigkeit, z. B. Umschulung vom Bäcker zum Zerspanungsmechaniker
findet statt	• in Unternehmen • bei staatlichen Bildungsträgern • bei privaten Bildungsträgern • als E-Learning	• bei staatlichen Bildungsträgern, z. B. BOS • bei privaten Bildungsträgern, z. B. VHS • als E-Learning • autodidaktisch • in Fernlehrgängen (= distance learning)	• in einem Ausbildungsbetrieb • in einer beruflichen Schule • bei einem zertifizierten Bildungsträger
Formen	• Anpassungsfortbildung, z. B. CNC- oder REFA-Lehrgang • Aufstiegsfortbildung, z. B. zum Meister oder Techniker	kein formalisierter Bildungsgang; Ausnahme: höherer Schulabschluss, z. B. an BOS oder Abendgymnasien	• Zweitausbildung, meist verkürzt auf zwei Jahre • geregelte Berufsausbildung mit Abschlussprüfung vor einer Kammer (IHK oder HWK)
Förderung durch	• Betrieb und Wirtschaft • Staat	i. d. R. keine betriebliche und staatliche Förderung; teilweise BAFöG möglich	• Rentenversicherung • Arbeitsagenturen

„Freie" Bildungsmaßnahmen, z. B. Fernkurse von Fernlehrinstituten usw., werden nicht von den Kammern überwacht, ihre Abschlüsse sind selten anerkannt, sie werden selten von den Arbeitsagenturen gefördert! Das gilt auch, wenn sie der Anpassung der beruflichen Qualifikationen dienen und den beruflichen Aufstieg fördern könnten.

Sonderformen der betrieblichen Fortbildung sind
*   Unterweisungen: Sie sind z. B. für Arbeitsschutzmaßnahmen Pflicht (§ 12 Absatz 1 ArbSchG).
*   Learning and training on the job: z. B. die Mitarbeiter erlernen ein neues EDV-Programm nach einer Einweisung durch laufende Anwendung.
*   betriebsinterne Seminare: z. B. Schulung der Mitarbeiter bei Einführung eines Quality Management Systems nach DIN 9001 : 2008.

Entstehen dem Arbeitgeber Kosten, so kann er verlangen, dass der Mitarbeiter eine zeitlich begrenzte Bleibeverpflichtung eingeht. Kündigt der Mitarbeiter trotzdem, so kann der Betrieb von ihm eine anteilige Kostenerstattung für die Fortbildungsmaßnahme verlangen.

1.4.2 Fördermaßnahmen – Wirtschaft und Staat helfen

Berufliche Fortbildung und Umschulung sind oft mit hohen Kosten verbunden. Der Einzelne muss dazu beitragen, beispielsweise durch geringeres Einkommen während einer Fortbildung oder Umschulung; den Großteil der Kosten tragen aber Wirtschaft und Staat. Die Arbeitgeber – und damit die Wirtschaft – fördern die berufliche Fortbildung durch Kostenübernahme (oft bis zu 100 %) und Freistellung bei vollem Lohnausgleich, wenn es sich für den Betrieb rechnet. Denn diese Kosten fließen durch die höhere Leistung und Produktivität oft in kurzer Zeit wieder zurück.

Im Sozialgesetzbuch (SGB 3) festgelegt, unterstützt der Staat über Arbeitsagenturen und Rentenversicherungsträger durch Beratung und finanzielle Förderung u. a. die
*   fachbezogene Berufsberatung,
*   berufliche Fortbildung,
*   Erhaltung und Schaffung von neuen Arbeitsplätzen,
*   Vermittlung von Stellen,
*   Eingliederung von Behinderten in den Arbeitsmarkt.

Liegen die Voraussetzungen für eine Förderung vor, so zahlen die Kostenträger neben den Lehrgangsgebühren auch Unterhaltsgeld, Fahrtkosten, Unterkunft und Verpflegungszuschuss.
Im Speziellen fördert der Staat berufliche Aus- und Weiterbildung mit dem Job-AQTIV-Gesetz durch
*   Berufsausbildungsbeihilfen für Auszubildende,
*   BAföG für schulische Aus- und Fortbildung,
*   Aufstiegsfortbildungsförderung („Meister-BAföG"),
*   Förderung der Weiterbildung von Ungelernten,
*   Förderung der Weiterbildung von älteren Arbeitnehmern,
*   Förderung der von Arbeitslosigkeit bedrohten Arbeitnehmer.

Über Fortbildungsmöglichkeiten informieren
*   die Arbeitgeber im Betrieb mit zielgerichteten Angeboten und Fortbildungspflicht für ihre Mitarbeiter,
*   Tages-, Wochen- und Fachzeitschriften mit Angeboten unterschiedlicher Bildungsträger,
*   Verbände und Vereine mit Broschüren und im Internet, z. B. TÜV, REFA-Verband, Kammern, Gewerkschaften,
*   das Internetportal **berufenet** der Bundesagentur für Arbeit,
*   öffentliche Bildungsträger, die Weiterbildungen anbieten, z. B. Fachschulen über die Aufstiegsfortbildung zum staatlich geprüften Techniker,
*   die Arbeitsagenturen; sie müssen Interessierte umfassend beraten, auch zur finanziellen Förderung von Maßnahmen.

Hinweis:
Nicht alle Fort- und Weiterbildungsangebote sind seriös! Insbesondere bei Fernlehrgängen ist Vorsicht angebracht. Informieren Sie sich erst, ehe Sie einen Vertrag unterschreiben.
Weder Ihre erfolgreiche Erstausbildung noch eine berufliche Weiterbildung schützen vor einem Verlust des Arbeitsplatzes, sie bieten auch keinen höheren Kündigungsschutz, wohl aber ein geringeres Beschäftigungsrisiko und ein meist höheres Einkommen.

1.4.3 Mobilität und Flexibilität

Bis vor gut 100 Jahren reichte eine berufliche Erstausbildung bei vielen Menschen aus, um den Ansprüchen für ein ganzes Berufsleben zu genügen. Doch auch damals galt das nicht für alle, denn

- viele traditionelle Handwerksberufe, z. B. der des Nagelschmieds, verschwanden,
- die Beschäftigten mussten die Bedienung von elektrisch angetriebenen Werkzeugmaschinen lernen,
- die industrielle Fertigung verlangte neue Qualifikationen, z. B. das Planen und Organisieren,
- Fortschritte in der Landwirtschaft zwangen die Menschen, vom Land in die Städte zu ziehen,
- neue Industriezentren, wie etwa das Ruhrgebiet oder der Aufbau einer chemischen Industrie um Mannheim, führten zu überregionalen Wanderungen der Arbeitskräfte.

Heutzutage geht man davon aus, dass die **Halbwertszeit** der Fachkenntnisse nur noch 10 Jahre beträgt – das heißt, nach dieser Zeitspanne ist die Hälfte des in der Ausbildung erworbenen Wissens veraltet. Ein Industriemechaniker muss sich zum Beispiel laufend in neue Updates von CNC-Programmen einarbeiten, um überhaupt noch Maschinen bedienen zu können.

Im 21. Jahrhundert werden sich Wirtschaft und Gesellschaft noch schneller und nachhaltiger verändern:

- Der technische Fortschritt schafft laufend neue Produkte; z. B. ab 1990 die flächendeckende Verbreitung von PC und Internet.
- Der gesellschaftliche Wandel verlangt nach neuen Dienstleistungen, z. B. Altenpflege.
- Die globalisierte Wirtschaft fordert den Arbeitnehmern noch weiterreichendere Qualifikationen als damals ab, z. B. die Beherrschung des Englischen.
- Die räumliche, geistige und soziale Mobilität wird zunehmend wichtig, so verlagern sich zurzeit Zuliefer- und Absatzmärkte nach Ostasien.

Der Einzelne wird deshalb sehr flexibel auf die Veränderungen von Arbeitsmarkt und Gesellschaft reagieren müssen, um beruflich nicht abzusteigen.

Die Schlüsselqualifikationen „Mobilität" und „Flexibilität" werden zukünftig genauso wichtig sein wie die jeweiligen Fachkenntnisse.

Für alle Arbeitnehmer wird es notwendig, die Qualifikationen und Voraussetzungen für ihre persönliche Mobilität und Flexibilität durch Weiterbildung zu erwerben. Das beugt am nachhaltigsten einer erzwungenen Mobilität, der Arbeitslosigkeit und dem sozialen Abstieg vor.

	Mobilität			Flexibilität
Art	räumliche	persönliche/ geistige	soziale	
Erklärung	Damit sind die Bereitschaft und die Fähigkeit gemeint,			
	einen Arbeitsplatz in einer anderen Region, einem anderen Land anzunehmen.	den erlernten Beruf und/oder die ausgeübte Tätigkeit permanent zu erweitern und auch den Beruf zu wechseln.	zwischen sozialen Positionen wechseln zu können, sowohl als Aufstieg wie auch als Abstieg.	sich auf neue Anforderungen in Beruf und Lebensumfeld einzustellen und sie anzunehmen.
Voraussetzungen	• Bereitschaft zu mehrfachem Wohnortwechsel • Sprachkenntnisse, insbesondere Englisch	berufsfeldübergreifende Qualifikationen, wie Methodenkompetenz („Wie lernt man was")	hohe Sozialkompetenz, um sich wechselnden gesellschaftlichen Rollen anzupassen	lebenslang wechselnde Qualifikationen zu erwerben und zu trainieren
Ziele	Arbeit dort annehmen, wo sie angeboten wird	lebenslange Lernbereitschaft	sozialer und beruflicher Aufstieg	persönliche und berufliche Anpassungsfähigkeit

Aufgaben

Offene Fragen
Formulieren Sie Ihre Antworten in Stichpunkten und vermeiden Sie es, auf den vorhergehenden Seiten nachzusehen.

1 Nennen Sie vier Gründe für lebenslanges Lernen.

2 Unterscheiden Sie berufliche Fortbildung, Umschulung sowie allgemeine Weiterbildung und geben Sie je zwei Möglichkeiten an.

3 Wie und warum unterstützen Unternehmen Fortbildungsmaßnahmen ihrer Mitarbeiter?

4 Mit welchen Maßnahmen und warum fördert der Staat Weiterbildung und Umschulung?

5 Begründen Sie am Beispiel der Grafik, warum sich Weiterbildung rechnet.

6 Welche Bedeutung haben *Flexibilität* und *Mobilität* bei der Wahl von Ausbildungsberuf und -ort?

7 Begründen Sie die Behauptung: *„In Zukunft genügen Fachkenntnisse alleine nicht mehr, sie müssen von Sozial- und Methodenkompetenzen begleitet werden".*

8 Informieren Sie sich auf der Website *www.berufenet.de* über Fortbildungsmöglichkeiten in Ihrem Ausbildungsberuf.

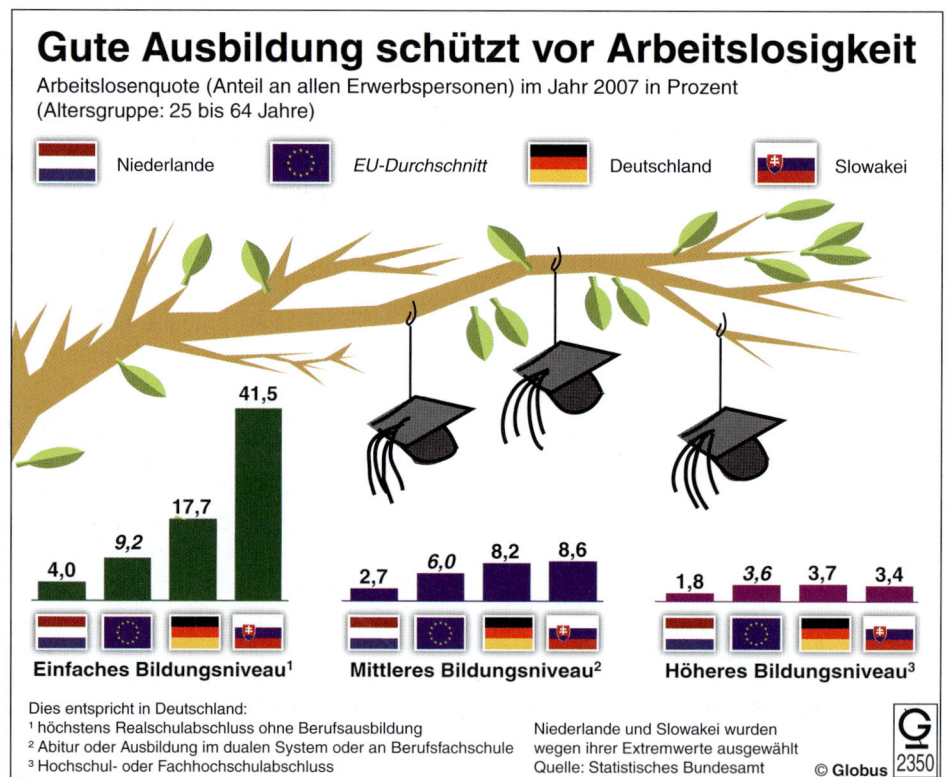

Gute Ausbildung schützt vor Arbeitslosigkeit

Arbeitslosenquote (Anteil an allen Erwerbspersonen) im Jahr 2007 in Prozent (Altersgruppe: 25 bis 64 Jahre)

Niederlande   EU-Durchschnitt   Deutschland   Slowakei

Einfaches Bildungsniveau[1]
4,0   9,2   17,7   41,5

Mittleres Bildungsniveau[2]
2,7   6,0   8,2   8,6

Höheres Bildungsniveau[3]
1,8   3,6   3,7   3,4

Dies entspricht in Deutschland:
[1] höchstens Realschulabschluss ohne Berufsausbildung
[2] Abitur oder Ausbildung im dualen System oder an Berufsfachschule
[3] Hochschul- oder Fachhochschulabschluss

Niederlande und Slowakei wurden wegen ihrer Extremwerte ausgewählt
Quelle: Statistisches Bundesamt

© Globus 2350

Die Lösungen zum Überprüfen Ihrer Antworten finden Sie auf den Seiten 145–146.
Haben Sie alle Fragen richtig beantwortet, dann sind Sie für die Abschlussprüfung im **Prüfungsgebiet 1: Der Jugendliche in Ausbildung und Beruf, Teilgebiet 1.4 Lebenslanges Lernen** gut vorbereitet.

Beantworten Sie nun die Multiple-Choice-Fragen.

Multiple-Choice-Fragen

Kreuzen Sie die richtige Lösung an!

1. Was ist oft mit einer guten beruflichen Bildung verbunden?
1. höheres Einkommen ☐
2. Aufstiegschancen im Beruf ☐
3. sicherer Arbeitsplatz ☐
4. hohes gesellschaftliches Ansehen ☐
5. höherer Bildungsabschluss ☐

2. Was ist eine berufliche Rehabilitationsmaßnahme?
1. Zweitausbildung wegen Arbeitslosigkeit ☐
2. Weiterbildung zum Betriebswirt ☐
3. Bezahlung einer Teilrente nach Wegeunfall ☐
4. Umschulung nach einer Langzeitarbeitslosigkeit ☐
5. Umschulung eines LKW-Fahrers nach einem Unfall zur CNC-Fachkraft ☐

3. Was versteht man unter E-Learning?
1. Bedienung einer EDV-Anlage ☐
2. Erwerb des Computer-Führerscheins ☐
3. Lernen am PC mithilfe von Lernsoftware ☐
4. Herstellung von Computerbauelementen ☐
5. Arbeiten an CNC-Maschinen ☐

4. Welche Maßnahme würde ein Unternehmen für seine Mitarbeiter wohl nicht fördern?
1. Etikettekurs für Kundenberater ☐
2. Erwerb des Abiturs an einem Vollzeitkolleg ☐
3. Computerkurs für Sachbearbeiter ☐
4. REFA-Kurs für Fertigungsplaner ☐
5. IHK-Fachwirt für Gruppenleiter ☐

5. Was zählt zu den Schlüsselqualifikationen?
1. gute Fremdsprachenkenntnisse ☐
2. Beherrschung von drei Programmiersprachen ☐
3. langjährige Betriebszugehörigkeit ☐
4. ehrenamtliche Tätigkeit als Betriebsrat ☐
5. Eingliederung von Schwerbehinderten ins Arbeitsleben ☐

6. Sie wollen sich als Baufacharbeiter zum Polier qualifizieren. Welche Weiterbildungsmaßnahme ist dafür besonders geeignet?
1. Englischkurs an einer VHS ☐
2. Onlinekurs zum Erlernen von MS-Office ☐
3. Besuch einer Meisterschule für das Bauhandwerk ☐
4. Freihandzeichenkurs bei einem Kunstmaler ☐
5. CAD-Kurs bei der Handwerkskammer ☐

7. Was ist unbedingte Voraussetzung für geistige Mobilität?
1. Lebensalter unter 30 Jahren ☐
2. Schulabschluss mindestens mittlere Reife ☐
3. Bereitschaft zum Wohnortwechsel ☐
4. Fremdsprachenkenntnisse ☐
5. Bereitschaft zum lebenslangen Lernen ☐

8. Was versteht man unter der „Halbwertzeit des Wissens"? Es ist die
1. Periode, nach der Kenntnisse gründlich aufgefrischt werden müssen. ☐
2. halbe Lebensarbeitszeit, meist 25 Jahre. ☐
3. Zeit, nach der fachliche Kenntnisse überholt sind. ☐
4. Entwicklungszeit für eine neue PC-Software, meist 5 Jahre. ☐
5. durchschnittliche Betriebszugehörigkeit von Arbeitnehmern. ☐

9. Wann spricht man von erzwungener Mobilität? Ein

   1 Betrieb ordnet Kurzarbeit an. ☐

   2 Mitarbeiter lernt auf Drängen seines Vorgesetzten Englisch. ☐

   3 Betrieb verlagert seinen Sitz nach Ostasien. ☐

   4 Mitarbeiter muss einen Arbeitsplatz mit langer Wegezeit annehmen. ☐

   5 Mitarbeiter kündigt auf Drängen seines Vorgesetzten. ☐

10. Was versteht man unter beruflicher Flexibilität?

   1 Wunsch, Wohnort zu wechseln ☐

   2 innerbetriebliche Versetzung ☐

   3 berufliche Umschulungsmaßnahme ☐

   4 Wunsch, Arbeitsplatz zu wechseln ☐

   5 Fähigkeit, sich auf wechselnde Anforderungen im Beruf einstellen zu können ☐

Die Lösungen finden Sie auf Seite 146. Arbeiten Sie nun das Teilgebiet **1.5 Europa wächst zusammen – Leben, Lernen und Arbeiten in Europa** durch.

1.5 Europa wächst zusammen – Leben, Lernen und Arbeiten in Europa

Europa hat sich seit dem II. Weltkrieg durch die politische Einigung und den Wegfall der Grenzen zu einem großen gemeinsamen Wirtschaftsraum entwickelt. Besonders nach dem Fall des „Eisernen Vorhangs" 1989 erweiterten sich die Grenzen ständig. Europa wird sich auch in Zukunft noch weiter wirtschaftlich ausdehnen. Die Europäische Union (EU) mit ihren derzeitig 27 Mitgliedsstaaten war ein wichtiger Schritt zur europäischen Einigung. Wenn Deutschland künftig sowohl in Europa als auch weltweit einen ökonomischen Spitzenplatz einnehmen will, müssen – unter anderem – auch die Bildungspotenziale der Menschen besser ausgeschöpft werden. Diesem Prozess der permanenten Weiterbildung kann sich niemand entziehen, weder Facharbeiter noch Geselle – bis hoch zu Führungskräften in Wirtschaft und Wissenschaft.

1.5.1 Europäische Mobilitätsprogramme

Da Unternehmen heute international tätig sind, sind sie auf gut ausgebildete, flexible Fachkräfte angewiesen. In einem sich schnell verändernden Markt mit immer rascher folgenden Technologiezyklen wird der Bedarf an mobilen Fachkräften mit internationalen Qualifikationen wachsen. Es sind nicht nur Fach-, sondern auch die sogenannten Schlüsselqualifikationen nötig, wie beispielsweise das Leben in anderen Kulturkreisen und die Verständigung in einer anderen als der Muttersprache. Diese erwerben Sie am nachhaltigsten durch eine Berufstätigkeit außerhalb Ihres Heimatlandes.

Der **Europapass** erleichtert Praktika sowie Studienaufenthalte vor, während und nach der Berufsausbildung. Er umfasst die folgenden fünf Dokumente:
- europäischer Lebenslauf,
- europäisches Sprachendokument,
- europäische Zeugniserläuterungen für den Bereich *berufliche* Bildung,
- europäischer Diplomzusatz,
- Europapass-Mobilitätsnachweis.

Auf der Internetseite www.europass-info.de können Sie sich über Einzelheiten der Dokumente informieren und ebenso darüber, wer sie Ihnen ausstellt.

Grundsätzlich müssen Sie bei Auslandsaufenthalten beachten:
- Es gilt das **Beschäftigungslandprinzip:** Sie werden wie ein Einheimischer behandelt.
- Die Einkommensunterschiede zwischen den europäischen Ländern sind erheblich; durchschnittliches Jahresbruttoeinkommen 2008: Luxemburg 59 000 €, Deutschland 29 000 €, Bulgarien 3 500 €.
- Ansprüche aus Sozialversicherungen gehen Ihnen nicht verloren, z. B. Beitragszeiten in der gesetzlichen Renten- und Krankenversicherung.
- Der Arbeitsschutz ist sehr unterschiedlich geregelt, so gibt es in vielen Ländern beispielsweise keinen Kündigungsschutz.
- Der Europapass gilt nicht für eine reguläre Erwerbstätigkeit.

In jedem Fall ist ein Auslandsaufenthalt für Ihre berufliche Fortbildung förderlich, denn dadurch können Sie sich Ihre Qualifikation für die steigenden Anforderungen auf dem Arbeitsmarkt sichern.

1.5.2 EQR und ECVET – Qualifikationen werden vergleichbar

Berufsabschlüsse in den Ländern der Europäischen Union sind sehr unterschiedlich. So gibt es das duale System der Berufsausbildung nur in deutschsprachigen Ländern. Damit die Schul- und Berufsabschlüsse länderübergreifend vergleichbar werden, wurde ein sogenannter **Europäischer Qualifikationsrahmen** (EQR) geschaffen (Englisch: EQF = European Qualification Frame). Schul- und Berufsabschlüsse werden dabei in sechs Niveaustufen eingeteilt. Die in einer Aus- und Fortbildung erworbenen Kompetenzen werden mit Kreditpunkten bewertet und sollen so zu einem beruflichen Niveau führen, das jetzt EU-weit vergleichbar wird.

> **Hinweis:**
> Die Kreditpunkte *(credit points)* vergeben die Bildungsträger, bei denen Sie eine Aus- oder Fortbildung absolvieren. Für die berufliche Erstausbildung sind das die Industrie- und Handelskammern bzw. Handwerkskammern, für Weiterbildungen z. B. zum staatlich geprüften Techniker das Kultusministerium des jeweiligen Bundeslandes.

Europäischer Qualifikationsrahmen (EQR)

Niveau-stufe	Kompetenzen		beruflicher Bildungsgang	internationale Beschreibung der Qualifikationsstufe
	Beschreibung	Kreditpunkte		
6	Die erreichte Handlungs-kompetenz* wird beschrieben durch die vier Merkmale • **Komplexität** (Anzahl der möglichen veränderlichen Handlungen),	300 und mehr	höchste Fortbildungsebene	Third cycle qualification
5	• **Intransparenz** (Anzahl der Handlungen, die für den Handelnden nicht von vornherein ersichtlich sind, aber bewerkstelligt werden müssen),	bis 300	obere berufliche Fort-bildungsebene, z. B. staatlich geprüfter Techniker	Second cycle qualification
4	• **Dynamik** (Schnelligkeit, mit der sich die Handlungssituation verändert),	bis 240	mittlere berufliche Fort-bildungsebene, z. B. Meister	First cycle qualification
3	• **Vernetztheit** (Anzahl der Handlungen und deren Verknüpfungen unter-einander).	bis + 120	untere Fortbildungsebene, z. B. Fachberater	Short cycle qualification within the first cycle
2	Je komplexer und intransparenter, je vernetzter und dynamischer Entscheidungssituationen sind, die durch das Handeln einer Person bewältigt werden können, desto höher ist das Leistungspotenzial	bis 210	Berufsausbildung mit 3,5 Jahren	Second cycle within the basic qualification
1	bzw. die Handlungskompetenz dieser Person zu bewerten und den entsprechend höheren Stufen des EQR zuzuordnen.	bis 60	Berufsausbildung bis zu 1 Jahr	First cycle within the basic qualification
	allgemeine Schulbildung ca. 10 Jahre Vollzeit		Abschluss der Sekundarstufe I (Hauptschule oder Realschule)	

* Eine berufliche Handlungssituation zeichnet sich aus durch:
• Komplexität: Anzahl der möglichen veränderlichen Handlungen.
• Intransparenz: Anzahl der Handlungen, die für den Handelnden nicht von vornherein ersichtlich sind, aber bewerkstelligt werden müssen.
• Vernetztheit: Anzahl der Handlungen und deren Verknüpfungen untereinander.
• Dynamik: Schnelligkeit, mit der sich die Handlungssituation verändert.

Beispiel für das Erreichen einer bestimmten Punkteanzahl:

Sie haben nach dem Abschluss der Hauptschule in einer 3,5-jährigen Ausbildung die Abschlussprüfung zum Industriemechaniker bestanden. Dafür erhalten Sie 210 Kreditpunkte.

Jetzt bilden Sie sich in einem 3-Monats-Kurs (Vollzeit) zur CNC-Fachkraft weiter. Dafür erhalten Sie 15 Kreditpunkte (5 Punkte pro Vollzeitmonat).

Nach mehreren Jahren Berufstätigkeit bilden Sie sich fort zum

• Meister (1 Jahr Vollzeit); Sie erhalten 60 Kreditpunkte

oder

• staatlich geprüften Techniker für Maschinenbau (2 Jahre Vollzeit). Sie erhalten 120 Kreditpunkte.

In Ihren Europapass können Sie jetzt eintragen lassen

• als Meister: 210 + 15 + 60 = 285 Kreditpunkte; Sie haben die Niveaustufe 4+ erreicht.

• als staatlich geprüfter Techniker: 300 Kreditpunkte (nicht 345 Kreditpunkte aus 210 + 15 + 120, denn es zählt hier die höchste Punktezahl der Stufe 3 = 300 Kreditpunkte). Sie haben die Niveaustufe 5 erreicht.

Wenn Sie sich als Meister oder Techniker jetzt noch weiterbilden, werden die dabei erzielten Kreditpunkte zu Ihrer erreichten Stufe addiert. Sie erhalten für Vollzeit-Weiterbildungen von

– 1 Woche: 1 1/3 Kreditpunkte
– 1 Monat: 5 Kreditpunkte
– 1 Jahr: 60 Kreditpunkte

Für die Berechnung und Anrechnung der Kreditpunkte zur jeweiligen Qualifikationsstufe wurde von der EU das System **ECVET** geschaffen. (ECVET = European Credit System for Vocational Education and Training = Europäisches System zur Anrechnung der Punkte in der Beruflichen Bildung). Darin ist beschrieben, wie die Weiterbildungsmaßnahmen zu bewerten sind.

1.5.3 Europäische Sozialcharta (ESC)

Im Jahr 1961 ergänzte der Europarat mit der Europäischen Sozialcharta (ESC) die europäische Menschenrechtskonvention. Ein Gremium aus Ministern, dem Sozialausschuss des Europarats sowie einer Kommission aus Regierungen, Gewerkschaften und Arbeitgeberorganisationen hat sie beschlossen. In der ESC sind wichtige wirtschaftliche, soziale und kulturelle Rechte für die Menschen in Europa formuliert. Ziele der ESC sind

• der Schutz von 19 wichtigen sozialen und wirtschaftlichen Grundrechten,

• die Entwicklung einer wirkungsvollen Sozialpolitik in Europa.

Bei den Grundrechten wird unterschieden in

• Kernrechte; davon sind sieben bindend,

• weitere soziale Rechte; z. B. Recht auf Schutz der Gesundheit, Recht auf Fürsorge.

Aus beiden Gruppen müssen die Unterzeichnerstaaten je fünf auswählen, die dann in dem Land unmittelbar gelten.

Die sieben bindenden Kernrechte sind

1. Recht auf Arbeit,
2. Koalitions- oder Vereinigungsrecht,
3. Recht auf Kollektivverhandlungen,
4. Recht auf soziale Sicherheit,
5. soziales Fürsorgerecht,
6. Recht auf einen besonderen gesetzlichen, wirtschaftlichen und sozialen Schutz der Familie,
7. Schutzrechte für Wanderarbeiter/-innen und ihre Familien.

Die ESC ist in Deutschland seit 1965 Gesetz. Sie wurde 1996 auf 31 Rechte erweitert, so um den Kündigungsschutz, das Recht auf eine Wohnung und den besonderen Schutz alter Menschen. Diese Ergänzung hat der Bundestag aber noch nicht ratifiziert. Die ESC gilt heute in 27 Staaten. Auch wenn manche Staaten Vorbehalte angemeldet haben, so hat die ESC doch wichtige Impulse für die Gesetzgebung im Arbeits- und Sozialrecht gegeben. In Deutschland können sich die Bürger aber nicht unmittelbar auf sie berufen, sondern nur auf nationale Gesetze. So fehlt bei uns ein Recht auf Arbeit, man kann es nicht einklagen. Doch hat jeder Bürger das Recht auf soziale Fürsorge, z. B. auf Arbeitslosengeld I oder II, sollte er keine Arbeit finden (siehe Seite 63).

Offene Fragen
Formulieren Sie Ihre Antworten in Stichpunkten und vermeiden
Sie es, auf den vorhergehenden Seiten nachzusehen.

1 Welchen Zweck verfolgen die europäischen
Mobilitätsprogramme?

2 Nennen Sie die für ein Praktikum im Ausland
wichtigen Teile des Europapasses.

3 Mit welchen Nachteilen müssen Sie bei einem
Arbeitseinsatz im Ausland rechnen?

4 Sie wollen nach Ihrer Abschlussprüfung mit
Unterstützung des Leonardo-Projekts ein
Praktikum im Ausland absolvieren.
Wie informieren Sie sich über die notwendigen
Voraussetzungen?

5 Informieren Sie sich im Internet über die Niveaustufen im EQF und die Kreditpunkte, die Sie mit
Ihrer Berufsabschlussprüfung erreicht haben.

6 Sie besuchen nach Ihrer Berufsabschlussprüfung
im Laufe von fünf Jahren folgende Lehrgänge
a) REFA-Lehrgang: 4 Wochen Vollzeit,
b) Quality-Management-Lehrgang:
2 Wochen Vollzeit,
c) CNC-Schulung: 4 x 1 Woche Teilzeit.

Wie viel Kreditpunkte konnten Sie mit diesen
Fortbildungsmaßnahmen ansammeln?

Die Lösungen zum Überprüfen Ihrer Antworten finden Sie auf den Seiten 146–147.
Haben Sie alle Fragen richtig beantwortet, dann sind Sie für die Abschlussprüfung im
Prüfungsgebiet 1.5 Europa wächst zusammen gut vorbereitet.

Beantworten Sie nun die Multiple-Choice-Fragen.

Multiple-Choice-Fragen

Kreuzen Sie die richtige Lösung an!

1. Europäische Mobilitätsprogramme
1. fördern die Sozialkompetenzen. ☐
2. sind nur für Schüler und Studenten gedacht. ☐
3. sichern später ein höheres Einkommen. ☐
4. sind nur in EU-Staaten möglich. ☐
5. setzen eine abgeschlossene Berufsausbildung voraus. ☐

2. Die einzelnen Dokumente des Europapasses sind in allen EU-Ländern gleich gestaltet und
1. ersparen Übersetzungen. ☐
2. machen Schul- und Berufsabschlüsse vergleichbar. ☐
3. garantieren eine vergleichbare Stelle im Ausland. ☐
4. ersetzen die bisherigen Schul- und Berufsabschlüsse. ☐
5. ersetzen in EU-Ländern einen Reisepass. ☐

3. Was bedeutet das Beschäftigungslandprinzip bei Auslandsaufenthalten? Ein Arbeitnehmer
1. hat Anspruch auf deutsche Tariflöhne. ☐
2. ist bei Krankheit und Arbeitslosigkeit versichert. ☐
3. hat Anspruch auf Auslandszuschläge. ☐
4. hat die gleichen Rechte und Pflichten wie seine Arbeitskollegen. ☐
5. kann keine Arbeitnehmerrechte in Anspruch nehmen. ☐

4. Der Europäische Qualifikationsrahmen (EQF)
1. entspricht den Abschlüssen: Facharbeiter, Meister, Ingenieur. ☐
2. ersetzt die Noten von Berufsabschlüssen durch Kreditpunkte. ☐
3. unterscheidet zwischen Schul- und Berufsabschlüssen. ☐
4. gilt nur für Hochschulabsolventen. ☐
5. soll Schul- und Berufsabschlüsse vergleichbar machen. ☐

5. Im EQF können 250 Kreditpunkte erreicht werden durch
1. eine 2-jährige Ausbildung. ☐
2. eine 3,5 –jährige Ausbildung. ☐
3. eine Berufsausbildung sowie eine Fortbildung zum Meister. ☐
4. nur durch ein Hochschulstudium. ☐
5. durch mehrwöchige Berufsvorbereitungslehrgänge. ☐

6. Wer darf Einträge über erreichte Kreditpunkte in den Europapass vornehmen?
1. der jeweilige Bildungsträger ☐
2. nur Berufs-, Fach- und Meisterschulen ☐
3. der Arbeitnehmer selbst ☐
4. Arbeitsagenturen ☐
5. der jeweilige Arbeitgeber ☐

7. Die Anzahl der in einer Bildungsmaßnahme erreichten Kreditpunkte richtet sich
1. nach Dauer der Maßnahme und erreichter Handlungskompetenz. ☐
2. ausschließlich nach der Dauer in Wochen. ☐
3. nach der Art des Bildungsträgers. ☐
4. nach den Kosten der Bildungsmaßnahme. ☐
5. nach dem Alter des Arbeitnehmers. ☐

8. Ein Industriemechaniker legt drei Jahre nach seiner Facharbeiterprüfung die Meisterprüfung ab und bildet sich in den folgenden vier Jahren durch Lehrgänge, insgesamt 3 Monate Vollzeit, zum Fertigungsleiter weiter. Wie viele Kreditpunkte hat er damit erworben?
1. 240 ☐
2. 255 ☐
3. 300 ☐
4. 320 ☐
5. 360 ☐

9. **Die Europäische Sozialcharta soll allen Menschen in der Europäischen Union**
   1. einen hohen Lebensstandard sichern. ☐
   2. ein Recht auf Arbeit garantieren. ☐
   3. ein Mindestmaß an sozialen Rechten sichern. ☐
   4. einen Mindestlohn sichern. ☐
   5. die Mobilität ermöglichen. ☐

10. **Was ist *nicht* im Katalog der Kernrechte der ESC enthalten? Das Recht auf**
    1. soziale Sicherheit. ☐
    2. Arbeit. ☐
    3. soziale Fürsorge. ☐
    4. Schutz der Familie. ☐
    5. gleichen Lohn für gleiche Arbeit. ☐

11. **Welche Probleme haben Arbeitnehmer, wenn sie Rechte aus der ESC wahrnehmen wollen? Die ESC**
    1. gilt nicht in Deutschland. ☐
    2. gilt nur für Arbeitnehmer im Ausland. ☐
    3. ist nicht unmittelbar gültiges Recht. ☐
    4. gilt nur für organisierte Arbeitnehmer. ☐
    5. muss immer zwischen Arbeitgeber und Arbeitnehmer vereinbart werden. ☐

Die Lösungen finden Sie auf Seite 147. Arbeiten Sie jetzt das **2. Kapitel Nachhaltige Existenzsicherung, Teilgebiet 2.1 Das soziale Sicherungssystem** durch.

2 Nachhaltige Existenzsicherung

Prüfungsgebiet	Themenbereiche	Prüfungsinhalte
In der Abschlussprüfung WISO müssen Sie im Prüfungsgebiet „Nachhaltige Existenzsicherung" Aufgaben zu folgenden Bereichen bearbeiten:	Grundzüge des sozialen Sicherungssystems: ihre Bedeutung für das Individuum und die Gesellschaft.	• Versicherungsprinzipien • gesetzliche und private Vorsorge • Sozialversicherungen • Sozialgerichtsbarkeit
	Zielkonflikte im sozialen Sicherungssystem, u. a. Eigenverantwortung, Subsidiarität, Nachhaltigkeit.	Entwicklung der sozialen Sicherung • Probleme der Sozialversicherungen • individuelle Vermögensbildung • Steuern und Transferleistungen des Staates
	Individuelle Lebensplanung und gesellschaftliches Umfeld: selbstverantwortliches und unternehmerisches Denken als Perspektive der Berufs- und Lebenswelt.	• persönliche Analyse und Planung von Potenzial, Karriere, Familie • Rollenerwartungen in Familie und Beruf • Möglichkeiten und Grenzen von Existenzgründungen

2.1 Soziale Sicherungssysteme

2.1.1 Basissicherung durch gesetzliche Sozialversicherungen

Selbst ein hohes Einkommen würde nicht ausreichen, persönlich gegen alle Risiken des Lebens vorzusorgen. In modernen Sozialstaaten wie Deutschland übernehmen **gesetzliche Sozialversicherungssysteme** eine Basissicherung beispielsweise gegen Krankheitskosten und im Alter. Der Einzelne muss sie aber noch mit **privatrechtlichen Individualversicherungen** ergänzen.

Das soziale Sicherungssystem in Deutschland ruht auf

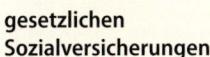

gesetzlichen Sozialversicherungen	privatrechtlichen Individualversicherungen

In Deutschland verpflichtet das **Sozialstaatsgebot** aus Artikel 20 des Grundgesetzes den Staat, die soziale Ordnung zu gestalten und auszubauen. So ist z. B. die Neuordnung der Rentenversicherung 1957 durch den Staat aus Sorge um die soziale Sicherung älterer Mitbürger entstanden: Die Rentner sollen durch die **Dynamisierung der Renten** regelmäßig am Einkommenszuwachs der Erwerbstätigen beteiligt werden.

Die fünf Säulen der gesetzlichen Sozialversicherungen

gesetzliche Krankenversicherung (1883)	gesetzliche Unfallversicherung (1884)	gesetzliche Rentenversicherung (1889)	Arbeitslosenversicherung (1927)	gesetzliche Pflegeversicherung (1995)

Die meisten Sozialversicherungen wurden bereits zum Ende des 19. Jahrhunderts unter Reichskanzler Otto von Bismarck eingeführt. Sie wurden notwendig, da durch die mit der Industrialisierung einhergehende Landflucht und Verarmung breiter Bevölkerungskreise auch die kollektive soziale Sicherung durch Familie und Dorfgemeinschaft entfiel. Die Kirchen, früher oft Almosengeber für sozial Schwache und Randgruppen, konnten die Massenverarmung nicht mehr bewältigen. Auch Selbsthilfeorganisationen, wie z. B. Gesellenvereine, waren überfordert.

Die einzelnen heutzutage existierenden Sozialversicherungen sind aber nicht staatlich, sondern Körperschaften des öffentlichen Rechts. Sie sind finanziell und organisatorisch selbstständig und verwalten sich selbst durch paritätisch besetzte Vertreterversammlungen: Arbeitnehmer und Arbeitgeber wählen getrennt in **Sozialwahlen** ihre Vertreter in die Vertreterversammlung. Wahlberechtigt sind alle Versicherten über 16 Jahre. Die Wahlen finden alle 6 Jahre statt. Eine Ausnahme bildet die Arbeitslosenversicherung, die als Bundesagentur für Arbeit durch Verwaltungsbeiräte verwaltet wird.

2.1.2 Prinzip der gesetzlichen Sozialversicherungen

Die gesetzlichen Sozialversicherungen sollen Elementarrisiken wie Alter, Krankheit usw. abdecken. In allen Versicherungsarten der gesetzlichen Sozialversicherung gilt das **Zwangssolidarprinzip:**

Die Gemeinschaft sichert dem Einzelnen bei Krankheit, Alter, Arbeitslosigkeit usw. ein Existenzminimum.

Dafür zieht sie alle Arbeitnehmer (und Arbeitgeber) zu Beitragszahlungen heran. In der gesetzlichen Kranken- und Rentenversicherung müssen Beiträge allerdings nur bis zur sogenannten **Beitragsbemessungsgrenze** geleistet werden. Einkommen darüber bleiben beitragsfrei.

Daraus folgt: Wer sehr gut verdient, dessen Solidarität zur gesetzlichen Kranken- und Rentenkasse ist begrenzt, allerdings auch die Leistungen, die er aus diesen Versicherungen erhält. Das über der Beitragsbemessungsgrenze liegende Einkommen kann aber durch Privatversicherungen gesichert werden.

Keine Beiträge zu den gesetzlichen Sozialversicherungen bezahlen sogenannte „Minijobber" mit einem Einkommen bis 400 €/Monat. Hier muss der Arbeitgeber alleine Beiträge abführen: 15 % Rentenversicherung, 13 % Krankenversicherung, 2 % Lohnsteuer.

Die Ausweitung der Leistungen des zunehmend dichter werdenden Netzes der sozialen Sicherung hat zu enormen Steigerungen der Beiträge geführt. Damit stiegen auch die Lohnnebenkosten, da die Beiträge zur Hälfte von den Arbeitgebern aufgebracht werden.

Die sehr unübersichtlich gewordenen Sozialgesetze wurden in einem einheitlichen, 12-teiligen **Sozialgesetzbuch** (SGB) zusammengefasst.

2.1.3 Gesetzliche Krankenversicherung (1883) – denn jeder kann erkranken

In der gesetzlichen Krankenversicherung sind ungefähr 90 % der Bundesbürger versichert, der Rest in privaten Versicherungen.

Träger:
- Allgemeine Ortskrankenkassen (AOK)
- Innungskrankenkassen (IKK)
- Bundesknappschaft (Montanindustrie)
- Betriebskrankenkassen (BKK)
- Ersatzkassen
- Landwirtschaftliche Krankenkasse

Versicherte:
- alle Auszubildenden
- Arbeitnehmer bis zur Beitragsbemessungsgrenze
- Rentner, Studenten, Arbeitslose
- freiwillige Versicherung ist möglich

Gesetzliche Grundlage:
Fünftes Buch des Sozialgesetzbuches (SGB V).

Beitrag:
Den Beitrag legt der Bundestag durch Gesetz fest (2009: 14,9 % des Bruttolohns). Die Beträge werden aufgebracht von

Arbeitgebern	Arbeitnehmern	Bund
7 % des Bruttolohns	7,9 % des Bruttolohns	Zuschuss aus Steuermitteln für die beitragsfrei bei den Eltern Mitversicherten, z. B. Kinder

Alle Beiträge fließen in einen **Gesundheitsfonds,** der sie an die Krankenkassen verteilt. Der Verteilungsschlüssel berücksichtigt die Anzahl der Versicherten, ihr Alter, ihren Gesundheitszustand und die Zahl der beitragsfrei mitversicherten Kinder. Die einzelnen Krankenkassen können von den versicherten Arbeitnehmern Zusatzbeiträge bis zu 1 % des Haushaltseinkommens erheben.

Für Personen ohne Krankenversicherungsschutz müssen die privaten Krankenversicherungen einen Basistarif anbieten (2009: ca. 500 €/Monat). Alle Menschen sind gesetzlich verpflichtet, krankenversichert zu sein.

Leistungen:
- **Krankenbehandlung:** Kosten für Arzt, Zahnarzt (teilweise), Krankenhausbehandlung, Arzneimittel (mit Zuzahlung durch Patienten), Zuschuss für Geräte und Prothesen (Erhöhung der Zuzahlungen durch Patienten ist vorgesehen).
- **Vorsorgeuntersuchungen:** z. B. Krebsvorsorge, Gesundheitsförderung, z. B. Zuschuss zu Vorsorgekuren, Rehabilitation, z. B. „Reha"-Kuren.
- **Krankengeld:** zeitlich unbegrenzt nach sechs Wochen Arbeitsunfähigkeit (für dieselbe Krankheit allerdings nur 78 Wochen innerhalb von drei Jahren); es beträgt 70 % vom Netto- oder 90 % vom Bruttolohn.
- **Leistungen für werdende Mütter:** z. B. Arzt- und Arzneikosten, Mutterschaftsgeld, Krankenhausbehandlung von Mutter und Kind.

Die Regelleistungen bestimmt der Bundestag. Durch das Kostendämpfungsgesetz wurden für die Versicherten Zuzahlungen zu Arzneimitteln, Krankenhausaufenthalt und Zahnersatz sowie eine Praxisgebühr von zurzeit 10 €/Quartal eingeführt.

2.1.4 Gesetzliche Rentenversicherung (1889) – für das Alter vorsorgen

Die gesetzliche Rentenversicherung soll eine Basissicherung im Alter sicherstellen.

Träger:
- Deutsche Rentenversicherung Bund
- Deutsche Rentenversicherung Knappschaft – Bahn – See

Versicherte:
Pflicht: für alle Arbeitnehmer (inkl. der Auszubildenden)
freiwillig: für Selbstständige, Hausfrauen und Geringverdienende

Gesetzliche Grundlage:
Sechstes Buch des Sozialgesetzbuches (SGB VI).

Beitrag:
Den Beitrag für die gesetzliche Rentenversicherung legt der Bundestag durch Gesetz fest (2009: 19,9 % des Bruttolohns).
Die Beträge werden aufgebracht von:

Arbeitgebern	Arbeitnehmern	Bund
9,95 % des Bruttolohns	9,95 % des Bruttolohns	Zuschuss aus Steuermitteln (2009 ca. 90 Mrd. €) als Ersatz für Leistungen nach dem Fremdrentengesetz, z. B. für Spätaussiedler, die selbst wenig Beiträge leisten konnten

Der Lohn, der die Beitragsbemessungsgrenze übersteigt, ist abgabenfrei. Die spätere Rentenhöhe richtet sich nach der Zahl und der Höhe der Beiträge und dem Renteneintrittsalter.

Leistungen:
- Renten:
  - Erwerbsunfähigkeit (fünf Jahre Wartezeit),
  - flexibles Altersruhegeld (35 Jahre Wartezeit),
  - Altersruhegeld ab 67 (5 Jahre Wartezeit) – schrittweise Anpassung seit 2007,
  - große und kleine Witwen- bzw. Witwerrente, Erziehungsrente,
  - große und kleine Hinterbliebenenrente,
  - Halb- und Vollwaisenrente.

Alle Renten sind dynamisiert, d. h. werden vom Bundestag jährlich der Einkommensentwicklung der Arbeitnehmer angepasst (Anpassung an Nettolöhne).
- Heilbehandlungen und Kuren,
- berufsfördernde und ergänzende Maßnahmen zur Rehabilitation. Sie sollen frühzeitigen Rentenbezug verhindern und die Arbeitskraft erhalten.
- Beiträge zur Krankenversicherung der Rentner (die Hälfte des Beitrags bezahlen die Rentner seit 1987 selbst).

Der **Generationenvertrag** sichert die Rentenzahlung aus der gesetzlichen Rentenversicherung auch in Zukunft, denn die Versicherten von heute zahlen die Renten der Rentner von heute. Im Herbst 2009 bezogen ca. 20 Millionen Menschen in Deutschland Leistungen aus der gesetzlichen Rentenversicherung.

2.1.5 Gesetzliche Unfallversicherung (1884) – für Unvorhersehbares

Die gesetzliche Unfallversicherung (GUV) bietet einen umfassenden Schutz vor den Folgen von Unfällen, jedoch nicht im Freizeitbereich. Solche Risiken müssen privat versichert werden.

Träger:
Die für den jeweiligen Gewerbezweig zuständigen Berufsgenossenschaften, die Unfallkassen des Bundes, die Unfallkassen der Länder, die Gemeindeunfallversicherungsverbände und die Feuerwehr-Unfallkassen.

Versicherte:
- alle Arbeitnehmer ohne Rücksicht auf Einkommen und Status, jedoch nicht Beamte
- jeder, der anderen Hilfe leistet, z. B. bei Verkehrsunfällen
- Schüler, z. B. beim Besuch der Berufsschule; Kinder, z. B. im Kindergarten; Studenten beim Besuch von Vorlesungen usw.

In der GUV sind die Versicherten indirekt über den Arbeitgeber bzw. die Schule versichert.

Gesetzliche Grundlage:
Siebtes Buch des Sozialgesetzbuchs (SGB VII).

Beitrag:
Er richtet sich nach der Art, Gefahrenklasse und Unfallhäufigkeit des Betriebes. Die Beiträge werden vom Arbeitgeber allein aufgebracht. Die Beitragshöhe legt die Vertreterversammlung fest.

Leistungen:
- Maßnahmen zur Unfallverhütung
- Erlass und Überwachung von Unfallverhütungsvorschriften (In Unternehmen mit mehr als 20 Beschäftigten muss der Arbeitgeber einen Sicherheitsbeauftragten ernennen.)
- Linderung von Unfallfolgen:
  - Heilbehandlung und Verletztengeld bei Arbeitsunfällen (zeitlich unbegrenzt)
  - Verletztenrente bei mindestens 20 % Erwerbsminderung
  - Vollrente bei 100 % Erwerbsunfähigkeit (ca. 2/3 des Bruttojahresarbeitsverdienstes)
  - Hinterbliebenenrente für Witwen und Waisen
  - Rehabilitationsmaßnahmen, z. B. berufliche Umschulung

Leistungen werden nur gewährt bei		
Arbeitsunfällen	**Wegeunfällen**	**anerkannten Berufskrankheiten**
Ein Unfall, den ein Arbeitnehmer erleidet: • bei der Ausführung der planmäßigen beruflichen (versicherten) Tätigkeit, • bei der erstmaligen Lohnabhebung von seiner Bank oder Sparkasse im Lohnzahlungszeitraum. Bei Arbeitsunfällen kommt es nicht auf das Verschulden an. Jeder Arbeitsunfall – ob unverschuldet, fahrlässig oder grob fahrlässig – ist versichert (Friedensprinzip).	Ein Unfall, der sich auf dem direkten Weg von der eigenen Wohnung zur Arbeitsstätte und zurück ereignet, unabhängig vom Verkehrsmittel: Das Verschulden spielt für Leistungen keine Rolle. Ausnahmen: Alkohol, Umwege, Unterbrechungen usw. **Aber:** Der Gang zur Betriebskantine ist nicht in der Unfallversicherung eingeschlossen.	Eine lang andauernde Gesundheitsschädigung als Folge der beruflichen Tätigkeit: Der ursächliche Zusammenhang muss aber festgestellt werden, z. B. eine beim Anlagenmechaniker im Behälterbau entstandene Lärmschwerhörigkeit.

- Der Unternehmer muss jeden Arbeitsunfall anzeigen, durch den der Arbeitnehmer mehr als drei Tage arbeitsunfähig wird.
- Der Betriebsrat, sofern vorhanden, hat die Unfallanzeige abzuzeichnen.

> **Wichtig**
>
> Bei Unfällen, die durch Alkoholeinwirkung verursacht wurden, gibt es keine Leistungen aus der gesetzlichen Unfallversicherung. Hier gilt die Promillegrenze, die auch bei absoluter Fahruntüchtigkeit greift, zurzeit 1,1 Promille.

2.1.6 Arbeitslosenversicherung (1927) – wenn man vorübergehend ohne Job ist

Arbeitslosigkeit kann zum elementaren Risiko im Berufsleben werden, da die allermeisten Arbeitnehmer auf ihr Einkommen durch Arbeit angewiesen sind. In Deutschland waren im Sommer 2009 circa 3,4 Millionen Menschen arbeitslos – also ungefähr 8,2 % aller Erwerbstätigen.

Träger:
Bundesagentur für Arbeit in Nürnberg mit 184 örtlichen Agenturen für Arbeit als Zweigstellen.

Versicherte:
alle Arbeitnehmer bis zum 65. Lebensjahr, unabhängig vom Einkommen, **nicht** jedoch Beamte, Selbstständige, Studenten, geringfügig Beschäftigte.

Gesetzliche Grundlage:
Drittes Buch des Sozialgesetzbuches (SGB III) und die es ergänzenden Leistungsgesetze, die der Bundestag beschließt.

Beitrag:
zurzeit 2,8 % des Bruttolohns, davon 50 % vom Arbeitgeber und 50 % vom Arbeitnehmer.
Den Beitrag legt der Bundestag fest.

Leistungen:
Voraussetzung für den Erhalt finanzieller Leistungen durch die Arbeitsagentur: mindestens 360 Kalendertage beitragspflichtige Tätigkeit in den letzten drei Jahren. Den Leistungsumfang beschließt der Bundestag.

Leistungen, die Arbeitsplätze erhalten oder schaffen	Leistungen an Arbeitslose	Beschäftigungspolitik
• Kurzarbeitergeld (bis 24 Monate), 2009: ca. 1,5 Mio. Arbeitnehmer in Kurzarbeit • Schlechtwettergeld • Maßnahmen zur Arbeitsbeschaffung für Arbeitslose • Konkursausfallgeld	• **Arbeitslosengeld I** • **Arbeitslosengeld II** • Krankenversicherungsbeitrag für Arbeitslose • Förderung von Aus- und Fortbildung sowie Umschulung • Unfallversicherung (für Wegeunfälle beim Gang zur Arbeitsagentur)	• Berufsberatung • Arbeits- und Stellenvermittlung • Arbeitsmarktforschung

Arbeitslosengeld I (Alg I)

Es beträgt maximal 60 % (bzw. 67 % bei mindestens einem Kind) des letzten Nettolohns. Anspruchsdauer beträgt je nach Beschäftigungszeit zwischen 180 und 720 Tagen, für Arbeitnehmer ab dem 58. Lebensjahr bis maximal 720 Tage. Es bestehen zudem Sonderregelungen für kurze Beschäftigungsverhältnisse.

Ein Auszubildender, der am Ende der Ausbildung arbeitslos wird, erhält 12 Monate Arbeitslosengeld, das auf der Basis von 50 % des Tariflohns eines Facharbeiters errechnet wird.

Voraussetzungen für den Bezug von Arbeitslosengeld I:

Man muss
- arbeitslos sein,
- den Antrag auf Arbeitslosengeld persönlich stellen,
- der zuständigen Arbeitsagentur zur Verfügung stehen,
- die Anwartschaft erfüllen, d. h. genügend Beiträge bezahlt haben.

Leistungseinschränkungen:

- Wer eine zumutbare Beschäftigung ablehnt, dem kann bis zu 12 Wochen lang das Arbeitslosengeld I gesperrt werden.
- Wer aus wichtigem Grund fristlos entlassen wurde oder wer selbst gekündigt hat, wird 12 Wochen lang mit einer Leistungssperre belegt.
- Wer trotz Aufforderung beim Arbeitsamt nicht erscheint, erhält eine Leistungssperre von 2 Wochen.

- Wer zweimal mit einer Sperrzeit belegt wurde, verliert jeden Anspruch auf das Arbeitslosengeld I.
- Arbeitslosengeld I setzt keine Bedürftigkeit voraus, d. h., dass jeder Arbeitslose Anspruch auf Leistungen hat, sofern er die Voraussetzungen erfüllt.
- Ist ein Arbeitsloser länger als sechs Monate arbeitslos und bezieht er Arbeitslosengeld, so muss er bei der Vermittlung einer neuen Stelle Abstriche hinnehmen, z. B.
  – Verlust von übertariflicher Bezahlung, auch dann, wenn er vorher übertariflich bezahlt war.
  – Einstufung unterhalb der Fachkraftqualifikation, auch wenn er Facharbeiter ist.
  – erhöhte Zeiten für den Weg von der Wohnung zur Arbeitsstätte: bis 2,5 Stunden bei Teilzeitarbeit, bis drei Stunden bei Vollzeittätigkeit.

Arbeitslosengeld II – nur als Hilfe gedacht (Hartz IV)

Das Arbeitslosengeld II (Alg II) – im Volksmund auch nach der damaligen Arbeitsmarktreform der Bundesregierung verallgemeinernd Hartz IV genannt – ersetzt für Langzeitarbeitslose die frühere Arbeitslosenhilfe sowie die Sozialhilfe. Es setzt sich aus einem Festbetrag in Abhängigkeit vom Familienstand sowie einer Miete für eine angemessene Wohnung zusammen. Oberste Grundsätze für den Anspruch auf Arbeitslosengeld II sind **Bedürftigkeit** und **Arbeitsfähigkeit.**

Wichtig

Ziel des Arbeitslosengelds II ist die Wiedereingliederung von Langzeitarbeitslosen in den ersten Arbeitsmarkt durch
- **Fördern:** durch finanzielle Hilfe zum Lebensunterhalt,
- **Fordern:** durch Zuweisung von Arbeitsplätzen, die der Wiedereingliederung in die Arbeitswelt dienen („Ein-Euro-Job" für maximal sechs Monate).

Nur wer keinen Anspruch (mehr) auf Alg I hat, erhält Alg II. Wer Ersparnisse oder Grundbesitz aufweist, muss diese erst bis zu einem festgelegten Sockelbetrag aufbrauchen, ehe er Arbeitslosengeld II erhält. Auch wer keinen eigenen Hausstand führt, erhält das Alg II nicht. Nahe Angehörige und Lebenspartner können zur Unterhaltsverpflichtung herangezogen werden.

Auswirkungen der Hartz-IV-Reformen auf dem Arbeitsmarkt und der damit verbundenen Regelungen der sozialen Sicherung sind u. a. eine starke Zunahme von **Leiharbeitsverhältnissen** und **befristeter Beschäftigung.** Die hier bezahlten geringen Löhne werden durch Leistungen nach Hartz IV aufgestockt. In Deutschland gab es im Sommer 2009 ungefähr 1,3 Millionen Arbeitnehmerinnen und Arbeitnehmer, die neben ihrem Lohn zusätzliche staatliche Leistungen zur Existenzsicherung beziehen mussten.

2.1.7 Pflegeversicherung (1995) – von zunehmender Bedeutung

Die zunehmende Lebenserwartung erhöht für viele Menschen das Risiko, im hohen Alter zum Pflegefall zu werden. Pflegebedürftig ist, wer wegen einer körperlichen, geistigen oder seelischen Minderfunktion oder Behinderung für die Verrichtungen im täglichen Leben auf längere Zeit, mindestens sechs Monate, oder auf Dauer in erheblichem Maße der Hilfe bedarf.

Die 1995 eingeführte Pflegeversicherung soll hier vorsorgen. Sie ist eine Pflichtversicherung und folgt der Krankenversicherung, d. h., alle Personen, die gesetzlich krankenversichert sind, sind automatisch auch pflegeversichert. Privat Versicherte müssen sich auch privat pflegeversichern.

Träger:
Pflegekassen, die den jeweiligen gesetzlichen und privaten Krankenkassen zugeordnet sind.

Versicherte:
- alle Personen, die auch gesetzlich krankenversichert sind
- Arbeitnehmer bis zur Beitragsbemessungsgrenze
- Rentner, Studenten, Arbeitslosengeldempfänger

Gesetzliche Grundlage:
Elftes Buch des Sozialgesetzbuches (SGB XI)

Beitrag:
Zurzeit 1,95 % vom Bruttolohn, davon 50 % vom Arbeitgeber und 50 % vom Arbeitnehmer. Kinderlose Arbeitnehmer ab dem 23. Lebensjahr zahlen zusätzlich 0,25 % Beitrag. Rentner bezahlen den vollen Beitragssatz. Sonderregelungen bestehen für Arbeitslose. Die Beitragshöhe bestimmt der Bundestag.

Leistungen:
Sach- und Geldleistungen und eine Kombination aus beiden sowie Zusatzleistungen, wie z. B. die Kurzzeitpflege, Finanzierung von Pflegestützpunkten und

Alten-WGs usw. Die Höhe der Leistungen hängt von der Eingruppierung in eine bestimmte Pflegestufe ab, welche der medizinische Dienst der jeweiligen Krankenkasse vornimmt.

Die Regelleistungen bestimmt der Bundestag per Gesetz.

Pflegestufe	Leistungen (2010)	
	Sachleistungen erhalten professionelle Pflegedienste	**Geldleistungen** erhalten Angehörige/ Privatpersonen
I erheblich pflegebedürftig	440 €	225 €
II schwer pflegebedürftig	1040 €	430 €
III schwerst- pflegebedürftig	1510 €	685 €

Ziel der Pflegeversicherung war es, die Lücke zu schließen, die im sozialen Netz noch bestand: Ein Mensch, der alt und pflegebedürftig, aber nicht krank war, musste bis zur Einführung dieser Versicherung selbst für notwendige Hilfen im Alter bezahlen.

2.1.8 Beitragszahlung – ohne Beitrag keine Leistungen

Die Beitragszahlung für alle Sozialversicherungen wird technisch wie folgt abgewickelt:

Die Krankenkassen ziehen alle Beiträge ein und verteilen sie an die einzelnen Sozialversicherungsträger. Für die Abführung der Beiträge ist der Arbeitgeber verantwortlich. Führt er schuldhaft keine Beiträge ab, so ist der Beschäftigte trotzdem sozialversichert.

Beansprucht ein Versicherter Leistungen aus den gesetzlichen Sozialversicherungen, so hat er sich darum selbst zu bemühen: z. B.
- muss der Antrag auf Arbeitslosengeld sofort und persönlich bei der Arbeitsagentur gestellt werden,
- müssen Ersatz- und Ausfallzeiten der Rentenversicherung selbst gemeldet werden.

Als Nachweis der Mitgliedschaft in der gesetzlichen Sozialversicherung erhält jeder Versicherte einen **Sozialversicherungsausweis.**

Damit verbunden sind Pflichten, die unter anderem die **Schwarzarbeit** eindämmen sollen.
(Schwarzarbeit: Tätigkeiten, für die keine Sozialversicherungsbeiträge und keine Lohnsteuer abgeführt werden).

Für den Sozialversicherungsausweis gilt		
Vorlagepflicht	**Hinterlegungspflicht**	**Meldepflicht**
Der Ausweis muss zu Beginn einer jeden Beschäftigung dem Arbeitgeber vorgelegt werden.	Während des Bezugs von Leistungen kann der Leistungsträger verlangen, dass der Ausweis bei ihm hinterlegt wird.	Der Arbeitgeber hat alle Beschäftigten bei der Sozialversicherung anzumelden, auch die mit geringer Beschäftigung.

2.1.9 Sozialgerichtsbarkeit – wenn Probleme mit Sozialversicherungen auftreten

Die Sozialgerichtsbarkeit ist zuständig für alle Rechtsstreitigkeiten im Zusammenhang mit

- Leistungen aus den gesetzlichen Sozialversicherungen,
- Leistungen aus dem SGB III (Arbeitsförderung) und dem Kindergeld,
- Lohnfortzahlung im Krankheitsfall,
- Kassenarztrecht,
- der Sozialhilfe.

Mögliche Klagen ergeben sich z. B. durch

- Sperrung des Arbeitslosengeldes,
- Ablehnung von Ersatzzeiten zur Rentenversicherung usw.,
- Streitigkeiten mit Zahnärzten um Kosten für Zahnersatz.

Verfahren

- Vor dem Sozialgericht kann erst klagen, wer vorher das Widerspruchsrecht ausgeschöpft hat; beispielsweise dann, wenn ein Rentner gegen seinen Rentenbescheid klagen will. Er muss dann vorher bei der Rentenversicherung binnen vier Wochen Widerspruch gegen den Bescheid eingelegt haben.
- Das Sozialgericht ermittelt **von Amts wegen** alle für ein Urteil wesentlichen Sachverhalte.

- Es fallen keine Gerichtskosten an, nur die Beklagten bezahlen eine Pauschalgebühr für jeden Klagefall.
- Kläger und Beklagte haben direkte Akteneinsicht oder können sich von einem Anwalt oder einer Person ihres Vertrauens vertreten lassen.
- Einen Anwaltszwang gibt es nur in der III. Instanz.
- In allen Instanzen wirken Vertreter der Sozialpartner bei der Urteils- und Beschlussfindung mit gleichem Stimmrecht mit; Gewerkschaften und Arbeitgeberverbände schlagen aus ihren Reihen Sozialrichter vor. Diese müssen keine juristische Ausbildung haben und werden von den jeweiligen Bezirksregierungen berufen.
  Zum Beispiel die Sozialrichter
  - am Sozialgericht München von der Regierung von Oberbayern oder
  - am Sozialgericht Hamburg von der Justizbehörde in Hamburg usw.
  Berufen werden kann nur, wer mindestens 25 Jahre alt ist.
- Das Gericht entscheidet nach einer mündlichen Verhandlung.

Instanzen

Die Sozialgerichtsbarkeit kennt wie die Arbeitsgerichtsbarkeit drei Instanzen:
I. Instanz – örtliches Sozialgericht:
1 Berufsrichter und je ein Sozialrichter von Arbeitgeber- und Arbeitnehmerverbänden.

II. Instanz – Landessozialgericht (Berufungsinstanz):
3 Berufsrichter und je 1 Sozialrichter von Arbeitgeber- und Arbeitnehmerverbänden.

III. Instanz – Bundessozialgericht in Kassel (Revisionsinstanz):
3 Berufsrichter und je 1 Sozialrichter von Arbeitgeber und Arbeitnehmerverbänden.

Grundsatzentscheidungen zum Sozialrecht fällt der **Große Senat am Bundessozialgericht.** Er besteht aus dem Präsidenten, je einem Berufsrichter der 13 Senate und ehrenamtlichen Richtern.

Sozialgerichte sollen

- im Einzelfall fehlerhafte Entscheidungen der gesetzlichen Sozialversicherungen korrigieren,
- den Einzelnen vor ungerechter Behandlung durch die gesetzlichen Sozialversicherungen schützen,
- das Sozialrecht weiterentwickeln.

Offene Fragen
Formulieren Sie Ihre Antworten in Stichpunkten und vermeiden Sie es, auf den vorhergehenden Seiten nachzusehen.

1 Benennen Sie die „fünf Säulen" der gesetzlichen sozialen Sicherung in Deutschland. Notieren Sie diese in der Reihenfolge ihrer Einführung.

2 Nennen Sie fünf konkrete Aufgaben gesetzlicher Sozialversicherungen und ordnen Sie die Versicherung und den jeweiligen Träger zu.

3 Nennen Sie je zwei Leistungen der
a) gesetzlichen Krankenversicherung,
b) gesetzlichen Rentenversicherung,
d) gesetzlichen Unfallversicherung,
e) Arbeitslosenversicherung,
d) Pflegeversicherung.

4 Welchen Zweck verfolgt die gesetzliche Rentenversicherung mit Rehabilitationsleistungen?

5 Welche Wirkung sollen Unfallverhütungsvorschriften entfalten?

6 Welche Absicht verfolgt der Gesetzgeber mit der Regelung, den Beitrag zur gesetzlichen Unfallversicherung alleine durch den Arbeitgeber bezahlen zu lassen?

7 Nennen Sie drei wesentliche Unterschiede zwischen Arbeitslosengeld I und Arbeitslosengeld II.

8 Warum wurde die gesetzliche Pflegeversicherung eingeführt?

9 Wie kann mithilfe des Sozialversicherungsausweises dem Missbrauch von Sozialleistungen vorgebeugt werden?

10 Welche Probleme können auf die einzelnen gesetzlichen Sozialversicherungen durch die längere Lebenserwartung der Versicherten zukommen?

11 Welche Probleme können sich durch eine steigende Zahl von Arbeitslosen in Wirtschaftskrisen für die gesetzlichen Sozialversicherungen ergeben?

12 Nennen Sie zwei Beispiele für Rechtsstreitigkeiten, die in den Zuständigkeitsbereich der Sozialgerichte fallen.

13 Warum gibt es keinen Anwaltszwang in der I. Instanz der Sozialgerichte?

14 Ihr Vater wird auf Vorschlag seiner Gewerkschaft zum Laienrichter am Sozialgericht berufen. Er will aber das Amt nicht antreten, da er Probleme mit Fehlzeiten an seinem Arbeitsplatz befürchtet. Kann er die Berufung ablehnen?

Die Lösungen zum Überprüfen Ihrer Antworten finden Sie auf den Seiten 147–148.
Haben Sie alle Antworten richtig beantwortet, dann sind Sie für die Abschlussprüfung
im **Prüfungsgebiet 2.1: Soziale Sicherungssysteme** gut vorbereitet.

Beantworten Sie nun die Multiple-Choice-Fragen.

Multiple-Choice-Fragen

Kreuzen Sie die richtige Lösung an!

1. Welche Auswirkungen hatte die rasche Industrialisierung Deutschlands im 19. Jahrhundert?
1. starke Zunahme der Landbevölkerung ☐
2. Verarmung der Bevölkerung ☐
3. Einwanderungsdruck aus Übersee ☐
4. einsetzender Massenwohlstand ☐
5. Mangel an Lehrstellen ☐

2. Mit welchem Staatsmann ist die Einführung der gesetzlichen Sozialversicherungen eng verbunden?
1. Ludwig Erhard ☐
2. Karl Marx ☐
3. Karl Schiller ☐
4. Otto von Bismarck ☐
5. Friedrich Ebert ☐

3. Welche gesetzliche Sozialversicherung wurde zuerst eingeführt?
1. gesetzliche Krankenversicherung ☐
2. gesetzliche Unfallversicherung ☐
3. gesetzliche Rentenversicherung ☐
4. Arbeitslosenversicherung ☐
5. Pflegeversicherung ☐

4. Was versteht man in den gesetzlichen Sozialversicherungen unter dem Begriff Solidarprinzip?
1. Jeder erhält die gleichen Leistungen. ☐
2. Jeder bezahlt die gleichen Beiträge. ☐
3. Der Staat haftet für die Leistungen. ☐
4. Die Gemeinschaft unterstützt Bedürftige. ☐
5. Die Renten werden laufend angepasst. ☐

5. Was kann *nicht* Ziel staatlicher Sozialpolitik sein?
1. Schutz vor Arbeitslosigkeit ☐
2. Gesundheitsfürsorge und -vorsorge ☐
3. Vermeiden von sozialem Abstieg im Alter ☐
4. Steigerung der Eigentumsquote ☐
5. sozialer Ausgleich in der Bevölkerung ☐

6. In welchem Fall sind Versicherungsart und -träger falsch zugeordnet?
1. gesetzliche Krankenversicherung Bundesagentur für Arbeit ☐
2. gesetzliche Rentenversicherung Landesversicherungsanstalten ☐
3. gesetzliche Rentenversicherung Bundesversicherungsanstalt für Angestellte ☐
4. gesetzliche Unfallversicherung Berufsgenossenschaften ☐
5. Arbeitslosenversicherung Ersatzkassen ☐

7. Für welche Sozialversicherung leistet der Arbeitnehmer *keine* Beiträge?
1. gesetzliche Krankenversicherung ☐
2. gesetzliche Unfallversicherung ☐
3. gesetzliche Rentenversicherung ☐
4. Arbeitslosenversicherung ☐
5. private Lebensversicherung ☐

8. Was gehört *nicht* zum Leistungskatalog der gesetzlichen Krankenversicherung?
1. Krankenhausbehandlung ☐
2. Arzneimittel ☐
3. Verletztenrente ☐
4. Krankentransport ☐
5. Krankengeld ☐

9. Welchen Beitragsanteil bezahlt der Arbeitgeber zur gesetzlichen Rentenversicherung?
1. 30 % ☐
2. 50 % ☐
3. 66 % ☐
4. 75 % ☐
5. 100 % ☐

10. **Woran orientiert sich die spätere Rentenhöhe eines Versicherten hauptsächlich?**
    1. Anzahl der Beiträge ☐
    2. Zeiten der Arbeitslosigkeit ☐
    3. Zahl der Kinder ☐
    4. Steuerklasse während der Lebensarbeitszeit ☐
    5. Stellung im Betrieb und Gehaltsgruppe ☐

11. **Ein Schreiner erleidet beim Bohrerschleifen ohne Schutzbrille eine bleibende Augenverletzung. Wie ist die Rechtslage?**
    1. Die gesetzliche Unfallversicherung kommt für Folgeschäden auf. ☐
    2. Keine Leistungen, da Unfallverhütungsvorschriften missachtet wurden. ☐
    3. Der Sicherheitsbeauftragte wird zum Schadensersatz verpflichtet. ☐
    4. Die Krankenkasse ersetzt die Arztkosten. ☐
    5. Der Mitarbeiter darf zukünftig nur unter Aufsicht Bohrer schleifen. ☐

12. **Was ist keine Voraussetzung für den Bezug von Arbeitslosengeld I?**
    1. Arbeitslosigkeit ☐
    2. persönliche Antragstellung ☐
    3. Arbeitsbereitschaft ☐
    4. Anwartschaft durch genügend Beiträge ☐
    5. Bedürftigkeit des Versicherten ☐

13. **Was ist Voraussetzung für den Bezug von Arbeitslosengeld II?**
    1. Arbeitsmarkt bietet noch offene Stellen an ☐
    2. ausreichende Beitragszeiten ☐
    3. persönliche Bedürftigkeit ☐
    4. ausreichendes eigenes Vermögen ☐
    5. Bereitschaft, ganztags zu arbeiten ☐

14. **In welchen Fällen kann das Arbeitsamt eine *Sperrzeit* verhängen?**
    1. Arbeitsloser klagt gegen seine Kündigung. ☐
    2. Versicherter hat größeres Geldvermögen. ☐
    3. Es gibt keine freien Arbeitsplätze. ☐
    4. Arbeitsagentur steckt in „roten Zahlen". ☐
    5. Der Versicherte weigert sich, eine ihm zumutbare Arbeit anzunehmen. ☐

15. **Welche Einbußen muss ein Langzeitarbeitsloser bei Antritt einer neuen Stelle *nicht* hinnehmen?**
    1. geringere Bezahlung ☐
    2. Wegezeit bis 3 h/täglich bei Vollzeitarbeitsplatz ☐
    3. Einstufung in eine niedrigere Lohngruppe ☐
    4. unentgeltliche Arbeitsleistung während der Probezeit ☐
    5. Verlust einer übertariflichen Bezahlung ☐

16. **Die Einstufung in eine bestimmte Pflegestufe**
    1. hängt vom Alter ab. ☐
    2. richtet sich nach Zahl und Höhe der Beiträge. ☐
    3. nimmt der medizinische Dienst der Krankenkasse vor. ☐
    4. erfolgt durch Selbsteinschätzung. ☐
    5. erfolgt durch die pflegenden Angehörigen. ☐

17. **Welches Gericht ist zuständig für die Klage eines Versicherten gegen seinen Rentenbescheid?**
    1. Amtsgericht ☐
    2. Arbeitsgericht ☐
    3. Sozialgericht ☐
    4. Landgericht ☐
    5. Verwaltungsgericht ☐

18. Was gilt für die Gerichtskosten bei Sozialgerichtsverfahren?

1. Die Verfahren sind kostenfrei. ☐
2. Die Kosten betragen einheitlich 500 € (Pauschalbetrag). ☐
3. Die Kosten orientieren sich am Streitwert. ☐
4. Die Kosten richten sich nach dem Einkommen des Klägers. ☐
5. Der Beklagte muss alle Kosten tragen. ☐

19. Welche Voraussetzungen müssen ehrenamtliche Richter am Sozialgericht besitzen? Sie

1. brauchen eine juristische Vorbildung. ☐
2. müssen Mitglied einer Gewerkschaft sein. ☐
3. müssen Mitglied eines Arbeitgeberverbandes sein. ☐
4. müssen mindestens 25 Jahre alt sein. ☐
5. dürfen selbst keine Sozialleistungen beziehen. ☐

Die Lösungen finden Sie auf Seite 148. Arbeiten Sie jetzt das **Teilgebiet 2.2 Zielkonflikte der sozialen Sicherung** durch.

2.2 Zielkonflikte der sozialen Sicherung

Die gesetzlichen Sozialversicherungen wurden seit ihrer Einführung für Arbeiter zum Ende des 19. Jahrhunderts laufend weiterentwickelt und ruhen heute auf fünf stabilen Säulen (siehe Seite 59). Wichtige Meilensteine dieser Entwicklung waren unter anderem:

1911: Einführung der Reichsversicherungsordnung und Angestelltenversicherung

1938: Einführung der Handwerkerversicherung

1957: Dynamisierung der Renten

1970: Lohnfortzahlung im Krankheitsfall

2005: Grundsicherung für Langzeitarbeitslose durch Hartz IV

Diese Entwicklung ist aber nicht abgeschlossen, denn der Staat ist durch das Sozialstaatsgebot angehalten, bei wirtschaftlichen Problemen mit Reformen in das soziale Netz einzugreifen. Die Grundprinzipien aller Reformen bleiben dabei Vorsorge, Fürsorge und Versorgung.

Vorsorge durch	Fürsorge durch	Versorgung durch
Pflichtmitgliedschaft in den fünf gesetzlichen Sozialversicherungen für möglichst alle Mitbürger.	gesetzliche Leistungen für Mitmenschen in besonderen Notlagen und in Härtefällen, z. B. Unterkunft und Sozialhilfe für Nichtsesshafte, Sozialwohnungen für kinderreiche Familien usw.	staatliche Leistungen für Mitmenschen, deren Notlage nicht durch das soziale Netz aufgefangen wird, z. B. Unterstützung für Opfer von Gewalttaten, Asylbewerber u. a.
Finanzierung durch		
Solidarbeiträge der Arbeitnehmer und Arbeitgeber sowie aus Steuermitteln durch den Bund.	Gemeinden und Gebietskörperschaften aus Steuermitteln.	Bund, Länder und Gemeinden aus Steuermitteln und Spenden.

ohne soziale Sicherung

mit sozialer Sicherung

2.2.1 Probleme der sozialen Sicherung

Der Ausbau des sozialen Netzes bereitet zunehmend finanzielle Schwierigkeiten, denn bereits heute gibt der Bund nahezu die Hälfte seiner Steuereinnahmen als Zuschüsse und direkte Leistungen für soziale Aufgaben aus. Ursachen für die Finanzierungsprobleme sind vor allem:

Wirtschafts- und Finanzkrisen	Veränderung der Altersstruktur		Höhere Ansprüche an das Sozialsystem
Sinken die Auftragseingänge, so müssen Unternehmen Mitarbeiter entlassen. Die Zahl der Arbeitslosen steigt, die der Beitragzahler sinkt. Gleichzeitig vermindert sich durch geringere Einkommen die Kaufkraft, die Auswirkungen von Wirtschaftskrisen werden so verstärkt.	Eine früher stabile Bevölkerungspyramide verkehrt sich zusehends ins Gegenteil: Die Zahl der Kinder sinkt, gleichzeitig werden die Menschen immer älter. (Lebenserwartung 2009: Frauen: 84 Jahre, Männer: 78 Jahre). Eine immer geringere Zahl an Erwerbstätigen muss eine immer größer werdende Zahl an Alten versorgen.		Der Fortschritt in der Medizin und die steigende Lebenserwartung erhöhen u. a. die Kosten des Gesundheitssystems. Krankheiten und Seuchen, die früher tödlich waren, werden heute mit hohen Kosten geheilt oder gemildert, z. B. Krebs, Herz- und Kreislauferkrankungen.
Der Staat versucht gegenzusteuern mit			
Konjunkturprogrammen, diese erhöhen aber gleichzeitig die Staatsverschuldung.	• Kindergeld und Elternzeit, • Leistungskürzungen für Alte, Kranke und Arbeitslose.		• Vorsorgeprogrammen, die aber neue Kosten verursachen, • Zuzahlungen durch die Versicherten.

Die Folgen der Finanzierungsprobleme der sozialen Sicherungssysteme sind für den Einzelnen, die Wirtschaft und die Gesellschaft schon heute spürbar und werden noch zunehmen:

- **Einkommen sinken:**
  Steigende Beiträge für die gesetzlichen Sozialversicherungen und Steuererhöhungen, die der Staat für Zuschüsse zum sozialen Sicherungssystem braucht, mindern den Nettolohn, auch wenn der Bruttolohn steigt. Schon heute müssen die Beschäftigten circa 50 % ihres Lohns für Steuern und Sozialabgaben abgeben.

- **„Schwarzarbeit" nimmt zu:**
  Steuern und Sozialabgaben verteuern Güter und Dienstleistungen, Schwarzarbeit kann deshalb billiger angeboten werden. Da das verfügbare Nettoeinkommen vieler Menschen sinkt, wird die Versuchung, insbesondere Dienstleistungen in Schwarzarbeit zu vergeben, immer größer. Experten schätzen den Anteil der Schwarzarbeit an der Wirtschaftsleistung auf gut 20 %.

- **Staatverschuldung wächst:**
Der Staat besitzt für die steigenden Zuschüsse
zum sozialen Sicherungssystem keine Rücklagen,
die Einnahmen aus Steuern und Abgaben bleiben
aber gleich. Für Investitionen müssen deshalb
immer neue Kredite aufgenommen werden.
Der Stand der Schulden betrug Anfang 2010 über
20 000 € pro Kopf. Diese Schulden müssen verzinst
und von nachfolgenden Generationen getilgt
werden.

- **Lohnnebenkosten steigen:**
Arbeitgeberbeiträge zu den Sozialversicherungen und tarifvertragliche Leistungen wie das
13. Monatsgehalt erhöhen die Lohnnebenkosten
für die Unternehmen. Sie betragen schon heute
ca. 40 % des Bruttolohns. Das verteuert in Deutschland die produzierten Güter und Dienstleistungen,
dadurch sinkt die Wettbewerbsfähigkeit auf dem
Weltmarkt gegenüber Konkurrenten aus dem
Ausland.

Der Staat hat die Aufgabe, im Interesse aller die Funk-
tionsfähigkeit des Sozialsystems langfristig sicherzu-
stellen. Ziele der Eingriffe in das Sozialsystem müssen
deshalb sein:

- **Nachhaltigkeit garantieren:**
Das Sozialsystem muss auch bei veränderten
Rahmenbedingungen, wie beispielsweise höherer
Lebenserwartung, funktionieren und darf nach-
wachsende Generationen nicht über Gebühr
belasten.

- **Subsidiarität einfordern:**
Das bedeutet, Probleme müssen dort gelöst
werden, wo sie entstehen. So müssen in Ballungs-
räumen mit hohen Mieten die Städte selbst für
den sozialen Wohnungsbau sorgen und so die
Zahlung von Sozialhilfe und Wohngeld möglichst
vermeiden.

- **Eigenverantwortung fördern:**
Der Einzelne muss verstärkt selbst für die Senkung
der Kosten, z. B. im Gesundheitssystem, sorgen
und damit die Beiträge für alle stabilisieren. Dies
kann durch Vorbeugung gegen Krankheiten oder
durch gesunde Lebensweise geschehen, aber
auch durch das Bilden von Rücklagen, z. B. für
Zahnersatz, sowie durch privatrechtliche Versicherungen.

2.2.2 Individuelle Vorsorge durch Versicherungen

Der Staat sowie die gesetzlichen Sozialversicherungen
– und damit die Gemeinschaft – können nicht alle
Risiken der Daseinsvorsorge übernehmen. Sie müssen
vom Einzelnen bei Bedarf durch Privatversicherungen
ergänzt werden. Diese lindern Einwirkungen, die
weder vom Staat noch von den gesetzlichen Sozialversicherungen abgedeckt werden. Hier gilt das Indi-
vidualprinzip: Wer beispielsweise einen Pkw fährt,
muss sich selbst um eine Haftpflichtversicherung bemühen.

**Privatrechtliche Versicherungen ergänzen
die gesetzlichen Sozialversicherungen.**

Man unterscheidet:

Personen-versicherungen	Sach-versicherungen	Vermögens-versicherungen
z. B.:	z. B.:	z. B.:
• Lebensversiche-rungen als Risiko- oder Kapital-versicherung	• Hausrat-versicherung	• Privat-Haftpflicht-versicherung
• private Unfall-versicherung	• Fahrzeug-versicherung	• Rechtsschutz-versicherung
• private Kranken-versicherung	• Brand-/Feuer-versicherung	• Kfz-Haftpflicht-versicherung
• private Berufs-unfähigkeits-versicherung		

Die Leistungen der privaten Individualversicherungen
richten sich nach den vereinbarten Versicherungsleis-
tungen. Der zu zahlende Beitrag hängt also von den
vereinbarten Leistungen ab, bei privaten Kranken-
und Lebensversicherungen auch vom Eintrittsalter. Im
Gegensatz dazu sind beispielsweise die Leistungen
der gesetzlichen Krankenversicherung für alle Versicherten gleich, unabhängig von der Beitragshöhe,
dem Eintritts- oder dem Lebensalter.
Viele Privatversicherungen sind in ihren Leistungen
dynamisiert. Dabei werden z. B. von einer privaten
Lebensversicherungsgesellschaft die Versicherungs-
summe und damit auch der Beitrag jährlich erhöht,
der Versicherte kann dem aber widersprechen.
Bereits junge Menschen sollten sich mit der finanziellen Absicherung im Alter befassen, denn es wird kaum
jemand einer Erwerbstätigkeit im Alter nachgehen

können. Zunehmende Überalterung der Gesellschaft und die sinkende Geburtenrate fordern vom Einzelnen, sich im Alter nicht alleine auf die Leistungen der gesetzlichen Rentenversicherung zu verlassen. Für die Zeit nach ihrer Erwerbstätigkeit sollten die Menschen durch ein Mehr-Säulen-Modell vorgesorgt haben.

Finanzielle Sicherung im Alter: in der Zukunft durch einen Mix aus		
gesetzlicher Alterssicherung als Basisversorgung	betrieblicher Altersversorgung als Zusatzversorgung	privater Vorsorge aus Kapitalanlagen
• gesetzliche Rentenversicherung (für Arbeitnehmer) • Beamtenversorgung (für Beamte) • berufsständische Alterssicherungssysteme (für Freiberufler/ Selbstständige)	• Betriebsrenten (für Arbeitnehmer in der Privatwirtschaft) • Zusatzrente (für Arbeitnehmer im öffentlichen Dienst)	• private Lebensversicherungen • Immobilien • Aktien-/ Rentenfonds • Riester-/ Rürup-Rente

Der Staat fördert zudem die private Altersvorsorge, indem er
- Zuschüsse leistet, z. B. zur „Riester-Rente" für Arbeitnehmer und zur „Rürup-Rente" für Selbstständige,
- Steuererleichterungen gewährt, z. B. können Vorsorgeaufwendungen als Sonderausgaben von der Steuer „abgesetzt" werden.

2.2.3 Einkommen und Vermögensbildung
In Deutschland sind circa 40 Millionen Menschen als Arbeitnehmer oder Selbstständige erwerbstätig, ungefähr 20 Millionen sind Rentner, der Rest verteilt sich auf Kinder, Erwerbslose und Personen, die nicht eindeutig zuzuordnen sind, z. B. Wohnsitzlose und Saisonarbeiter.

Arbeitnehmer finanzieren ihren Lebensunterhalt überwiegend durch das Arbeitsentgelt, das sie von ihrem Arbeitgeber erhalten. Dessen Höhe hängt vor allem von der Ausbildung, der Stellung in der Betriebshierarchie und der jeweiligen Branche ab, aber auch von der Region, in der ein Arbeitnehmer lebt.
Weitere Einkommensquellen neben einer Erwerbstätigkeit können sein:
- einmalige Leistungen des Arbeitgebers, z. B. Prämien,
- Zinsen aus Geldvermögen,

- Dividenden aus Aktienbesitz,
- Einnahmen aus Vermietung und Verpachtung,
- zugeteilte Bauspar- und Banksparverträge,
- fällige Lebensversicherungen,
- Erbschaften,
- Gewinne in Glücksspielen.

Alle Einnahmen sind grundsätzlich steuerpflichtig. Von Löhnen und Gehältern wird die darauf fällige Steuer vom Arbeitgeber berechnet, einbehalten und direkt an das zuständige Finanzamt abgeführt (zur Höhe von Lohn- und Einkommensteuer, siehe Seite 74). Alle anderen Einkommen müssen Steuerpflichtige dem Finanzamt gegenüber „erklären" und erhalten dann darüber einen Steuerbescheid.

Es liegt im Interesse des Staates, dass Arbeitnehmer nicht nur von ihrem Lohn oder Gehalt abhängig sind, sondern auch Einkommen aus Vermögen beziehen. Das kann direkt erfolgen, z. B. als Dividende aus Aktienbesitz, oder indirekt, z. B. als ersparte Miete, wenn im eigenen Haus oder einer Eigentumswohnung gelebt wird.

Der Staat fördert mit steuerlichen Maßnahmen die Eigentums- und Vermögensbildung und macht so seine Bürger bei Verlust des Arbeitsplatzes oder im Alter unabhängiger. Dies schont einerseits die Sozialkassen, andererseits führt es zu einer höheren Kaufkraft der Bürgerinnen und Bürger, was wiederum zu höherem Konsum führt und so die Steuereinnahmen erhöht.

Vermögenswirksame Leistungen sind Anreize zum Konsumverzicht und zur Bildung eigenen Vermögens.

Ihre Bank oder Sparkasse berät Sie in allen Fragen zu Sparformen und Vermögensbildung. Sie sollten das nutzen, um langfristig nicht ausschließlich von Ihrem Arbeitseinkommen abhängig zu sein.

2.2.4 Sozialer Ausgleich durch Steuern und Transferleistungen
Bestimmte Personengruppen in Deutschland beziehen
- ausschließlich Leistungen der gesetzlichen Sozialversicherungen, z. B. viele Arbeitslose ausschließlich ALG I oder ALG II oder Rentner ihre Altersrente.
- neben ihrem Einkommen aus Erwerbstätigkeit noch sogenannte Transferleistungen des Staates, z. B. Kindergeld, Wohngeld, Sozialhilfe, Aufstockung mit Hartz IV.

Ein weiteres Umverteilungsinstrument des Staates ist das Steuersystem. Man unterscheidet Steuern nach den Kriterien *Gegenstand* und *Wirkung:*

Steuerarten nach dem Gegenstand	Verbrauchs-steuern	Besitz-steuern	Verkehrs-steuern
Was wird besteuert?	Verbrauch von Gütern	Einkommen und Vermögen	wirtschaftliche Vorgänge
Beispiele	Getränke-steuer, Biersteuer, Mineralöl-steuer	Lohnsteuer, Einkommen-steuer, Grundsteuer	Mehrwert-steuer, Umsatzsteuer, Grunderwerbs-steuer

Steuerarten nach ihrer Wirkung	direkte Steuern	indirekte Steuern
Kenn-zeichen	Die Steuer muss vom Steuerschuldner direkt abgeführt werden, er ist gleichzeitig der Steuerträger.	Die Steuer ist im Preis von Gütern oder Dienst-leistungen enthalten und wird von einem Steuerträger, z. B. dem Kaufmann, abgeführt.
Beispiele	Lohnsteuer, Einkommensteuer, Grunderwerbssteuer	Mehrwertsteuer, Tabaksteuer, Mineralölsteuer

Steuern sind die wichtigste Einnahmequelle von Bund, Ländern und Gemeinden. Unbedeutend in ihrer Höhe sind die weiteren Abgaben wie
- Gebühren, z. B. für die Ausfertigung von Reisepässen,
- Beiträge, z. B. für den Anschluss an die Trinkwasserversorgung,
- Zölle, z. B. auf Importe (= Einfuhren) von Waren aus Nicht-EU-Ländern.

Das gesamte Steueraufkommen betrug 2009 in Deutschland ungefähr 500 Milliarden €. Es speiste sich aus ungefähr 100 verschiedenen Steuerarten, die nach einem gesetzlich festgelegten Schlüssel auf Bund, Länder, Gemeinden und EU verteilt wurden. Die wichtigsten Steuern sind:

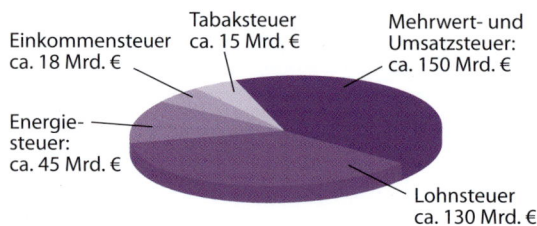

Tabaksteuer ca. 15 Mrd. €

Einkommensteuer ca. 18 Mrd. €

Mehrwert- und Umsatzsteuer: ca. 150 Mrd. €

Energie-steuer: ca. 45 Mrd. €

Lohnsteuer ca. 130 Mrd. €

Bagatellesteuern wie die Hundesteuer (ca. 250 Mio. €) oder die Schankerlaubnissteuer (ca. 1 Mio. €) sind zwar unbedeutend, werden aber aus Tradition immer noch erhoben.

Die Lohnsteuer ist nicht nur die zweitwichtigste Steuer zur Finanzierung der Staatshaushalte, sie mindert neben den gesetzlichen Sozialversicherungen den Bruttolohn der Arbeitnehmer am stärksten.

Die Höhe der Lohnsteuer hängt von Einkommen und Familienstand ab. Sie wird vom Jahreseinkommen berechnet. Bei Ehepaaren werden die Einkommen zusammengezählt und die Steuer aus der Gesamt-summe errechnet. Der Staat will mit der Lohnsteuer einen sozialen Ausgleich zwischen Gering- und Spitzenverdienern herstellen:

Wer wenig verdient und Unterhaltsverpflichtungen hat, bezahlt keinen oder einen geringen Prozent-satz Lohnsteuer vom Bruttoeinkommen.
Wer ein hohes Einkommen bezieht, bezahlt einen hohen Prozentsatz Lohnsteuer vom Brutto-einkommen.

Stark vereinfacht besteht zwischen Jahreslohn und Steuersatz folgende Beziehung:

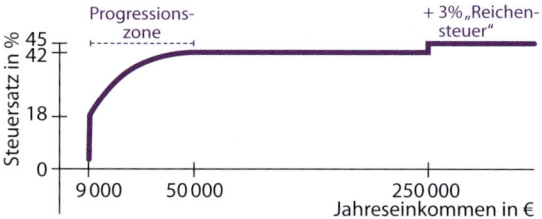

Einkommensteuertarif – Ledige
- Einkommen bis 8000 € im Jahr sind steuerfrei.
- Die Steuerschuld steigt bei einem Einkommen von ca. 50 000 € auf 42 %.
- Es werden nur die Einkommen mit 42 % besteuert, die 50 000 € übersteigen.
- Der Durchschnittssteuersatz beträgt z. B. bei einem Jahreseinkommen von 35 000 € etwa 20 %.
- Die genaue Steuerschuld wird aus Tabellen ermittelt.

Arbeitnehmer können eine Steuererstattung bean-tragen für
- erhöhte Werbungskosten, z. B. langer Weg zur Arbeitsstelle, eigene Fortbildungskosten,
- private Vorsorge, z. B. Bausparleistungen, Lebensversicherungen,
- außergewöhnliche Belastunge, z. B. mehrere Kinder studieren.

Sie können diese Steuerminderung aber erst nachträg-lich beim Finanzamt in einem Lohnsteuerausgleich beantragen.

Aufgaben

Offene Fragen
Formulieren Sie Ihre Antworten in Stichpunkten und vermeiden
Sie es, auf den vorhergehenden Seiten nachzusehen.

1 Nennen Sie zwei Fälle, in denen die gesetzlichen Sozialversicherungen durch Für- und Vorsorge ergänzt werden müssen.

2 Nennen Sie zwei wichtige Reformen des gesetzlichen Sozialversicherungssystems der letzten Jahre und deren Auswirkungen.

3 Welche Veränderungen der Altersstruktur sind in Deutschland festzustellen und wie wirken diese sich auf die gesetzliche Rentenversicherung aus?

4 Durch Wirtschafts- und Finanzkrisen sinkt der Auftragseingang in den Unternehmen. Welche Auswirkungen hat das auf die Arbeitslosenversicherung und wie kann der Staat hier gegensteuern?

5 Wie kann der Einzelne zur Senkung der Kosten im Gesundheitssystem beitragen?

6 Warum empfiehlt sich der Abschluss einer Kapital-Lebensversicherung?

7 Erläutern Sie das „Drei-Säulen-Modell" einer zukünftigen Alterssicherung.

8 Welche Gefahren birgt eine sehr ungleiche Vermögensverteilung im Staat?

9 a) Was versteht man unter Transferleistungen des Staates?
b) Welche Transferleistungen haben Sie bereits erhalten?

Die Lösungen zum Überprüfen Ihrer Antworten finden Sie auf den Seiten 148–149.
Haben Sie alle Antworten richtig beantwortet, dann sind Sie für die Abschlussprüfung
im **Prüfungsgebiet 2.2: Zielkonflikte der sozialen Sicherung** gut vorbereitet.

Beantworten Sie nun die Multiple-Choice-Fragen.

Multiple-Choice-Fragen

Kreuzen Sie die richtige Lösung an!

1. **Ein Instrument der Fürsorge im Sozialsystem ist**
   1. die Zahlung von Arbeitslosengeld I. ☐
   2. eine Altersrente nach 35 Beitragsjahren. ☐
   3. das Bauen von Sozialwohnungen. ☐
   4. die Steuerentlastung von Geringverdienern. ☐
   5. die Erhöhung des Spitzensteuersatzes um 2 %. ☐

2. **Was trägt *wenig* zur Reform des gesetzlichen Sozialversicherungssystems bei?**
   1. Die Renten werden einheitlich um 1 % gesenkt. ☐
   2. Die Gesundheitsvorsorge wird ausgeweitet. ☐
   3. Der Beitragssatz zur Arbeitslosenversicherung wird erhöht. ☐
   4. Der Bundeszuschuss zur Rentenversicherung wird erhöht. ☐
   5. Ledige bezahlen einen höheren Beitrag zur Pflegeversicherung. ☐

3. **Welche Auswirkungen können stagnierende Bruttolöhne auf das System der gesetzlichen Sozialversicherungen haben?**
   1. Die Steuereinnahmen sinken. ☐
   2. Die Staatsausgaben steigen. ☐
   3. Der Kostendruck in den Unternehmen steigt. ☐
   4. Schwarzarbeit nimmt zu. ☐
   5. Das Defizit der Bundesagentur für Arbeit steigt. ☐

4. **Welche Auswirkungen haben steigende Lohnnebenkosten?**
   1. Wettbewerbsfähigkeit der Unternehmen sinkt. ☐
   2. Nettolöhne steigen. ☐
   3. Schwarzarbeit nimmt zu. ☐
   4. Herstellungskosten in Unternehmen sinken. ☐
   5. Staatsausgaben steigen. ☐

5. **Welche Zuordnung ist richtig?**

Versichertes Gut	Versicherung	
Hausrat	Vermögens-	☐
PKW	Personen-	☐
Risiko-Lebensversicherung	Personen-	☐
Gebäude	Vermögens-	☐
Berufsunfähigkeit	Vermögens-	☐

6. **Was trifft zu?**
   1. Die Beitragshöhe in einer Lebensversicherung hängt vom Geschlecht ab. ☐
   2. Berufsunfähigkeitsversicherung ist nur für Selbstständige möglich. ☐
   3. Immobilienbesitz wirkt sich rentenmindernd aus. ☐
   4. Arbeitnehmer haben die Wahl zwischen Riester- und Rürup-Rente. ☐
   5. Betriebsrenten sind eine Zusatzversorgung im Alter. ☐

7. **Zinsen aus Vermögen**
   1. wirken steuermindernd. ☐
   2. müssen versteuert werden. ☐
   3. sind rentenversicherungspflichtig. ☐
   4. unterliegen nur der Lohnsteuer. ☐
   5. sind bis 10 000 € pro Kopf steuerfrei. ☐

8. **Was ist eine indirekte Steuer?**
   1. Mehrwertsteuer ☐
   2. Kirchensteuer ☐
   3. Lohnsteuer ☐
   4. Grunderwerbssteuer ☐
   5. Vermögenssteuer ☐

9. **Das größte Steueraufkommen in Deutschland liefert die**
   1. Einkommensteuer, ☐
   2. Lohnsteuer, ☐
   3. Mehrwertsteuer, ☐
   4. Mineralölsteuer, ☐
   5. Tabaksteuer. ☐

10. Unter Steuerprogression versteht man:

1. Wer viel verdient, kann wenig absetzen. ☐
2. Der Steuersatz steigt mit dem Einkommen. ☐
3. Geringverdiener bezahlen keine Lohnsteuer. ☐
4. 400-€-Jobs sind steuerfrei. ☐
5. Zu viel bezahlte Steuern werden rückerstattet. ☐

11. Werbungskosten im Steuerrecht sind Kosten für

1. Radio- und Fernsehwerbung, ☐
2. Lebensversicherungen, ☐
3. Arbeitskleidung, ☐
4. Ausbildung der Kinder, ☐
5. Steuerberater. ☐

Die Lösungen finden Sie auf Seite 149. Arbeiten Sie jetzt das **Prüfungsteilgebiet 2.3 Berufs- und Lebensplanung** durch.

2.3 Berufs- und Lebensplanung

Mit dem erfolgreichen Abschluss Ihrer Berufsausbildung haben Sie einen ersten und wichtigen Schritt für Ihre materielle Existenzsicherung getan. Eine solide Berufsausbildung

- ist eine gute Basis für eine Fort- und Weiterbildung zum Meister oder Techniker,
- macht Sie in Wirtschaftskrisen weniger anfällig für Arbeitslosigkeit als ungelernte Mitarbeiter.

Auch wenn Sie in einen anderen Beruf wechseln oder ein Studium anstreben, so haben Sie doch während Ihrer Erstausbildung berufsübergreifende Kompetenzen erworben, die Ihnen den beruflichen Aufstieg erleichtern.

2.3.1 Potenzialanalyse und Karriereplanung – Was steckt in mir?

Für den Willen zum beruflichen Aufstieg, zur Karriere, lassen sich grob zwei Motive, das sind Beweggründe, unterscheiden:

- **extrinsische Motive** (= „nach außen gerichtet"), z. B. Ansehen, hohes Einkommen,

- **Intrinsische Motive** (= „nach innen gerichtet"), z. B. Zufriedenheit mit der Arbeit, sicherer Arbeitsplatz.

Von welchen Motiven Sie am stärksten angetrieben werden, müssen Sie selbst herausfinden. Um beruflich erfolgreich zu sein, sollten Sie vorab Ihr Potenzial mit einer sogenannten **Potenzialanalyse** erkunden. Das bewahrt Sie vor Fehlentscheidungen und lässt Sie erkennen, in welchen Bereichen Ihre Stärken liegen und wo für Sie noch Nachholbedarf besteht.

Eine solche Potenzialanalyse ist eine strukturierte Untersuchung, die alle Faktoren erfasst, die für die Leistungsfähigkeit einer Person kennzeichnend sind. Als Werkzeug eignet sich die sogenannte SWOT-Analyse sehr gut.

Diese Faktoren werden nun zu einer Matrix zusammengestellt, zu der Entwicklungsrichtungen in Form von persönlichen Aufträgen hinzugefügt werden. Die Berücksichtigung derartiger Angaben führt eher zum beruflichen Erfolg als eine reine Entscheidung „aus dem Bauch heraus". Ein derartiges planmäßiges Vorgehen ist damit ein wichtiger erster Schritt für eine erfolgreiche berufliche Karriere.

	Erklärung	Fragen, die Sie sich zu diesem Begriff stellen sollten	Ursache dafür sind meist	Beispiele
S	**S**trengths (= Stärken)	• Was war der Grund für meine bisherigen Erfolge? *Z. B. für einen erfolgreichen Schulabschluss.* • Was will und kann ich in meinem Beruf als Nächstes erreichen? *Z. B. die Meisterprüfung ablegen.* • Welche Potenziale habe ich, die ich besser nutzen könnte? *Z. B. eine Zweitsprache.*	Interne Faktoren: Sie sind vom Einzelnen kaum bis gar nicht beeinflussbar.	• Geschlecht • soziale Herkunft • Erziehung • Familie • erlernter Beruf • Wohnort • Bildungssystem • Fördermaßnahmen durch den Staat • usw.
W	**W**eaknesses (= Schwächen)	• Welche Schwächen sollte ich ausbügeln und zukünftig vermeiden? *Z. B. bei Misserfolgen zu schnell aufgeben.* • Welche persönlichen Eigenschaften sind bei mir besonders schwach entwickelt? *Z. B. selbstbewusst gegenüber Freunden auftreten.*		
O	**O**pportunities (= Chancen)	• Welche beruflichen Entwicklungsmöglichkeiten stehen mir offen? *Z. B. mich in meinem Beruf selbstständig machen.* • Welche Trends in der Wirtschaft lohnt es sich genauer zu verfolgen? *Z. B. Solarthermie, sie hat eine große Zukunft.*	Externe Faktoren: Sie sind vom Einzelnen weitgehend beeinflussbar.	• Weiterbildungswunsch • Bereitschaft, in Bildung zu investieren • Bereitschaft, den Wohnort zu wechseln • Interesse an Entwicklungen in Betrieb, Wirtschaft, Gesellschaft und Staat • Freundeskreis • persönliche Lebensgestaltung • usw.
T	**T**hreats (= Gefahren)	• Welche Gefahren könnten mir durch die wirtschaftliche Entwicklung drohen? *Z. B. der Beruf des Kfz-Mechatronikers ist total überlaufen.* • Hat mein angestrebtes Berufsziel Zukunft oder ist es zurzeit ein Modetrend? *Z. B. können sich nur wenige trotz Meisterprüfung selbstständig machen.*		

SWOT-Analyse	Interne Analyse	
	Stärken	**Schwächen**
Externe Analyse — Chancen	Strategische Ziele für Stärken – Chancen **Verfolgen Sie die Chancen, die gut zu Ihren eigenen Stärken passen.**	Strategische Ziele für Schwächen – Chancen **Eliminieren Sie Ihre Schwächen, damit Sie neue Chancen nutzen können.**
Gefahren	Strategische Ziele für Stärken – Gefahren **Nutzen Sie Ihre Stärken, um Gefahren abzuwenden.**	Strategische Ziele für Schwächen – Gefahren **Entwickeln Sie Strategien, damit Ihre Schwächen nicht zu Gefahren werden.**

2.3.2 Rollenerwartungen in Betrieb und Gesellschaft

In der gewerblichen Wirtschaft arbeiten die Mitarbeiter vorwiegend im Team. Güter und Dienstleistungen entstehen in arbeitsteiliger Fertigung, bei der jeder seine ihm zugewiesene und geplante Aufgabe zu erfüllen hat. Die Zusammenarbeit in einem Betrieb funktioniert aber nur, wenn jeder Mitarbeiter
- neben seinen Fachkenntnissen und Fertigkeiten
- seinen Platz im Team einnehmen kann.

Entspricht der Mitarbeiter den Erwartungen des Teams, dann beherrscht er seine **Rolle** als „Mit"arbeiter, wenn nicht, dann kommt es zu **Rollenkonflikten.** Solche Konflikte können zwischen Mitarbeitern, aber auch gegenüber Vorgesetzten auftreten.

Schon während der Ausbildung muss die Rolle eines Auszubildenden gelernt werden: Kollegen, Vorgesetzte und Ausbilder bestimmen die Erwartungen, gleichzeitig hat aber auch der Azubi bestimmte Erwartungen an die anderen.

Erfüllen alle Mitarbeiter in einem Unternehmen wechselseitig die an sie gestellten Rollenerwartungen, dann herrscht ein gutes Betriebsklima, die Mitarbeiter sind mit ihrem Arbeitsplatz und ihrem Betrieb zufrieden. Leistungsfähigkeit und Leistungsbereitschaft können sich voll entfalten. In zeitgemäß geführten Unternehmen stellt man die Arbeitszufriedenheit durch regelmäßige Mitarbeiterbefragungen fest. Dabei zeigt sich, worauf Mitarbeiter am meisten Wert legen. Häufig werden genannt:
- leistungsgerechte Entlohnung,
- Anerkennung durch die Vorgesetzten,
- sicherer Arbeitsplatz,
- Entwicklungsmöglichkeiten am Arbeitsplatz,
- Informiertsein über Vorgänge im Betrieb.

Unterschiedliche Rollen einer Person

Lehrling — Trainerin — Freundin

Zeigen sich im Betrieb Rollenkonflikte, so sollten diese in Mitarbeitergesprächen aufgedeckt, ausgesprochen und gelöst werden. Dem Betriebsrat kommt hier eine wichtige Funktion als Vermittler zwischen den unterschiedlichen Rollenerwartungen zu. Rollenkonflikte haben häufig ihre Ursache in

- Unklarheiten über die Sicherheit des Arbeitsplatzes,
- fehlenden Entwicklungs- und Aufstiegsmöglichkeiten für die Mitarbeiter,
- familienfeindlichen Arbeits- und Schichtzeiten (bei Betrieben mit Wechselschicht),
- mangelndem Lob durch Vorgesetzte.

Ein gutes Betriebsklima steigert neben der Wirtschaftlichkeit auch das zweite große Ziel eines jeden Betriebs, die Humanisierung der Arbeit. Im Gegensatz zum früher üblichen patriarchalischen Führungsstil, der sich durch eine strenge Über- und Unterordnung auszeichnete, pflegen heute Unternehmen einen kooperativen Führungsstil, der die formellen und die informellen Beziehungen mit dem Ziel hohe Produktivität und Betriebserfolg vereint.

Formelle Beziehungen (Hierarchie)

beeinflussen zusammen mit den

informellen Beziehungen (z. B. Bekanntschaft)

das Betriebsklima

und bestimmen

- **die Rolle und**
- **das Selbstwertgefühl der Mitarbeiter**

und damit

- **Produktivität und**
- **Betriebserfolg**

Rollenerwartungen existieren aber nicht nur zwischen den Mitarbeitern eines Unternehmens, sondern auch in der Familie, in Vereinen, der Clique, in Verbänden, Gemeinden, Städten bis hinauf in die höchsten Positionen des Staates. In diesen unterschiedlichen Bereichen seinen Platz zu finden und die vielfältigen und unterschiedlichen Rollenerwartungen zu erfüllen, ist aber nur demjenigen möglich, der sich aktiv in die unterschiedlichen Gruppen einbringt und dort „eine Rolle spielen" will. Erst dann wird mit den Jahren ein Beziehungsgeflecht entstehen, das nicht nur die berufliche Karriere fördert, sondern auch zu mehr Arbeits- und Lebenszufriedenheit führt.

2.3.3 Existenzgründung – ich will selbstständig werden

Noch vor 100 Jahren reichte der erfolgreiche Abschluss einer Berufsausbildung für ein ganzes Arbeitsleben. Heute beträgt die Halbwertszeit des Wissens und Könnens oft nur noch wenige Jahre. Man muss sich laufend weiterbilden, schon um die berufliche Qualifikation zu erhalten. Es gilt: „Wer aufhört, mit dem Strom zu schwimmen, wird abgetrieben".

Mit Ihrem Berufsabschluss müssen Sie sich die Frage stellen, was Sie in Ihrem Berufsleben erreichen wollen. Je nach Eignung und Neigung bieten sich an:

- eine Tätigkeit in Ihrem erlernten Beruf,
- eine Fortbildung in Ihrem Beruf, z. B. zum Meister oder Techniker,
- ein Studium (dazu müssen Sie eventuell erst einen gehobenen Schulabschluss nachholen),
- ein Wechsel Ihres Berufs durch eine Umschulung, falls Sie den für Sie „falschen" Beruf gewählt haben oder dieser keine Entwicklungsmöglichkeiten bietet.

Wichtig

Sollten Sie aber vorhaben, sich in ihrem Beruf selbstständig zu machen, dann müssen Sie eine Reihe von persönlichen Voraussetzungen erfüllen:
- überdurchschnittliche Fachkenntnisse,
- Mut zum Risiko,
- Kenntnisse des Marktes und der Kundenwünsche,
- Fähigkeit zur Mitarbeiterführung.

Beachten Sie auch Kapitel 3.3.1 *Existenzgründung* für die rechtlichen Bedingungen der Selbstständigkeit. Auf jeden Fall sollten Sie berücksichtigen, was die Beratungsstellen der IHK und der HWK jedem raten, der sich selbstständig machen möchte. Sie müssen

- erst eine selbstständige Persönlichkeit sein, ehe Sie ein Unternehmen gründen und Mitarbeiter führen wollen,
- sich in der Gründungsphase Ihres Unternehmens auf ein wesentlich geringeres Einkommen als vorher einstellen,
- den festen Vorsatz haben, Ihre berufliche Existenz nachhaltig selbst in die Hand zu nehmen,
- Risiken wie Krankheit, Alter usw. von Anfang an ausreichend durch Versicherungen abdecken.

Es braucht viel Mut, aber auch Glück, sich erfolgreich selbstständig zu machen.

Aufgaben

Offene Fragen
Formulieren Sie Ihre Antworten in Stichpunkten und vermeiden Sie es, auf den vorhergehenden Seiten nachzusehen.

1. Nennen Sie jeweils zwei extrinsische und intrinsische Motive, die für Sie bei der Wahl Ihres Berufes persönlich wichtig sind.

2. Welchen Zweck hat eine Potenzialanalyse?

3. Stellen Sie sich je zwei Fragen zu Ihren Stärken, Schwächen, Chancen und Gefahren.

4. Nennen Sie je zwei Rollenerwartungen, die Sie in Ihrer Berufsausbildung an Ihren Ausbilder und an die Berufsschule haben.

5. Wie lassen sich Rollenkonflikte am Arbeitsplatz am nachhaltigsten lösen?

6. Welche Ansprüche haben Sie an Ihren zukünftigen Arbeitsplatz?

7. Nennen Sie drei Eigenschaften, über die Existenzgründer verfügen müssen, um erfolgreich zu sein.

Die Lösungen zum Überprüfen Ihrer Antworten finden Sie auf Seite 149.
Haben Sie alle Antworten richtig beantwortet, dann sind Sie für die Abschlussprüfung
im **Prüfungsgebiet 2.3: Berufs- und Lebensplanung** gut vorbereitet.

Beantworten Sie nun die Multiple-Choice-Fragen.

Multiple-Choice-Fragen

Kreuzen Sie die richtige Lösung an!

1. **Eine erfolgreiche Berufsausbildung**
   1. schützt vor Arbeitslosigkeit. ☐
   2. garantiert ein hohes Einkommen. ☐
   3. ist Voraussetzung für Fort- und Weiterbildung. ☐
   4. sichert den Anspruch auf Berufsunfähigkeitsrente. ☐
   5. erspart eine Umschulung. ☐

2. **In welchem Fall liegt ein extrinsisches Motiv vor?**
   1. Ansehen im Freundeskreis ☐
   2. hohe Arbeitszufriedenheit ☐
   3. erfolgreicher Ausbildungsabschluss ☐
   4. Freude am Hobby ☐
   5. Wunsch, eine Weltreise zu machen ☐

3. **Eine Potenzialanalyse**
   1. garantiert beruflichen Aufstieg. ☐
   2. gibt Auskunft über eigene Stärken und Schwächen. ☐
   3. muss von einem Psychologen durchgeführt werden. ☐
   4. lässt auf eine richtige Berufwahl schließen. ☐
   5. erlaubt persönliche Schwächen zu verdecken. ☐

4. **Welche Faktoren in der Potenzialanalyse lassen sich kaum beeinflussen?**
   1. persönliche Lebensgestaltung ☐
   2. Freundeskreis ☐
   3. Interesse an Weiterbildung ☐
   4. zukünftiger Wohnort ☐
   5. soziale Herkunft ☐

5. **Eine Führungsrolle in einer Gruppe zu spielen bedeutet**
   1. Mitglied der Gruppe zu sein. ☐
   2. die Gruppe jederzeit verlassen zu können. ☐
   3. von den Gruppenmitgliedern anerkannt zu sein. ☐
   4. die Gruppe zu majorisieren. ☐
   5. Gruppenmitglieder ausschließen zu können. ☐

6. **In welchem Fall liegt ein Rollenkonflikt vor?**
   1. Der Ausbilder rügt Unpünktlichkeit. ☐
   2. Der Vorgesetzte verweigert eine Gehaltserhöhung. ☐
   3. Die Kollegen sind betont unfreundlich zu einem Kollegen. ☐
   4. Ein Kollege erhält eine Leistungsprämie. ☐
   5. Ein Kollege kündigt. ☐

7. **In welchem Fall ist das Betriebsklima schwer gestört?**
   1. Bei Schichtbeginn herrscht immer großer Stress. ☐
   2. Die Kollegen sind alle „per Sie" untereinander. ☐
   3. Der Vorgesetzte ist des Öfteren auf Geschäftsreise. ☐
   4. Die Kollegen gehen sich in den Pausen aus dem Weg. ☐
   5. Es gibt kaum Aufstiegsmöglichkeiten im Betrieb. ☐

8. **Was bedeutet die Aussage:**
   „Der Betriebsrat kann ein guter
   Katalysator für das Betriebsklima sein"?
   Der Betriebsrat
   1 ist für das Betriebsklima
      verantwortlich. ☐
   2 hat bei Rollenkonflikten
      zu vermitteln. ☐
   3 muss immer die Position
      des Schwächeren vertreten. ☐
   4 muss regelmäßige Lohnerhöhungen
      durchsetzen können. ☐
   5 darf geplanten Entlassungen
      nie zustimmen. ☐

9. **Was trägt *nicht* zu einem guten**
   Betriebsklima bei?
   1 gegenseitige Hilfeleistung ☐
   2 Hilfestellung für neue Kollegen ☐
   3 Bereitschaft, Mehrarbeit zu leisten ☐
   4 fachliche Kritik an Kollegen ☐
   5 regelmäßige Beschwerden beim
      Vorgesetzten

   ☐

10. **Was ist für eine erfolgreiche**
    Unternehmensgründung entscheidend?
    1 Mindestalter 18 Jahre ☐
    2 Kundenwünsche kennen ☐
    3 genügend Eigenkapital ☐
    4 ausreichende Krankenversicherung ☐
    5 Kreditwürdigkeit ☐

Die Lösungen finden Sie auf Seite 149. Arbeiten Sie jetzt das
Prüfungsteilgebiet 3 Unternehmen und Verbraucher in Wirtschaft und Gesellschaft,
Teilgebiet 3.1 Unternehmensanalyse durch.

3 Unternehmen und Verbraucher in Wirtschaft und Gesellschaft

Prüfungsgebiet	Themenbereiche	Prüfungsinhalte
In der Abschlussprüfung WISO müssen Sie im Prüfungsgebiet „Unternehmen und Verbraucher in Wirtschaft und Gesellschaft" Aufgaben zu folgenden Bereichen bearbeiten:	Unternehmensanalyse	• Aufgaben, Aufbau und Ziele von Betrieben und Unternehmen • Rechtsformen von Unternehmen • wirtschaftliche Verflechtungen
	• Rolle der Verbraucher • Konsumgewohnheiten • individueller Haushaltsplan • Rechtsgeschäfte und deren Folgen	• Bedürfnisse, Bedarf und Kaufkraft • Haushaltsplan und Überschuldung • Rechtsgeschäfte, Kaufverträge, Kredite • Verbraucherschutz und -beratung
	• berufliche Entwicklung und Existenzsicherung • Konzept einer Unternehmensgründung	• Existenzgründung: individuelle, wirtschaftliche und rechtliche Aspekte • Wirtschaftsförderung
	• Deutschland in der Weltwirtschaft • weltweite Arbeitsteilung und deren Auswirkungen	• betriebliche und gesamtwirtschaftliche Arbeitsteilung • Globalisierung • Möglichkeiten und Grenzen der Marktwirtschaft

3.1 Unternehmensanalyse – Was läuft wie und wo?

Die Vielfalt der Unternehmen und Betriebe einer Volkswirtschaft ist auf den ersten Blick sehr komplex. Verschiedene **Ordnungsmerkmale** erleichtern den Überblick über Art, Aufbau, Ziele und die Stellung von Unternehmen bzw. Betrieben in einer Volkswirtschaft. Man kann sie betrachten nach:

- **Produktionsfaktoren:** Welche werden gebraucht (siehe Seite 87)?
- **Produktionsformen:** Wie und was wird produziert (siehe Seite 86)?
- **Unternehmenszweck:** Was ist das Ziel des Unternehmens?
- **Organisationsstruktur:** Wie ist ein Unternehmen gegliedert?
- **betrieblichen Kenngrößen:** Rentiert sich das Unternehmen überhaupt?
- **Unternehmensformen:** Wer ist Eigentümer?
- **Unternehmensverflechtungen:** Wer gehört zu wem?

3.1.1 Aufgaben von Unternehmen: Etwas auf dem Markt „unternehmen"

Jedes Unternehmen, ob es nur aus einem oder aus mehreren Betrieben (= Produktionsstätten) besteht, hat eine Aufgabe in der Volkswirtschaft. Es bietet den Menschen Arbeitsplätze und damit Lohn, produziert

Güter und Dienstleistungen und bietet diese auf dem **Markt** an. Arbeitet ein Unternehmen aber nicht wirtschaftlich, dann ist es nicht konkurrenzfähig und die Marktregeln sorgen dafür, dass es wieder vom Markt verschwindet.

In Deutschland befinden sich die meisten Unternehmen in Privatbesitz und sind in der zu ihrer jeweiligen Größe passenden Rechtsform organisiert (siehe Kapitel 3.1.2 *Rechtsformen von Unternehmen,* Seite 89). Ergänzt werden die privaten Betriebe durch Unternehmen der öffentlichen Hand und durch öffentlich-rechtliche Anstalten.

Unternehmen der öffentlichen Hand	öffentlich-rechtliche Anstalten
• sind in staatlichem oder kommunalem Besitz, • haben oft eine Monopolstellung, • decken Gemeinbedarf, • müssen nicht kostendeckend arbeiten.	• nehmen Aufgaben im gesetzlichen Auftrag wahr, • haben in ihrem Bereich eine Monopolstellung, • der Gesetzgeber gibt ihnen Pflichtleistungen vor, • verwalten sich selbst durch gewählte oder von den Parlamenten entsandte Aufsichtsgremien.
z. B. kommunale Trinkwasserversorgung	z. B. Norddeutscher Rundfunk, Bundesagentur für Arbeit.

Unternehmerische Grundsätze

Bei der Produktion von Gütern und Dienstleistungen muss Folgendes grundsätzlich beachtet werden:

- Alle wirtschaftlichen Güter sind knapp und stehen nur begrenzt zur Verfügung. Das zwingt zum *wirtschaftlichen* Handeln!
- Der Gewinn wird umso größer, je besser die Produktionsanlagen ausgelastet sind und je niedriger die Kosten gehalten werden können. Ein Unternehmen, das Gewinn erzielt, schreibt *schwarze Zahlen;* bei Verlust spricht man von *roten Zahlen.*
- Der zunehmende Kostendruck zwingt die Unternehmen zum Einsatz von Maschinen, zur Beschäftigung angelernter Mitarbeiter und in der Folge zur Arbeitsteilung – d. h., ein Facharbeiter stellt nicht das vollständige Erzeugnis her, sondern verrichtet oft nur einen Arbeitsgang an einem Einzelteil.
- Der Einsatz von Mitarbeitern, Betriebsmitteln, Werkzeugen und Werkstoffen muss rationell sein, damit sich ein günstiges Verhältnis von Aufwand und Ertrag ergibt. Dies kann nur durch Planung erreicht werden.
- In einem Unternehmen wird geplant und gesteuert, z. B. durch das **Controlling:**
  - Art und Kosten der Produkte,
  - Zahl und Qualifikation der Mitarbeiter,
  - geeignete Fertigungsverfahren,
  - Belegung der Betriebsmittel,
  - notwendiger Bedarf an Energie, Material, Löhnen usw.

Güter und Dienstleistungen – Was wird produziert?

Diejenigen Güter, die in der Produktion verwendet und verarbeitet werden, sind nicht gleichrangig.

Von zentraler Bedeutung für die gesamte Wirtschaft sind Unternehmen der sogenannten **Schlüsselindustrie.** Von ihnen hängen viele andere Betriebe ab. In Deutschland ist z. B. die Pkw-Produktion eine Schlüsselindustrie, da von ihr viele Zulieferbetriebe, aber auch die Mineralölindustrie sowie Straßenbauunternehmen abhängig sind.

Man unterscheidet ferner:

- **Grundstoffindustrie:** Diese Betriebe verarbeiten Rohstoffe, z. B. Stahlwerke, Zementfabriken.
- **Schwerindustrie:** Betriebe der Eisen- und Stahlgewinnung.
- **Dienstleister:** Sie stellen keine Güter her, sondern bieten Dienstleistungen an, z. B. Friseure; in diesem Bereich sind zurzeit mehr als 50 % der Arbeitnehmer in Deutschland tätig.

Je nach Zugehörigkeit zur jeweiligen Kammer (Pflichtmitgliedschaft! Siehe Seite 32) und Art der Fertigung unterscheidet man:

Handwerksbetriebe	Industriebetriebe
Merkmale: • Kundennähe • lohnintensive Produktion • oft Einzelfertigung • rasche Anpassung der Fertigung an Kundenwünsche möglich • meist geringer Verwaltungsaufwand	Merkmale: • oft fern vom Verbraucher • meist kapitalintensive Produktion • arbeitsteilige Serien- und Massenfertigung • Umstellung der Produktion bei Veränderungen am Markt durch die Größe oft schwierig • oft hoher Verwaltungsaufwand
Beispiele: Metallbaubetrieb, Friseur, Fliesenleger, Installateur	Beispiele: Kraftwerk, Pkw-Hersteller, Erdölraffinerie

Bei den Gütern unterscheidet man:

Freie Güter haben keinen Marktpreis, sind ausreichend vorhanden und kosten nichts, z. B. Luft.

Wirtschaftsgüter für private Haushalte werden auf dem Markt gehandelt, sind oft knapp, Angebot und Nachfrage bestimmen ihren Preis. Wirtschaftsgüter können sein

Investitionsgüter für Betriebe; Betriebe verwenden Investitionsgüter, um damit wieder Güter und Dienstleistungen herzustellen. Man unterscheidet

Sachgüter, die je nach der weiteren Verwendung unterschieden werden in:

Dienstleistungen, z. B. Vertrieb, Gebäudereinigung usw.

Gebrauchsgüter, z. B. Möbel

Verbrauchsgüter, z. B. Wurst, Käse

Verbrauchsgüter, z. B. Bleche

Gebrauchsgüter, z. B. Maschinen

Aufbau von Unternehmen und Betrieben – Wie wird produziert?

Jeder Betrieb lässt sich grob in drei Aufgabenbereiche gliedern:

Beschaffung	Produktion	Absatz
Kostengünstiger Einkauf der Gebrauchsgüter: z. B. Maschinen Verbrauchsgüter: z. B. Bleche für die Pkw-Fertigung	Rationelle Fertigung bei geringen Kosten sowie die sie vorbereitende Konstruktion, Fertigungsplanung, Qualitätsmanagement	Reagieren auf Kundenwünsche, Erzielen hoher Verkaufserlöse
z. B. Einkauf, Lager, Rechnungsprüfung	z. B. Teilefertigung, innerbetriebliche Logistik, Montage	z. B. Vertrieb, Service, Nachkalkulation, After-Sales-Service
Materialkosten	Fertigungskosten	Vertriebskosten

Herstellkosten

Betrachtet man die Produktionsmenge, so lassen sich unterscheiden:

Einzelfertigung	Serienfertigung	Massenfertigung
Ein Mitarbeiter fertigt das Erzeugnis überwiegend selbst, vom Halbzeug bis zum Fertigprodukt, oft in „handwerklicher" Art und Weise, ohne Arbeitsteilung.	Viele Erzeugnisse werden mit geringen Variationen in Arbeitsteilung hergestellt. Ein Mitarbeiter führt oft nur einen Arbeitsgang an einem Einzelteil aus.	Eine unendlich große Stückzahl von immer gleichen Teilen wird meist auf Automaten oder CNC-gesteuerten Maschinen gefertigt.
Z. B. Werkzeugmechaniker stellt Spannvorrichtung her (Stückzahl: eins)	Z. B. Herstellen von Serienteilen für die Pkw-Production (Stückzahl = Größe der Serie)	Z. B. Schrauben, Normteile, Pkw-Teile wie Luftfilter (Stückzahl: unendlich)

Betrachtet man den Ablauf der Fertigung, so lassen sich unterscheiden:

Verrichtungs-prinzip	Reihen-fertigung	Fließ-fertigung	Verfahrens-technische Fertigung	Baustellen-fertigung
Gleichartige Arbeitsplätze (Verrichtungen) werden an einer Stelle oder Abteilung zusammengefasst; z. B. alle Drehmaschinen.	Die Maschinen werden in der prozessbedingten Fertigungsreihenfolge hintereinander aufgestellt.	Die Maschinen werden in der prozessbedingten Fertigungsreihenfolge hintereinander aufgestellt und starr miteinander verkettet.	Die Fertigung läuft weitgehend selbsttätig ab. Es findet keine Bearbeitung im eigentlichen Sinn statt, sondern automatisierte Verarbeitung/Gewinnung.	Alle zur Fertigung notwendigen Betriebs-mittel, Mitarbeiter und Materialien müssen zum Arbeitsplatz hin- und zurückgebracht werden.
Die Erzeugnisse werden zur Bearbeitung von einer „Abteilung" zur nächsten transportiert.	Die Erzeugnisse werden zur Bearbeitung an die nächste Maschine weiter-gegeben.	Die Erzeugnisse gelangen selbsttätig zur nächsten Bearbeitungsstation.	Der Prozess verläuft in Steuer- bzw. Regelkreisen.	Das Erzeugnis entsteht in Einzelfertigung an wechselnden Orten.
Z. B. Dreherei, Wärmebehandlung	Z. B. Bestückung von Leiterplatten in Reihe	Z. B. Fließbandmontage von Pkws	Z. B. Herstellung von Mineralölprodukten in einer Raffinerie	Z. B. Bau eines Einfamilien-hauses, Straßenbau

Mit der Struktur und den Abläufen in Betrieben befasst sich die **Betriebsorganisation.** Ziele der Betriebsorganisation sind:
- die zweckmäßige Regelung aller betrieblichen Arbeitsabläufe,
- ein System der eindeutigen Weisungsbefugnis,
- eine reibungslose und kostengünstige Fertigung.

Betrachtet man die Abläufe im Unternehmen, so lässt sich feststellen:

früher wurde unterschieden nach	
Aufbauorganisation (Hierarchie)	**Ablauforganisation**
• Leitungssystem • Abteilungsgliederung • Entscheidungssysteme	• Materialfluss • Informationsfluss • Auftragsdurchlauf

Heutzutage betrachtet man die Fertigung prozessorientiert und unterscheidet:		
Führungs-prozesse	**Kern-prozesse**	**Unterstützungs-prozesse**
z. B. Managen, Koordinieren, Controlling	z. B. Pkw entwerfen und montieren	z. B. Prozesse planen, Material bestellen

Betriebliche Kenngrößen – Rentiert sich das Ganze überhaupt?

Kennzeichen des kostenbewussten Wirtschaftens ist der planvolle Einsatz und die zweckmäßige Kombination der drei Produktionsfaktoren Arbeit, Kapital und Rohstoffe.
Der Unternehmenserfolg lässt sich dann mit den folgenden Kenngrößen messen:
- **Produktivität,**
- **Wirtschaftlichkeit,**
- **Rentabilität.**

Diese drei Kenngrößen dienen auch dazu, Betriebe miteinander zu vergleichen und die Entwicklung eines Betriebs über einen längeren Zeitraum zu beobachten. Diesen Betriebsvergleich nennt man auch **Benchmarking** (bench: Werkbank; mark: ein Zeichen setzen). Über das Benchmarking wird versucht, einen Prozess der ständigen Verbesserung in Gang zu halten. Jeder Mitarbeiter ist aufgefordert, sich in den kontinuierlichen Verbesserungsprozess (KVP) seines Betriebs einzubringen.

- Die Stabsabteilung **Controlling** kümmert sich um diesen Bereich und steuert ihn mit Kennzahlen.

- Die Stabsabteilung **Qualitätsmanagement** schafft durch Beschreibung aller Verfahren und Arbeitsabläufe die Voraussetzung für eine kostengünstige Fertigung.
- Die **Linienstellen** ordnen die Fertigung an und führen sie aus.

Produktivität

$$\text{Produktivität} = \frac{\text{Betriebsergebnis}}{\text{Arbeitseinsatz}}$$

Betrieb A fertigt mit 20.000 Mitarbeitern 700 Mittelklasse-Pkws/Tag.

$$P_A = \frac{700 \text{ Pkws}}{8000 \text{ MA}}$$

$$P_A = \frac{0,0035 \text{ Pkw}}{\text{MA}}$$

oder: Für die Fertigung von 1 Pkw braucht man 28,57 Mitarbeiter.

Betrieb B fertigt mit 8.000 Mitarbeitern 300 Mittelklasse-Pkws/Tag.

$$P_B = \frac{300 \text{ Pkws}}{8000 \text{ MA}}$$

$$P_B = \frac{0,0375 \text{ Pkw}}{\text{MA}}$$

oder: Für die Fertigung von 1 Pkw braucht man 26,66 Mitarbeiter.

Betrieb B hat eine höhere Produktivität; Voraussetzung für diese Beurteilung: Die beiden Pkw-Typen sind vergleichbar in Größe, Ausstattung usw.

Die Produktivität ist die wichtigste Kenngröße im Betrieb. Sie vergleicht die erzeugte Menge und den dafür notwendigen Einsatz. So steigt z. B. die Produktivität, wenn durch Rationalisierung an der gleichen Maschine nicht mehr 100 Teile pro Tag, sondern 125 Teile pro Tag gefertigt werden. Die Steigerung der Produktivität wird meist in Prozent angegeben.

Produktivitätssteigerung 3%:

Das Betriebsergebnis ist bei gleichem Arbeitseinsatz um 3 % gestiegen bzw. mit der gleichen Zahl an Mitarbeitern und den gleichen Maschinen wurden z. B. 3 % mehr Pkws pro Tag produziert.

Ursache:

Es wurden z. B. die Liegezeiten vor den einzelnen Bearbeitungsstationen vermindert.

Die Produktivität lässt sich steigern durch:

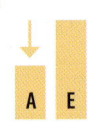

	Maximierungs-prinzip	Minimierungs-prinzip
	möglichst großes Betriebsergebnis **E** bei konstantem Aufwand **A**	möglichst geringer Aufwand **A** bei konstantem Betriebsergebnis **E**

Merke:

Lohnerhöhungen sind nur bei steigender Produktivität möglich, **außer** der Anteil der Arbeitgeber am Bruttoinlandsprodukt (BIP) verringert sich zugunsten der Arbeitnehmer.

Wirtschaftlichkeit

$$\text{Wirtschaftlichkeit} = \frac{\text{Ertrag}}{\text{Aufwand}}$$

Beispiel: Ein Betrieb erzielt bei einem Aufwand von 25 Mio. € einen Ertrag von 27 Mio. €. Nach Rationalisierungsmaßnahmen steigt der Aufwand auf 30 Mio. €, der Ertrag auf 34 Mio. €.

Wirtschaftlichkeit W_1 **vor** Rationalisierung:

W_1 = 27 Mio. € / 25 Mio. €
W_1 = **1,08**

Wirtschaftlichkeit W2 **nach** Rationalisierung:

W_2 = 34 Mio. € / 30 Mio. €
W_2 = **1,13**

Merke:

Die Wirtschaftlichkeit eines Betriebs muss immer größer als 1 sein, d. h., die Verkaufserlöse (Ertrag) müssen die Kosten (Aufwand) übersteigen, sonst schreibt der Betrieb **rote Zahlen.** Wurde wirtschaftlich gearbeitet, hat der Betrieb Gewinn erzielt. Dieser dient wiederum dazu, die Produktionsanlagen zu verbessern, zu rationalisieren, d. h. die Fertigung vernünftiger zu gestalten. Ist die Wirtschaftlichkeitskennzahl größer als 1, dann wurde neues Kapital gebildet, das für Investitionen verwendet werden kann.

Rentabilität

$$\text{Rentabilität} = \frac{\text{Gewinn} \cdot 100}{\text{Kapital}}$$

Beispiel: Ein Betrieb erzielt bei einem Aufwand von 25 Mio. € einen Ertrag von 27 Mio. €. Das eingesetzte Gesamtkapital beträgt 15 Mio. €.
Nach Rationalisierungsmaßnahmen steigt der Aufwand auf 30 Mio. €, der Ertrag auf 34 Mio. €. Das eingesetzte Gesamtkapital beträgt nun 16 Mio. €.

Rentabilität R_1 **vor** Rationalisierung:
Gewinn G_1 = 27 − 25 = 2 Mio. €

$$R_1 = \frac{2 \text{ Mio € } \cdot 100}{15 \text{ Mio €}}$$

R_1 = **13,3 %**

Rentabilität R_2 **nach** Rationalisierung:
Gewinn G_2 = 34 − 30 = 4 Mio. €

$$R_2 = \frac{4 \text{ Mio € } \cdot 100}{16 \text{ Mio €}}$$

R_2 = **25 %**

Die **Rentabilität** wird manchmal auch als **Zins** oder **Rendite** bezeichnet. Eine Voraussetzung dafür, dass die Rendite positiv ausfällt, ist ein Gewinn. Betriebe, die keinen Gewinn erzielen, verschwinden vom Markt, sie können kein neues Kapital bilden und deshalb keine Neuinvestitionen mehr tätigen.

Merke:

Die Rentabilität eines Unternehmens hängt von vielen Faktoren ab – nie jedoch von der Größe oder der Unternehmensform.

Wichtig

Gewinn ist der „Zins" für das eingesetzte Kapital sowie eine „Entschädigung" für das Unternehmerrisiko.
Außerdem müssen vom Gewinn auch die Fremdkapitalzinsen bezahlt werden.

Alle unternehmerischen Entscheidungen in Privatbetrieben müssen sich am Markt orientieren. Ein Unternehmen muss sich auf dem Markt dem Wettbewerb mit anderen Unternehmen stellen – Angebot und Nachfrage bestimmen den Preis. Ist das Unternehmen nicht mehr konkurrenzfähig, so bieten sich folgende Alternativen an:

- **Kooperation:** mit ähnlichen Unternehmen in einer Interessengemeinschaft zusammenarbeiten (siehe Seite 92).
- **Global Sourcing:** Einschränkung der Teilefertigung und Bezug derselben von Zulieferfirmen weltweit (siehe Seite 117).
- **Outsourcing:** Auslagern der Fertigung, meist ins kostengünstige Ausland.

Einen guten Überblick über die wirtschaftliche Lage eines Unternehmens liefern die **Bilanz** und die **Gewinn- und Verlustrechnung.** Sie werden jährlich am Schluss des Geschäftsjahres erstellt und dienen zur Beurteilung der Unternehmensentwicklung und des Erfolgs.

Bilanz gibt Auskunft über	
Aktiva: vorhandene Vermögenswerte	**Passiva:** Finanzierung der Vermögenswerte

Gewinn- und Verlustrechnung gibt Auskunft über	
Aufwand, Gewinn	Erträge

3.1.2 Rechtsformen von Unternehmen – Wem gehört was?

Die Unternehmensform gibt Auskunft über die Rechtsform des Unternehmens:
- Wer ist Eigentümer und haftet?
- Wie wird das Unternehmen besteuert?

Die Unternehmensform muss am Firmennamen erkennbar sein. Es wird unterschieden zwischen

Unternehmen (Rechtsform)	Betrieb (Stelle der Fertigung)	Firma (Name des Unternehmens)
z. B. BMW AG	z. B. Werk Dingolfing	z. B. „BMW"

Die Wahl einer bestimmten Unternehmensform hängt ab von
- der Art des Unternehmens und
- den Eigentumsverhältnissen.

In großen Unternehmen mit Umsätzen von vielen Millionen Euro kann das notwendige Betriebskapital nicht mehr von wenigen Privatpersonen aufgebracht werden. Das Unternehmen wird in eine Aktiengesellschaft umgewandelt und besorgt sich sein Kapital durch die Ausgabe von Aktien (= Anteilschein am Unternehmen) an der Börse.

Nach den Eigentumsverhältnissen wird unterschieden in:

Unternehmensformen						
Einzel-unternehmen	**Gesellschaften (mehrere Personen gründen und besitzen ein Unternehmen)**					
	Personengesellschaften			**Kapitalgesellschaften**		**Sonderformen**
eine Person gründet und besitzt ein Unternehmen	**OHG** (Offene Handelsgesellschaft)	**GbR** (Gesellschaft bürgerlichen Rechts)	**KG** (Kommanditgesellschaft)	**GmbH** (Gesellschaft mit beschränkter Haftung)	**AG** (Aktiengesellschaft)	z. B. **eG** (eingetragene Genossenschaft)
z. B. Hans Huber, Landesprodukte	z. B. Huber OHG	z. B. Sächsische Landesprodukte GbR	z. B. Huber KG, Landesprodukte	z. B. Sächsische Landesprodukte GmbH	z. B. Sächsische Landesprodukte AG	z. B. Landesproduktehandel eG Niederlausitz

Bei dem für den Firmensitz zuständigen Amtsgericht sind Unternehmensverzeichnisse, Register genannt, angelegt, die jedermann einsehen kann und die Auskunft geben über

- haftendes Kapital,
- Personen, die das Unternehmen leiten,
- Zweck des Unternehmens.

Dabei gilt:

- Personen- und Kapitalgesellschaften **müssen** in das Handelsregister eingetragen werden,
- Einzelunternehmen **können** sich in das Handelsregister eintragen lassen,
- Genossenschaften **müssen** in das Genossenschaftsregister eingetragen werden,
- Vereine **können** sich in das Vereinsregister eintragen lassen; sie führen dann den Zusatz e. V. (= eingetragener Verein).

Einzelunternehmen

Inhaber ist **eine** einzige Person; sie ist Eigentümer, Kapitalgeber und oft auch Betriebsleiter in einer Person.

Vorteile	
schnelle freie Entscheidungen möglich	Anspruch auf ungeteilten Gewinn
Nachteile	

alleiniges Risiko	haftet voll mit dem gesamten Firmen- **und** Privatvermögen	muss das notwendige Kapital alleine aufbringen, ist bei Banken oft nur mit Sicherheiten kreditwürdig	Synergieeffekte und Geschäftsimpulse durch weitere Inhaber fehlen

Der Einzelunternehmer kann einen Geschäftsführer oder Prokuristen einsetzen. Der überwiegende Teil der kleinen Handwerks-, Handels- und Dienstleistungsbetriebe wird als Einzelunternehmen geführt. Der Gewinn unterliegt der Einkommensteuer.
Beispiel: Hans Müller, Bau- und Möbelschreinerei (Vor- und Zuname, Gewerbeangabe möglich).

Gesellschaften:
Personen- und Kapitalgesellschaften

Nicht eine einzelne Person ist Inhaber des Unternehmens, sondern mehrere Personen teilen sich Besitz und Haftung. Dabei werden Personengesellschaften und Kapitalgesellschaften unterschieden.

Personengesellschaften: OHG, GbR, KG, GmbH & Co. KG

Hier ist das Geschäftsrisiko auf mehrere Personen aufgeteilt, es ist für das Unternehmen leichter, Kapital zu beschaffen – allerdings muss der Gewinn auf die Kapitalgeber im Verhältnis ihrer Anteile aufgeteilt werden.

- **Offene Handelsgesellschaft (OHG)**
  Mindestens zwei Gesellschafter sind Inhaber des Unternehmens. Jedem steht das Unternehmen „offen", jeder haftet voll mit seinem Firmen- und Privatvermögen, auch für den anderen, und hat die gleichen Rechte und Pflichten. Der Gewinn oder Verlust wird im Verhältnis der Gesellschaftsanteile geteilt und unterliegt der Einkommensteuer. Die Gesellschafter sind meist selbst im Unternehmen tätig. Diese Unternehmensform findet sich häufig bei Familienbetrieben in Handwerk und Handel. Die Gesellschafter sind einkommensteuerpflichtig.
  Beispiele: Müller, Meier, Schuster oder Müller OHG (alle Inhaber mit Zuname oder ein Gesellschafter + OHG).

- **Gesellschaft bürgerlichen Rechts (GbR)**
  Mindestens zwei Gesellschafter sind Inhaber des Unternehmens. Sie schließen einen jederzeit kündbaren Vertrag und leisten Anteile zur Geschäftsgründung. Ein Gewinn oder Verlust wird im Verhältnis der Geschäftsanteile aufgeteilt und ist einkommensteuerpflichtig. Jeder haftet voll mit seinem Geschäfts- und Privatvermögen.
  Beispiel: Milchverwertung GbR (Geschäftstätigkeit + GbR, Namen der Inhaber müssen nicht im Firmennamen erscheinen).

- **Kommanditgesellschaft (KG)**
  Inhaber des Unternehmens sind ein **Komplementär** (Vollhafter) und mindestens ein **Kommanditist** (Teilhafter).
  Der Komplementär haftet mit seinem Firmen- und Privatvermögen, die Kommanditisten oder Kapitalgeber haften nur mit ihrer Einlage. Geschäftsführer ist meist der Komplementär. Komplementär und Kommanditist(en) sind einkommensteuerpflichtig. Häufig tritt diese Unternehmensform bei kleinen Industriebetrieben mit mittlerem Kapitalbedarf auf. Eine KGaA (Kommanditgesellschaft auf Aktien), die mehr als 500 Arbeitnehmer beschäftigt, muss einen Aufsichtsrat als Kontrollorgan der Geschäftsleitung besitzen.
  Beispiel: Müller KG (Name des Komplementärs + KG + eventuell Geschäftstätigkeit).

Kapitalgesellschaften: GmbH und AG

Das Unternehmen ist eine sogenannte **juristische Person.** Die Gesellschafter bzw. Besitzer des Unternehmens treten in den Hintergrund, alle Rechtsgeschäfte werden mit dem Unternehmen und nicht mit Personen geschlossen. Die Gesellschafter handeln nicht als Personen, sondern durch ihre Organe. Die Haftung beschränkt sich auf das Gesellschaftsvermögen. Kapitalgesellschaften sind körperschaftssteuerpflichtig.

* **Gesellschaft mit beschränkter Haftung (GmbH)**
Inhaber des Unternehmens ist mindestens ein Gesellschafter. Jeder Gesellschafter muss mindestens 1000 € Einlage leisten. Das Stammkapital oder Mindestkapital einer GmbH beträgt 25.000 € und muss jederzeit verfügbar sein. Die Haftung ist auf das Stammkapital beschränkt. Sind mehrere Gesellschafter vorhanden, so wird auch der Gewinn anteilig nach der Einlage verteilt. Ein oder mehrere Gesellschafter arbeiten als Geschäftsführer. Diese Unternehmensform findet sich häufig bei Unternehmen mit großem Kapitalbedarf und dann, wenn der Kreis der Kapitalgeber nicht anonym – wie im Falle einer Aktiengesellschaft – sein soll. Eine GmbH mit mehr als 500 Mitarbeitern muss laut Drittelbeteiligungsgesetz (DrittelbG) einen Aufsichtsrat haben, durch den die Beschäftigten Mitbestimmungsrechte wahrnehmen können.
Beispiele: Müller GmbH, Norddeutsche Hausbau GmbH (Name + GmbH oder Geschäftstätigkeit + GmbH).

* **GmbH & Co. KG (Sonderform)**
Sie ist eine Kombination von Personengesellschaft und kleiner Kapitalgesellschaft. Komplementär ist eine GmbH, die Kommanditisten sind Gesellschafter der GmbH. Die Haftung ist auf das Grundkapital der GmbH beschränkt. Die Gesellschaft ist eine juristische Person und körperschaftssteuerpflichtig.
Beispiel: Lippische Energieversorgung GmbH & Co. KG (Geschäftstätigkeit + GmbH & Co. KG).

* **Aktiengesellschaft (AG)**
Eigentümer des Unternehmens sind die Aktionäre im Verhältnis ihrer Anteilscheine (Aktien) am Grundkapital, das mindestens 50.000 € betragen muss. Kaufen die Aktionäre neue Aktien, fließt der Gesellschaft Kapital zu.
Die Stückelung der Aktien beträgt 5 €, 50 €, 100 € oder ein Vielfaches davon. Aktien werden an der Börse gehandelt, ihr Kurswert spiegelt den Unternehmenserfolg und die Erwartungen der Aktio-

näre an die Gesellschaft wider. Diese Unternehmensform findet sich häufig bei Unternehmen mit sehr großem Kapitalbedarf. Dieser wird durch Ausgabe *junger Aktien* an der Börse beschafft. Aktionäre haften nur mit ihrem Aktienanteil.

Ein Aktionär hat folgende Rechte:
* Teilnahme- und Rederecht in der Hauptversammlung,
* Stimmrecht in der Hauptversammlung nach Anzahl seiner Aktien,
* Anspruch auf Dividende (Gewinnausschüttung), sofern Gewinn erzielt wird,
* Recht auf Bezug neuer Aktien bei Kapitalerhöhungen.

Eine Aktie repräsentiert einen Anteil am Produktivvermögen, d. h., nicht die Rendite, sondern der Vermögensanteil, seine Wertbeständigkeit und seine Sicherheit stehen für den Aktionär oft im Vordergrund.

Beispiel: Rendite einer Aktie:
Gegeben: Nennwert 50 €,
Kurswert 150 €,
Dividende 10 %

10 % Dividende von 50 € Nennwert = 5 € = **Ertrag**
5 € von 150 € = 3,33 % = **Rendite**

Organe der Aktiengesellschaft sind:

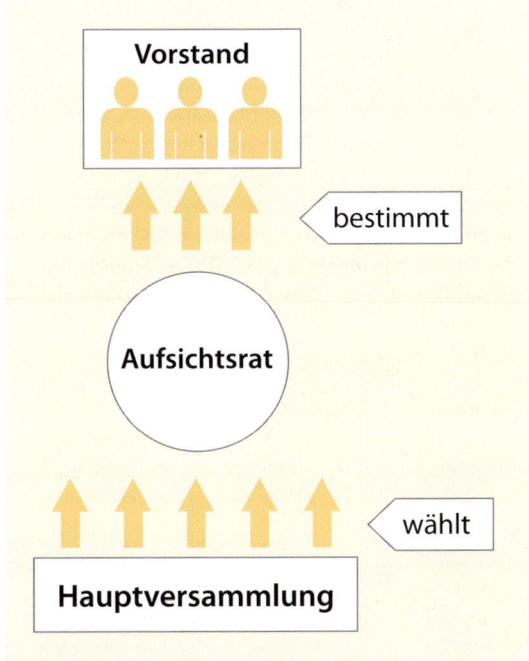

Vorstand bzw. Unternehmens-leitung (geschäfts-führendes Organ)	Aufsichtsrat (überwachendes Organ)	Haupt-versammlung (beschlussfassendes Organ)
• wird vom Aufsichts-rat auf höchstens 5 Jahre gewählt (Wiederwahl ist zulässig), • führt die Geschäfte, • vertritt das Unter-nehmen gegenüber der Öffentlichkeit, • hat keine Arbeit-nehmerrechte, obwohl er vom Aufsichtsrat bestimmt wird. Der Vorstand kann deshalb jederzeit entlassen werden, z. B. dann, wenn er das Unterneh-men „in rote Zahlen" steuert.	• überwacht und bestellt den Vorstand, • überprüft den Geschäftsbericht, • „haftet" ideell gegenüber den Aktionären für eine ordentliche Geschäftsführung durch den Vorstand, • Aufsichtsrats-gremien umfassen 3 – 21 Mitglieder und erhalten für ihre Tätigkeit Tantiemen.	• Versammlung der Aktionäre, • tagt mindestens einmal im Jahr, • wählt den Aufsichts-rat und entlastet den Vorstand. Jeder Aktionär, der mindestens eine Aktie besitzt, kann an der Hauptversammlung teilnehmen. Ein Aktionär hat so viele Stimmen, wie er Aktien besitzt. Meist lassen sich Aktionäre von der Bank ver-treten, bei der sie ihre Aktien deponiert haben. Diese übt dann das sogenannte Depotstimmrecht aus.

Genossenschaften (eG)

Genossenschaften sind Unternehmen, die nicht unbe-dingt Gewinn erzielen wollen, sondern den besonde-ren Zielen der Genossen (Anteilseigner) dienen, z. B. Bau preisgünstiger Wohnungen, Vermarktung ihrer Erzeugnisse.

Mindestens sieben Genossen müssen je einen Ge-schäftsanteil zeichnen. Eine Genossenschaft, die im Genossenschaftsregister eingetragen ist, bezeichnet sich als eingetragene Genossenschaft (e G).

Man unterscheidet zwischen:

Genossenschaften mit *unbeschränkter* Haftung (eGmuH)	Genossenschaften mit *beschränkter* Haftung (eGmbH)

Organe der Genossenschaft sind		
Vorstand	Aufsichtsrat	General-versammlung
(Vertretung der Genossenschaft nach außen)	(Kontrollorgan für den Vorstand)	(Versammlung der Anteilseigner)
mindestens 2 Genossen, gewählt von der General-versammlung	mindestens 3 Genossen, gewählt von der General-versammlung	jeder Genosse hat **eine** Stimme, unabhängig von der Anzahl seiner Gesellschaftsanteile

3.1.3 Wirtschaftliche Verflechtungen – Wirtschaftsmacht durch Größe

Private Unternehmen und Unternehmen der öffent-lichen Hand sind auf vielfältige Weise miteinander verflochten:

• im Markt durch die Prozessketten: Zulieferer – Fertigungsbetrieb – Groß- und Einzel-handel – Kunde(n),
• mit anderen Unternehmen durch lockere bis enge Zusammenschlüsse.

Unternehmenszusammenschlüsse sind lockere bis enge wirtschaftliche Verflechtungen. Folgende Zu-sammenschlüsse werden unterschieden:

ohne Kapitalbeteiligung	*mit* Kapitalbeteiligung
• Interessengemeinschaften (IG) • Arbeitsgemeinschaften (Arge) • Kartelle	• Holdings • Konzerne • Fusionen

Unternehmenszusammenschlüsse werden von den einzelnen Landeskartellbehörden, vom Bundeskartell-amt in Berlin und vom Bundeswirtschaftsministerium überwacht und sind in der Regel genehmigungs-pflichtig.

Unternehmen ohne Kapitalbeteiligung
• **Interessengemeinschaften (IG)**
Unternehmen mit ähnlichem Produktionspro-gramm können ihre Kosten senken, wenn sie in bestimmten Bereichen kooperieren (zusammen-arbeiten), z. B. in Forschung und Entwicklung, Vertrieb, Werbung und Marketing, über Abstim-mung des Fertigungsprogramms. Die Unterneh-men einer IG bleiben rechtlich selbstständig.

• **Arbeitsgemeinschaften (Arge)**
Große Projekte wie der Bau einer U-Bahn lassen sich selten von einem Unternehmen alleine bewäl-tigen. Dazu gehen Betriebe der gleichen Branche, begrenzt auf die Bauzeit, eine Verbindung ein, die sich aber nur auf das konkrete Projekt bezieht. Die Unternehmen einer Arge bleiben rechtlich selbstständig.

• **Kartelle**
Treffen zwei oder mehrere marktbeherrschende Unternehmen Absprachen oder Verträge über Preise, Mengen oder Liefergebiete, so spricht man von einem **Kartell**. Ein Kartell kann vom Bundes-kartellamt untersagt werden, wenn es eine markt-

beherrschende Stellung zum Schaden des Verbrauchers hat. Der Bundesminister für Wirtschaft kann dagegen Kartelle genehmigen, wenn dies im gesamtwirtschaftlichen Interesse ist.

Kartelle stören auf jeden Fall den Wettbewerb.

Bei verbotenen Kartellen kann das Bundeskartellamt als Aufsichtsbehörde Geldbußen verhängen.

Unternehmen mit Kapitalbeteiligung

- **Konzerne**
  Das sind Zusammenschlüsse von rechtlich selbstständigen Unternehmen zu wirtschaftlichen Einheiten auf nationaler oder multinationaler Ebene. Dabei ist zu unterscheiden zwischen:

vertikaler Konzentration	horizontaler Konzentration	diagonaler Konzentration
Alles in einer Hand vom Urprodukt bis zum Fertigprodukt,	Herstellung und Vertrieb einer ganzen Erzeugnisgruppe,	Viele Unternehmen verschiedener Wirtschaftszweige schließen sich zusammen,
z. B. von der Kohleförderung bis zur Energieerzeugung in Kraftwerken und der Energieverteilung.	z. B. Elektromotore, Reaktoren, Küchengeräte.	z. B. Brauereien, Reedereien, Lebensmittelindustrie.

Je nach dem Grad der Verschmelzung wird unterschieden zwischen:

Holding	Konzern	Fusion
Dachgesellschaft, bei der die Zentrale Einfluss auf die Einzelunternehmen nimmt,	Mehrere rechtlich selbstständige (Tochter-) Unternehmen werden unter einer einheitlichen Geschäftsführung, der Muttergesellschaft, zusammengefasst,	Die Verschmelzung von rechtlich selbstständigen Unternehmen zu einer neuen Einheit unter Verlust der Selbstständigkeit. Diese neue Einheit wird auch als **Trust** bezeichnet,
z. B. Lebensmitteldiscounter EDEKA mit seinen Filialen.	z. B. Siemens AG und Kraftwerksunion (KWU) innerhalb der Siemens AG.	z. B. Mannesmann AG und Vodaphone zur Vodafon AG.

Konzernbildungen und Fusionen werden aufgrund des **Gesetzes gegen Wettbewerbsbeschränkungen** (GWB bzw. „Kartellgesetz") und des **Gesetzes gegen den unlauteren Wettbewerb** dann untersagt, wenn daraus **Oligopole** oder **Monopole** werden könnten, die dann den freien Wettbewerb stören.

Monopole entstehen dann, wenn am Markt **nur ein Anbieter** *oder* **ein Nachfrager** auftritt.	**Oligopole** entstehen dann, wenn am Markt **wenige Anbieter** *oder* **wenige Nachfrager** auftreten.
Beispiel: Energieversorgungsunternehmen sind in einer Region oft Angebotsmonopolisten; industrielle Lebensmittelverarbeiter, wie Zuckerfabriken, sind für Landwirte oft Nachfragemonopolisten.	**Beispiel:** Große Pkw-Hersteller wirken gegenüber ihren Zulieferbetrieben oft als Nachfrageoligopole.

Ideal für alle wären **Polypole** auf allen Märkten. Dabei stehen viele Anbieter vielen Kunden gegenüber – es herrscht Konkurrenz, die sich günstig auf die Vielfalt des Angebots und die Preise auswirkt, z. B. dann, wenn viele Anbieter auf einem gut besuchten Wochenmarkt anwesend sind, oder dann, wenn viele Getränkemärkte beim Einkauf eine große Auswahl bei vielen Getränkeherstellern haben.

Offene Fragen
Formulieren Sie Ihre Antworten in Stichpunkten und vermeiden
Sie es, auf den vorhergehenden Seiten nachzusehen.

1 Nennen Sie drei Grundsätze, die bei der Herstellung von Gütern und Dienstleistungen immer beachtet werden müssen.

2 Geben Sie jeweils das richtige Gut an:
freies Gut = A
Wirtschaftsgut = B
Investitionsgut = C
- Meerwasser
- Blechcoil zur Pkw-Fertigung
- Zange im Hobbykeller
- Drehmaschine
- Taxi
- Zweitwagen der Ehefrau
- Spänekiste

3 Nennen Sie je drei Beispiele für Konsum- und Investitionsgüter.

4 Nennen Sie je zwei Beispiele für
a) Schlüsselindustrie,
b) Schwerindustrie,
c) Dienstleistung,
d) Grundstoffindustrie.

5 Ordnen Sie richtig zu:
Beschaffung = A, Produktion = B, Absatz = C
a) Messestand
b) Versuchsabteilung
c) Lager
d) spanende Fertigung
e) Montage
f) Werbeabteilung
g) Arbeitsvorbereitung
h) Qualitätsprüfung

6 Nennen Sie je zwei typische Erzeugnisse von
a) Einzelfertigung,
b) Serienfertigung,
d) Massenfertigung.

7 Was unterscheidet die Montage von Pkws im Verrichtungs- von derjenigen im Fließprinzip?

8 Nennen Sie am Beispiel der Pkw-Fertigung je zwei Kern-, Unterstützungs- und Führungsprozesse.

9 Ein Möbelhersteller gibt bekannt: „Im letzten Geschäftsjahr stieg die Produktivität um 3 %". Was bedeutet das?

10 Ein Spielwarenhersteller hatte im letzten Geschäftsjahr Erträge in Höhe von 56 Mio. € und einen Aufwand von 42 Mio. €. In diesem Jahr erwartet er bei geichem Aufwand Erträge in Höhe von 58 Mio. €. Berechnen Sie die Wirtschaftlichkeit W für beide Geschäftsjahre.

11 Erklären Sie am Beispiel eines Pkw-Herstellers: Multi-/Global-Sourcing.

12 Welche Gefahren drohen der Automobilindustrie, wenn sie einen Großteil der Fertigung ins Ausland *outsourced*?

13 Geben Sie jeweils die Rechtsform des Unternehmens an und stellen Sie dar, wer haftet:
- Hans Müller KG,
- WMB AG,
- Hans Müller Werkzeugbau,
- Werkzeugbau GmbH.

14 Sie hören Folgendes:
A: „Die Busunternehmer einer Region bilden eine Interessengemeinschaft."
B: „Die Busunternehmer einer Region bilden ein Kartell."
C: „Die Busunternehmer einer Region fusionieren."
D: „Der Busunternehmer XY hat in der Region ein Monopol."
Benennen Sie den Unterschied zwischen A, B, C und D.

Die Lösungen zum Überprüfen Ihrer Antworten finden Sie auf den Seiten 150–151.
Haben Sie alle Antworten richtig beantwortet, dann sind Sie für die Abschlussprüfung
im **Prüfungsgebiet 3.1: Unternehmensanalyse** gut vorbereitet.

Beantworten Sie nun die Multiple-Choice-Fragen.

Multiple-Choice-Fragen

Kreuzen Sie die richtige Lösung an!

1. Hauptzweck eines privaten Unternehmens ist es,
1 den Umsatz zu erhöhen. ☐
2 Arbeitsplätze zu schaffen. ☐
3 den Markt zu versorgen. ☐
4 Gewinn zu erzielen. ☐
5 die Betriebsfläche zu vergrößern. ☐

2. Unternehmen der öffentlichen Hand
1 wirtschaften rationeller. ☐
2 zahlen höhere Löhne/Gehälter. ☐
3 müssen bei der Preisgestaltung soziale Gesichtspunkte beachten. ☐
4 dürfen keinen Gewinn erwirtschaften. ☐
5 beschäftigen nur Gewerkschaftsmitglieder. ☐

3. Was kann man als *freies Gut* bezeichnen?
1 elektrische Energie ☐
2 Trinkwasser ☐
3 Grundstücke ☐
4 Tageslicht ☐
5 Erdöl ☐

4. In welchem Fall handelt es sich gleichzeitig um ein Konsum- *sowie* um ein Gebrauchsgut?
1 Fernlastzug ☐
2 Privat-Pkw ☐
3 CNC-Maschine ☐
4 Lebensmittel ☐
5 Exzenterpresse ☐

5. Ein Industriebetrieb kann im Gegensatz zu einem Handwerksbetrieb
1 schneller auf Kundenwünsche reagieren. ☐
2 schneller Entscheidungen fällen. ☐
3 einfacher große Stückzahlen fertigen. ☐
4 Vorteile der Arbeitsteilung nutzen. ☐
5 mit wenig Kapitaleinsatz fertigen. ☐

6. Welches Merkmal kennzeichnet einen Industriebetrieb?
1 hoher Verwaltungsaufwand ☐
2 arbeitsteilige Fertigung ☐
3 geringer Kapitalbedarf ☐
4 Kundennähe ☐
5 Einzelfertigung ☐

7. Welcher Betrieb muss *nicht* unbedingt in Kundennähe liegen?
1 Friseursalon ☐
2 Blockheizkraftwerk ☐
3 Erdölraffinerie ☐
4 Kiosk ☐
5 Getränkemarkt ☐

8. Welche Abteilung gehört zum Bereich *Beschaffung* eines Betriebs?
1 Einkauf ☐
2 Teilefertigung ☐
3 Montage ☐
4 Qualitätsmanagement ☐
5 Personalabteilung ☐

9. Welche Folgen im Betrieb sollte Rationalisierung auf jeden Fall haben?
1 geringe Rendite ☐
2 höhere Produktivität ☐
3 Erleichterung der Arbeit für Mitarbeiter ☐
4 geringes Arbeitsplatzrisiko ☐
5 Senkung der Kapitalkosten ☐

10. Was muss bekannt sein, um die Wirtschaftlichkeit W berechnen zu können?
1 Umsatz, Gewinn ☐
2 Aufwand, Gewinn ☐
3 Ertrag, Aufwand ☐
4 Produktionsmenge, Schichtzeit ☐
5 Eigenkapital, Fremdkapital ☐

11. Was ist Voraussetzung für eine wirtschaftliche Fertigung?
1 hoher Umsatz ☐
2 geringe Personalkosten ☐
3 Kosten kleiner als Erträge ☐
4 niedrige Materialkosten ☐
5 niedrige Verwaltungskosten ☐

12. Was bedeutet die Aussage: „Der Betrieb schreibt schwarze Zahlen"?
1 Er arbeitet unwirtschaftlich. ☐
2 Aufwand = Ertrag. ☐
3 Es wird Gewinn erzielt. ☐
4 Es wurden Verluste erwirtschaftet. ☐
5 Die Gewinne sind stark gestiegen. ☐

13. Eine Aktie zum Nennwert von 50 €
wird an der Börse mit 225 € gehandelt,
die AG schüttet 7,50 € Dividende aus.
Wie hoch ist die Rendite?
- **1** 15 % ☐
- **2** 4,5 % ☐
- **3** 3,33 % ☐
- **4** 0,45 % ☐
- **5** 0,15 % ☐

14. Welche Betriebe haben oft die
Rechtsform *Einzelunternehmen*?
- **1** Supermarktketten ☐
- **2** kleine Handelsgeschäfte ☐
- **3** Montanbetriebe ☐
- **4** Versicherungen ☐
- **5** Banken ☐

15. In welcher Unternehmensform
bringen Vollhafter und Teilhafter
das Betriebskapital auf?
- **1** Genossenschaft ☐
- **2** GmbH ☐
- **3** AG ☐
- **4** KG ☐
- **5** OHG ☐

16. In welcher Unternehmensform haben
alle Kapitaleigner gleiche Rechte und
gleiche Pflichten?
- **1** GmbH & Co. KG ☐
- **2** GmbH ☐
- **3** KG ☐
- **4** AG ☐
- **5** OHG ☐

17. Welches Organ einer Aktiengesellschaft
bestellt und kontrolliert den Vorstand?
- **1** Hauptversammlung ☐
- **2** Gläubigerversammlung ☐
- **3** Vorstandsvorsitzender ☐
- **4** Betriebsrat ☐
- **5** Aufsichtsrat ☐

18. Mehrere Unternehmen beschließen,
für ihre Erzeugnisse bestimmte
Mindestpreise zu verlangen.
Diese Vereinbarung nennt man
- **1** Kartell ☐
- **2** Fusion ☐
- **3** Konzern ☐
- **4** Interessengemeinschaft ☐
- **5** Oligopol ☐

19. Das Bundeskartellamt hat primär
die Aufgabe,
- **1** die Wirtschaft zu kontrollieren. ☐
- **2** Preisabsprachen zu verhindern. ☐
- **3** Preise stabil zu halten. ☐
- **4** Preisempfehlungen auszusprechen. ☐
- **5** den Export zu fördern. ☐

20. Was wird durch das Kartellgesetz
verboten?
- **1** Zahlung übertariflicher Löhne ☐
- **2** vergleichende Werbung ☐
- **3** Vereinbarungen über Mindestpreise ☐
- **4** Export in Krisengebiete ☐
- **5** gemeinsame Forschung für mehrere
Unternehmen ☐

21. In welchem Fall handelt es sich
um ein Monopol?
- **1** Ein Getränkevertrieb beliefert nur
einen bestimmten Stadtbezirk. ☐
- **2** Nur die Polizei darf Straftäter
festnehmen. ☐
- **3** Ein Paketdienst beliefert nur Städte
über 20.000 Einwohner. ☐
- **4** Ein Pkw-Hersteller schließt mit
einem Zulieferer einen langfristigen
Vertrag. ☐
- **5** Zwei Omnibushersteller verwenden
Motoren eines Lieferanten. ☐

Die Lösungen finden Sie auf Seite 151.
Arbeiten Sie jetzt das **Prüfungsteilgebiet 3.2 Rolle der Verbraucher** durch.

3.2 Die Rolle der Verbraucher

Alle Menschen brauchen von Geburt an mindestens Nahrung, Kleidung, Wohnung und soziale Zuwendung. Diese elementaren Bedürfnisse wachsen mit den Lebensjahren, es kommen neue Bedürfnisse hinzu, sie unterliegen aber auch einem steten Wandel und hängen von Einkommen, Vermögen, sozialem Status und Kulturkreis ab.

3.2.1 Bedürfnisse, Bedarf – haben wir alle!

Nach dem Psychologen Abraham Harold Maslow (1908 – 1970) lassen sich die Bedürfnisse eines Menschen in Form einer Pyramide darstellen, wobei die nächsthöhere Stufe oft erst erreicht werden kann, wenn die Bedürfnisse darunter abgedeckt sind. Nach oben hin nimmt auch die Dringlichkeit ab, der Mensch kann notfalls auf sie verzichten. Man unterscheidet:

Bedürfnis nach Selbstverwirklichung

Kulturbedürfnisse
z. B. Theater, Kino

Luxusbedürfnisse
z. B. Juwelen, Luxusautos

Sicherheitsbedürfnisse
z. B. Schutz bei Krankheit, Alter

Grund- bzw. Existenzbedürfnisse
z. B. Nahrung, Kleidung, Wohnung

Diese individuellen materiellen und immateriellen Bedürfnisse werden ergänzt durch die Kollektivbedürfnisse der Gemeinschaft, wie friedliches Zusammenleben, Sicherheit im Staat und eine saubere Umwelt.

Offene Bedürfnisse, z. B. der Wunsch, ein Motorrad zu besitzen, erzeugen einen Bedarf – einen dringenden Wunsch – und münden in eine Nachfrage, z. B. nach einem Motorrad. Diese kann aber nur erfüllt werden, wenn

- der Bedürftige genügend Kaufkraft hat,
- die Wirtschaft das Gut oder die Dienstleistung auch anbieten kann.

Es gilt allgemein:
Zur Befriedigung seiner materiellen Bedürfnisse braucht der Mensch Güter und Dienstleistungen. Verfügt ein Bedürftiger über genügend Kaufkraft, so kann er damit seine Bedürfnisse befriedigen.

Die Güter und Dienstleistungen zur Bedarfsdeckung stellen die privaten und die Unternehmen der öffentlichen Hand zur Verfügung. Dabei will jedes private Unternehmen Gewinn erzielen. Gewinne vermehren das Kapital und ermöglichen neue Investitionen und können mit neuen Gütern und Dienstleistungen steigende Bedürfnisse befriedigen. Die Schaffung neuer Arbeitsplätze ist nur ein Nebenaspekt und nicht Hauptziel unternehmerischer Tätigkeiten, doch dies erzeugt auch mehr Kaufkraft.

3.2.2 Der private Haushaltsplan – beugt der Schuldenfalle vor

Bei vielen Gütern und Dienstleistungen ist heute das Angebot größer als die Nachfrage, das stärkt die Stellung der Verbraucher. Gleichzeitig wächst aber auch die Gefahr, dass sie sich durch das Überangebot und unhaltbare Versprechungen zum Kauf von Gütern und Dienstleistungen verführen lassen, die sie sich aufgrund ihres Einkommens nicht leisten können. Der Handel verfügt über ein Bündel von Maßnahmen, um bei Menschen Bedürfnisse zu wecken und Waren sowie Dienstleistungen auch bei fehlender Kaufkraft der Kunden abzusetzen.

Bedürfnisse werden geweckt durch	Der Absatz kann bei fehlender Kaufkraft gefördert werden durch
• aggressive Werbung in allen Medien, • Product-Placement in Film und Fernsehen, • Verbinden von Lebensgefühl mit dem Besitz bestimmter Güter, • Einsatz von Publikumslieblingen zur Absatzförderung.	• Aufschub des Zahlungstermins, • Ratenzahlungen mit geringer Tilgung, • Konsumentenkredite mit scheinbar sehr niedrigen Zinsen, • Bindung durch langfristige Verträge, • Verschleierung von zusätzlichen Kosten.

Verbraucher, die langfristig mehr für den Konsum ausgeben, als sie sich aufgrund ihres Einkommens leisten können, geraten schnell in die Schuldenfalle. In extremen Fällen haben sie Schulden in Höhe mehrerer Jahreseinkommen und das oftmals für Güter, die dann bereits keinen Wert mehr besitzen, z. B. Ratenzahlungen für Unterhaltungselektronik oder Urlaubsreisen vergangener Jahre. Können sie diese Ratenzahlungen nicht mehr bedienen, so steigen die Schulden durch Verzugszinsen sprunghaft an.

Vielen überschuldeten Verbrauchern bleibt nur der Weg in die **Privatinsolvenz.** Dies läuft in folgenden Stufen ab:

1. Stufe: Außergerichtlicher Einigungsversuch

Der Schuldner muss seinen Gläubigern seine Einkommens- und Vermögenssituation offenlegen und einen Plan anbieten, aus dem hervorgeht, wie er seine Schulden zu tilgen gedenkt. Scheitert dieses Verfahren, so folgt die

2. Stufe: Schuldenbereinigungsverfahren am Amtsgericht

Der Schuldner muss dazu einen Antrag auf Verbraucherinsolvenz stellen. Das Gericht eröffnet nach Prüfung der Einkommens- und Vermögensverhältnisse ein Schuldenbereinigungsverfahren, auch gegen den Willen einzelner Gläubiger. Scheitert dieses Verfahren, so kann das Gericht einen Zahlungsplan aushandeln. Der Schuldner muss über sechs Jahre alles, was über seinem pfändbaren Einkommen liegt, an seine Gläubiger abführen.

3. Stufe: Restschuldbefreiung

Hat der Schuldner in der Wohlverhaltenszeit von sechs Jahren seine Verpflichtungen erfüllt, so spricht das Amtsgericht die Restschuldbefreiung aus.

Besser ist es allemal, mit einem privaten Haushaltsplan der Verschuldung vorzubeugen. Dabei werden ähnlich dem Haushaltsplan von Unternehmen oder dem Staat alle Einnahmen und Ausgaben erfasst und bewertet.

Der Haushaltsplan des Industriemechanikers Emil H., 22 Jahre, ledig, könnte wie folgt aussehen:

Es verwundert nicht, dass Emil H. dauernd sein Girokonto überzogen hat und immer wieder Geld von seinem Sparkonto (kleine Erbschaft) zum Ausgleich auf sein Girokonto überweisen muss. Wie der Staat Verbraucher vor Übervorteilung und unseriösen Kaufverträgen schützt, erfahren Sie in den nächsten Kapiteln.

Mögliche Ursachen für die Überschuldung von Privatpersonen sind

- die leichtfertige Vergabe von Krediten durch Banken,
- der vereinfachte Kauf von Konsumgütern auf Abzahlung,
- Anhäufung von Leasingraten für hochwertige Konsumgüter, z. B. einen privaten Pkw.

3.2.3 Rechtsgeschäfte im Alltag

Jeder Mensch steht von Geburt bis zum Tod in persönlichen und rechtlichen Beziehungen zu seiner Umwelt. Aber nicht nur Menschen, auch Unternehmen, Vereine und Gebietskörperschaften wie Gemeinden, Städte und Staaten wickeln untereinander Rechtsgeschäfte ab. Die Rechtsordnung regelt und sichert dieses Zusammenleben. Dabei unterscheidet man

öffentliches Recht	privates Recht
Rechtsbeziehungen zwischen Staat und Bürger und den staatlichen Einrichtungen untereinander.	Rechtsbeziehungen der Menschen untereinander.
Es entwickelte sich als Abwehrrecht gegen den Staat und schützt vor staatlicher Willkür.	Es entwickelte sich als Gewohnheitsrecht über viele Jahrhunderte und regelt das Zusammenleben der Menschen untereinander,
z. B. Grundgesetz, Strafrecht, Völkerrecht usw.	z. B. Bürgerliches Gesetzbuch, Arbeitsrecht usw.

Privater Haushaltsplan					
Einnahmen in € / Monat		**Ausgaben**		**Bemerkungen**	
regelmäßig:		Miete	550,–		
Lohn	1 700,–	Strom/Heizung	150,–		
Aufwandsentschädigung		Pkw- Unterhalt	250,–	weniger fahren!	
als Trainer	300,–	Pkw-Leasingrate	150,–	auslaufen lassen! Gebrauchtwagen!	
Zinsen: Sparguthaben*)	50,–	Essen	400,–	mehr selbst kochen!	
unregelmäßig /unsicher:		Kleidung	200,–	nicht mehr das Allermodischste !	
Verkäufe bei ebay	60,–	Handy	150,–	weniger telefonieren!	
Weihnachtsgeld*	100,–	Weggehen	250,–	einschränken!	
Geschenk Oma*	30,–	Fitnessstudio	80,–	kündigen!	
		Zigaretten	100,–	Rauchen aufhören!	
		Sparvertrag	120,–		
*) umgerechnet auf einen Monat		Rate: PC/iPod	40,–	zukünftig ansparen !	
	2 240,–		2 440,–		

Die beiden Rechtsbereiche berühren die Menschen tagtäglich:

- Der Kauf einer CD ist ein Rechtsgeschäft zwischen Kunden und Verkäufer, Leistungsstörungen, wie mangelnde Qualität, sind eine Angelegenheit des privaten Rechts.
- Eine Klage wegen einer nicht bestandenen Berufsabschlussprüfung ist öffentliches Recht, weil die prüfende Stelle im Auftrag des Staates handelt.

3.2.4 Rechtsfähigkeit und Geschäftsfähigkeit

In Deutschland sind nach Artikel 2 Grundgesetz (GG) alle Menschen frei und gleich an Rechten – sie sind rechtsfähig. Die Geschäftsfähigkeit hingegen ist nach dem Alter gestuft. Es wird unterschieden zwischen:

Rechtsfähigkeit Fähigkeit, Rechte und Pflichten wahrzunehmen			Geschäftsfähigkeit Fähigkeit, Rechtsgeschäfte wirksam abschließen zu können
Rechtsfähig sind			Geschäftsfähig sind
natürliche Personen	juristische Personen		natürliche Personen, gestuft nach dem Lebensalter
	des privaten Rechts	**des öffentlichen Rechts**	
Alle Menschen ohne Rücksicht auf Alter, Nationalität usw.	z. B. a) Kapitalgesellschaften (AG, GmbH), b) Vereine (e. V.)	z. B. Gemeinden, Bundesländer, Landwirtschaftskammern, Industrie- und Handelskammern, Handwerkskammern	• **geschäftsunfähig:** bis 6 Jahre sowie Personen, die beispielsweise geisteskrank sind • **bedingt geschäftsfähig:** von 7 bis 17 Jahre und Personen, die unter Betreuung stehen • **voll geschäftsfähig:** ab 18 Jahren
• beginnt mit der Geburt • endet mit dem Tod	• beginnt mit Eintrag in das a) Handelsregister, b) Vereinsregister • endet bei a) und b) mit der Löschung des Eintrags	• beginnt mit Errichtung z. B. der Handwerkskammern in den neuen Bundesländern 1991 • endet mit Aufhebung, z. B. bei einer Zusammenlegung von Gemeinden	

Im Rahmen von Rechtsgeschäften mit beschränkt Geschäftsfähigen besteht eine Sonderregelung. Derartige Rechtsgeschäfte sind **schwebend unwirksam** – das heißt, sie erfordern die Zustimmung des gesetzlichen Vertreters bzw. der Eltern. Eine Ausnahme bildet hier der sogenannte **Taschengeldparagraf:** Ein Rechtsgeschäft ist in diesem Fall immer dann gültig, wenn es für einen Minderjährigen im Rahmen seines Taschengelds stattfindet – wenn beispielsweise eine 12-Jährige eine CD von ihrem Taschengeld kauft und der Preis entsprechend angemessen ist.

Bei den kleinen Rechtsgeschäften des täglichen Lebens – Kauf einer Fahrkarte oder eines Erfrischungsgetränks beim Schulkiosk – ist für deren Gültigkeit kein schriftlicher Vertrag notwendig. Auch diese rein mündlich abgeschlossenen Verträge sind gültig.

Welche Rechtsgeschäfte hingegen schriftlich zu erfolgen haben, wird durch Gesetze geregelt, wie z. B. im Falle der Kündigung eines Mitarbeiters, des Kaufs einer Ware gegen Abzahlung oder des Kaufs eines Grundstücks. Grundstückskäufe müssen sogar durch einen Notar öffentlich beurkundet werden. Besonders zu beachten ist jedoch immer, in welchen Fällen ein Rechtsgeschäft anfechtbar oder gar nichtig ist.

3.2.5 Anfechtbare und nichtige Rechtsgeschäfte

Anfechtbare Rechtsgeschäfte

Grundsätzlich geht man davon aus, dass Rechtsgeschäfte, z. B. der Kauf eines gebrauchten Pkws, nach *Treu und Glauben* abgeschlossen werden. In diesem Fall bedeutet dies, dass der Pkw auch tatsächlich die Eigenschaften besitzt, die der Verkäufer zusichert. Der Käufer verlässt sich auf diese Zusicherung und Verkäufer und Käufer wiederum verlassen sich darauf, dass das Geschäft Zug um Zug abgeschlossen wird. Ist dies nicht der Fall, so liegt ein anfechtbares Rechtsgeschäft vor. Es ist zwar gültig, kann aber nach Abschluss innerhalb eines Jahres von einem Vertragspartner angefochten werden, z. B. wenn ein Geschäft

- durch **arglistige Täuschung** zustande gekommen ist. Beispiel: Ein gebrauchter Pkw wurde als unfallfrei angeboten, ist es aber nicht.
- unter **widerrechtlicher Drohung** erpresst wurde. Beispiel: Der Verkäufer erzwingt den Kauf eines gebrauchten Pkws, weil er den Käufer mit dem Wissen um dessen eventuell unentdeckte Straftaten erpressen kann.
- **irrtümlich** abgeschlossen wurde. Beispiel: Der Käufer möchte unmissverständlich einen bestimmten Pkw kaufen, es wird aber ein anderes Modell im Kaufvertrag genannt.

Wird ein anfechtbares Rechtsgeschäft angefochten, so wird es rückwirkend unwirksam. Die Anfechtung muss bei Irrtum unverzüglich nach Kenntnis des Irrtums, ansonsten innerhalb eines Jahres erfolgen.

Nichtige Rechtsgeschäfte

Nichtige Rechtsgeschäfte sind solche, die von Anfang an ungültig sind. Sie müssen nicht angefochten werden, sondern gelten als nie abgeschlossen, z. B. dann, wenn ein Rechtsgeschäft

- **gegen Strafgesetze verstößt.** Beispiel: Der Handel mit verbotenen Drogen.
- **ein Scheingeschäft ist.** Beispiel: Ein Arbeitgeber schließt Arbeitsverträge ab, um Lohnkostenzuschüsse zu erlangen, ohne Mitarbeiter überhaupt beschäftigen zu wollen oder zu können.
- **ein Scherzgeschäft ist.** Beispiel: Der Verkauf eines Grundstücks auf dem Mond.
- **sich nicht an Formvorschriften hält.** Beispiel: Der Kauf eines Grundstücks ohne notarielle Beurkundung.
- **mit Geschäftsunfähigen abgeschlossen wird.** Beispiel: Der Kauf eines Motorrads durch ein 5-jähriges Kind.
- **mit Personen abgeschlossen wird, die nicht im vollen Besitz ihrer geistigen Kräfte sind.** Beispiel: Ein unter Drogen Stehender verkauft seine Eigentumswohnung.

3.2.6 Alles geregelt – Vertragsarten

Im privaten Bereich schaffen Vereinbarungen ein Vertrauensverhältnis der Menschen untereinander – man kann sich aufeinander verlassen, wenn die Partner sich an die Vereinbarungen halten. Gleiches gilt im Geschäftsleben, wenn Kunde und Lieferant einen Vertrag abschließen, z. B. einen Kaufvertrag über eine Ware. Kunde kann beispielsweise die Großküche eines Seniorenstifts sein und der Lieferant ein Großhändler. In diesem Fall übernehmen beide Verpflichtungen. Werden diese Verpflichtungen nicht eingehalten, dann kommt es zu Leistungsstörungen (siehe Abschnitt 3.2.10). Im Privat- und Geschäftsleben fällt eine Vielzahl von Verträgen an, deren Formvorschriften im Bürgerlichen Gesetzbuch (BGB) geregelt sind.

Alle Verträge kommen durch zwei inhaltlich voll übereinstimmende, rechtsgültige Willenserklärungen der beiden Vertragspartner zustande. Zu unterscheiden sind:

- **Verpflichtungsgeschäft:** Beide Vertragspartner gehen Verpflichtungen ein.

- **Erfüllungsgeschäft:**
  Beide Vertragspartner müssen die eingegangenen Verpflichtungen erfüllen.

Eine **Ausnahme** bilden **einseitige Rechtsgeschäfte.** Hierbei handelt es sich um:
- **empfangsbedürftige Willenserklärungen,** z. B. die Kündigung eines Arbeitsverhältnisses,
- **nicht empfangsbedürftige Willenserklärungen,** z. B. das Verfassen eines Testaments.

3.2.7 Der Kaufvertrag

Ein Kaufvertrag regelt den Übergang einer Sache vom Verkäufer zum Käufer. Er besteht aus einem Verpflichtungs- und einem Erfüllungsgeschäft und kommt zustande durch **Angebot oder Antrag.**

Fall A		Fall B
Der Verkäufer macht ein Angebot: *„Der DVD-Player der Marke XYZ kostet 150 €."*	Ein Kaufvertrag kommt durch volle inhaltliche Übereinstimmung zustande (mündlich oder schriftlich).	Der Käufer stellt einen Antrag: *„Ich möchte einen DVD-Player der Marke XYZ für 150 € kaufen."*
= Willenserklärung I (Verpflichtungsgeschäft)		= Willenserklärung I (Verpflichtungsgeschäft)
Der Käufer nimmt das Angebot an		Der Verkäufer nimmt den Antrag an
= Willenserklärung II (Erfüllungsgeschäft)		= Willenserklärung II (Erfüllungsgeschäft)
und bestellt die Ware oder bezahlt den vereinbarten Preis für die Ware und erhält sie vom Verkäufer.		und übergibt die Ware, überträgt das Eigentum und erhält den vereinbarten Preis vom Käufer.

Jeder Kaufvertrag soll folgende Punkte regeln:
- **Art und Beschaffenheit der Ware,** z. B. DVD-Player der Marke XYZ, Modell Hit-FM;
- **Preis der Ware,** z. B. CD-Player, 150 € inklusive 19 % Mehrwertsteuer;
- **Lieferbedingungen,** z. B. unfrei, frei, frei Haus, ab Werk;
- **Zahlungsbedingungen,** z. B. Zahlung Zug um Zug, innerhalb einer Frist, nach Ablauf einer vereinbarten Frist, Vorauszahlung, Anzahlung + Restzahlung, Ratenzahlung;

- **Ein Rabatt,** z. B. 10 % Mengenrabatt, muss extra vereinbart werden, ein Skonto hingegen, z. B. 2 % bei Barzahlung innerhalb von 30 Tagen, ist nur innerhalb einer vereinbarten Frist üblich;
- **Erfüllungsort,** z. B. der Geschäftssitz des Verkäufers, wenn nichts anderes vereinbart ist;
- **Gerichtsstand,** z. B. der Wohnort des Käufers, wenn nichts anderes vereinbart ist;
- **Allgemeine Geschäftsbedingungen (AGB),** sie dürfen den Käufer nicht unangemessen benachteiligen.

Nicht alle Warenkäufe werden Zug um Zug, also Ware gegen Geld abgewickelt. Es sind ebenfalls üblich:
- **Kauf auf Probe,** z. B. wenn ein PC vom Kunden erprobt wird und dieser erst dann bezahlt;
- **Kauf nach Probe,** z. B. wenn ein PC vom Kunden erst erprobt und dann bezahlt wird;
- **Kauf zur Probe,** z. B. wenn ein PC vom Kunden ohne Kaufabsicht erprobt wird;
- **Kauf auf Abruf,** z. B. wenn ein Händler bei seinem Großhändler 100 PCs bestellt und diese je nach Geschäftsgang abruft;
- **Kommissionskauf,** z. B. wenn ein Pkw-Händler nur als Vermittler beim Verkauf eines Gebrauchtwagens auftritt.

Eine Besonderheit unter Kaufverträgen sind **Fernabsatzverträge.** Hier stehen sich Käufer und Verkäufer nicht direkt gegenüber, sondern Angebot, Bestellung und Auftragsannahme erfolgen per Katalogbestellung, telefonisch, per Fax oder E-Mail – solche Vorgänge werden auch **E-Commerce** genannt.

In diesem Fall hat der **Verkäufer** besondere **Informationspflichten,** denn er muss beispielsweise genaue Auskunft geben über:
- Name und Anschrift,
- wesentliche Merkmale sowie Preis, Nebenkosten und sonstige Kosten der Ware oder Dienstleistung,
- Zahlungs- und Lieferbedingungen,
- Gültigkeitsdauer des Angebots,
- ein Widerrufsrecht des Käufers.

Der **Käufer** hat bei Fernabsatzverträgen ein **Widerrufsrecht.** Dies bedeutet, dass er innerhalb von zwei Wochen vom Kaufvertrag zurücktreten kann, auch dann, wenn die Ware bereits geliefert wurde. Ausnahmen bilden unter anderem Zeitungen, auf Bestellung hin speziell gefertigte Waren, Waren aus Versteigerungen usw.

Zusätzliche Regelungen gelten beim E-Commerce.

> **Wichtig**
>
> Der Verkäufer hat seine Internetseite so zu gestalten, dass
> - der Käufer Eingabefehler vor dem Absenden seiner Bestellung korrigieren kann,
> - die Bestellung unmittelbar durch eine E-Mail des Verkäufers bestätigt wird,
> - Bestellformular und Allgemeine Geschäftsbedingungen (AGB) auf dem Monitor nicht nur eingesehen, sondern auch ausgedruckt werden können.

Nicht zulässig sind das Anbieten und Verkaufen von Waren und Dienstleistungen am Telefon, außer in den Fällen, in denen der Kunde vorher zustimmt, dass ihn der Verkäufer anruft. Der Verkäufer darf während eines Telefongeschäfts seine Rufnummer nicht unterdrücken.

3.2.8 Sonstige Vertragsarten – eine Übersicht

Neben den „alltäglichen" Kaufverträgen wird im privaten und geschäftlichen Umgang eine Vielzahl an weiteren Verträgen abgeschlossen.

Es gelten – je nach Vertragsart – **zusätzlich zum Bürgerlichen Gesetzbuch** (BGB) weitere, aber unterschiedliche gesetzliche Regelungen und privatrechtliche Vereinbarungen, so beispielsweise beim

- **Ausbildungsvertrag:** Berufsbildungsgesetz, Tarifvertragsgesetz, Jugendarbeitsschutzgesetz, Ausbildungsordnung, Betriebsordnung u. a.,
- **Darlehensvertrag:** Geldwäschegesetz, Geschäftsbedingungen der Bank u. a.

3.2.9 Zahlungsverkehr

Rechtsgeschäfte bestehen in der Regel aus Leistung und Gegenleistung, z. B. Ware gegen Kaufpreis oder Arbeitsleistung gegen Lohn bzw. Gehalt. Die Geschäftspartner werden als **Schuldner** und **Gläubiger** bezeichnet.

Vertragsart	Vertragspartner	Beispiel
Mietvertrag	Mieter – Vermieter	Eine Familie (= privat) mietet eine 4-Zimmer-Wohnung in einem Mehrfamilienhaus.
Pachtvertrag	Verpächter – Pächter	Ein Betrieb (= gewerblich) pachtet eine benachbarte Halle für 10 Jahre. (Pachtvertrag = gewerblicher Mietvertrag)
Darlehensvertrag	Bank – Bankkunde	Ein Privatkunde vereinbart einen Dispositionskredit mit seiner Bank oder ein Geschäftskunde schließt mit seiner Hausbank einen Darlehensvertrag ab.
Dienstvertrag	Arbeitnehmer – Arbeitgeber	Ein Betrieb stellt einen Mitarbeiter auf Zeit oder auf Dauer ein. *Hinweis:* Ein Arbeitsvertrag ist immer ein Dienstvertrag, es kommt nicht auf das Ergebnis der Tätigkeit an, sondern nur auf die Arbeitszeit.
Ausbildungsvertrag	Auszubildender – Ausbildender	Ein Unternehmen schließt mit einem 16-Jährigen einen Ausbildungsvertrag zum Industriemechaniker ab.
Werkvertrag	Handwerker – Kunde	Ein Betrieb beauftragt einen Handwerker, einen Kurzschluss zu beheben. *Hinweis:* Ein Werkvertrag fordert die Erfüllung des Werkes, in diesem Fall die Behebung des Schadens.
Werklieferungsvertrag	Lieferant – Kunde	Ein Betrieb bestellt eine Klimaanlage und lässt sie einbauen. *Hinweis:* Der Werkliefervertrag fordert Lieferung und Erfüllung des Werkes, in diesem Fall also das Funktionieren der Klimaanlage.
Leihvertrag	Verleiher – Kunde	Ein Kunde erhält kostenlos oder gegen Gebühr einen Leihwagen für die Dauer einer Pkw-Reparatur.
Haustürgeschäft	Verkäufer – Kunde	Ein Kunde bestellt bei einem Handelsvertreter „an der Haustür" einen Staubsauger zum Preis von 500 €. *Hinweis:* Der Kunde hat ein Widerrufsrecht von zwei Wochen ohne Angabe von Gründen.

- **Schuldner** ist derjenige, der dem Gläubiger gegenüber eine Leistung erbringen muss, zum Beispiel der Käufer einer Ware oder Dienstleistung, indem er sie bezahlt.
- **Gläubiger** ist derjenige, der berechtigt ist, vom Schuldner eine Leistung zu fordern – zum Beispiel der Verkäufer einer Ware oder der Anbieter einer Dienstleistung, der für eine Leistung den vereinbarten Preis erhält.

Im **Zahlungsverkehr** unterscheidet man je nach Art der Übergabe einer Geldschuld zwischen
- Barzahlung,
- halbbarer Zahlung,
- bargeldloser Zahlung.

Barzahlung – halbbare Zahlung
Barzahlung ist nur noch bei kleineren Beträgen für Waren oder Dienstleistungen üblich. Dabei wird der fällige Betrag vom Schuldner an den Gläubiger direkt übergeben, z. B.
- beim Einkauf an der Kasse eines Supermarkts,
- bei der Übergabe durch einen Boten (z. B. Pizza-Lieferdienst),
- in einem Wertbrief oder einem Einschreibebrief an den Empfänger (allerdings nur noch sehr selten).

Im Falle einer **halbbaren Zahlung** muss einer der beiden Geschäftspartner ein Konto bei einer Bank oder Sparkasse besitzen. Der Schuldner zahlt den für eine Leistung fälligen Betrag mittels Zahlschein am Bankschalter auf das Konto des Gläubigers ein.

Bargeldlose Zahlung
Heutzutage ist der **bargeldlose Zahlungsverkehr** der Normalfall. Voraussetzung hierfür ist allerdings, dass beide Geschäftspartner ein sogenanntes **Girokonto** bei einer Bank oder Sparkasse besitzen. Die Abwicklung des Zahlungsverkehrs erfolgt dann zwischen den jeweiligen Konten – die hier bewegten Beträge werden aus diesem Grunde auch **Buchgeld** oder **Giralgeld** genannt.

Die bargeldlose Bezahlung einer Geldschuld kann erfolgen durch
- die Übergabe eines Verrechnungsschecks;
- eine Einzelüberweisung, z. B. bei unregelmäßigen Zahlungen wie Einmalkäufen;
- einen Dauerauftrag, z. B. bei regelmäßigen, gleichbleibenden Zahlungen, z. B. Miete, Lohn/Gehalt usw.;
- ein Lastschriftverfahren; hier räumt der Schuldner dem Gläubiger das Recht ein, von seinem Konto Geld abzubuchen; dies kann in Form einer Einzugsermächtigung oder durch einen Abbuchungsauftrag erfolgen;
- eine Geldkarte; hier kann ein Chip mit Geld vom eigenen Konto „aufgeladen" werden, sodass kleinere Beträge damit bezahlt werden können, z. B. S-Bahn-Fahrschein am Automaten;
- eine Bankkarte (früher EC-Karte); sie wird von Banken ausgegeben und gewährt dem Kontoinhaber meist einen Dispositionskredit;
- eine Kreditkarte; sie wird von Banken oder speziellen Kreditinstituten ausgegeben und erlaubt die weltweite Bezahlung, z. B. *Visa*- oder *Mastercard*.

Bank- und Kreditkarten dienen aber nicht nur dem bargeldlosen Bezahlen, sondern auch dem Abheben von Bargeld vom eigenen Konto am Schalter oder Geldautomaten.

3.2.10 Leistungsstörungen

Mit dem Gesetz zur Modernisierung des Schuldrechts im Jahr 2002 wurden Mängel im Bürgerlichen Gesetzbuch beseitigt und besonders das Kaufvertragsrecht den Erfordernissen des modernen Geschäftsverkehrs angepasst. Dadurch wurde nicht nur der Verbraucherschutz verbessert, sondern es wurden auch mögliche, bei Rechtsgeschäften als Leistungsstörungen auftretende Probleme einheitlich und übersichtlich geregelt. Es wird unterschieden:

Leistungsstörungen verursacht durch			
den Verkäufer (Lieferant)		den Käufer (Kunde)	
Nicht-Rechtzeitig-Lieferung (früher: Lieferungsverzug)	**Schlechtleistung** (früher: mangelhafte Lieferung)	**Gläubigerverzug** (früher: Annahmeverzug)	**Nicht-Rechtzeitig-Zahlung** (früher: Zahlungsverzug)
Der Verkäufer hat sich im Kaufvertrag verpflichtet,		**Der Käufer hat sich im Kaufvertrag verpflichtet,**	
die Ware am rechten Ort, zur rechten Zeit und in der rechten Art und Weise zu liefern.	eine mangelfreie Ware zu liefern.	die bestellte Ware abzunehmen.	den Kaufpreis wie vereinbart zu bezahlen.

Die Ware wird jedoch durch Verschulden des Lieferanten nicht rechtzeitig geliefert, deshalb liegt eine „Nicht-Rechtzeitig-Leistung" vor.	Die Ware hat jedoch
	• **Rechtsmängel** (§ 435 BGB), z. B.
	  – der Verkäufer ist nicht Eigentümer der Ware,
	  – die Ware ist mit einem Pfandrecht belastet.
	• **Sachmängel** (§ 434 BGB) z. B. die Ware
	  – ist fehlerhaft,
	  – ist eine Falschlieferung,
	  – ist eine Zuwenig-Lieferung,
	  – hat Montagemängel,
	  – hat eine mangelhafte Montage-Anleitung,
	  – weist nicht die in der Werbung zugesicherten Eigenschaften auf.
		Der Käufer weigert sich bei der Lieferung, die Ware anzunehmen.	Die Ware wird jedoch durch den Schuldner (Käufer) nicht rechtzeitig bezahlt, deshalb liegt ein Schuldnerverzug vor.
			Der Verkäufer (Gläubiger) hat neben den unten genannten Rechten das Recht auf Verzugszinsen. Sie betragen:
			• grundsätzlich:
			  Basiszinssatz + 5 Prozentpunkte
			• beim zweiseitigen Handelskauf:
			  Basiszinssatz + 8 Prozentpunkte
			  (den Basiszinssatz legt die Bundesbank fest)

Der **Käufer** als Vertragspartner		Der **Verkäufer** (Gläubiger) als Vertragspartner	

hat das Recht auf
 	
• **Lieferung + Schadensersatz** (für den Verzögerungsschaden)
 	
• **Schadensersatz statt Leistung** (für den Nichterfüllungsschaden)
 	
und gleichzeitig
 	
• **Rücktritt vom Vertrag.**
	hat das Recht
	
	vorrangig auf
	• **Nacherfüllung** durch
	  – Nachbesserung oder
	  – Neulieferung,
	zusätzlich das Recht auf Schadensersatz neben der Leistung, wenn ein Verschulden des Verkäufers vorliegt;
	
	nachrangig auf
	• **weitere Sanktionen** (nach Ablauf der Frist zur Nacherfüllung):
	  – Rücktritt vom Vertrag
	  – Minderung
	  – Schadensersatz statt Leistung
	  – Ersatz vergeblicher Aufwendungen
		hat das Recht auf
		
		• Klage auf Abnahme der Ware,
		• Hinterlegung oder Selbsthilfeverkauf,
		• Kostenerstattung.
			hat das Recht auf
			
			• **Zahlung + Schadensersatz** (für den Verzögerungsschaden),
			• **Ersatz** vergeblicher Aufwendungen, z. B. Vertragskosten,
			• **Schadensersatz statt Leistung** (für den Nichterfüllungsschaden)
			
			und gleichzeitig
			
			• **Rücktritt vom Vertrag.**

3.2.11 Verjährungsfristen

Im reformierten Schuldrecht gibt es nach § 438 BGB auch neue Fristen für die Verjährung von Mängelansprüchen, z. B. bei Sach- und Rechtsmängeln.

Sie betragen
- **2 Jahre:** übliche Verjährungsfrist im Geschäftsverkehr, sofern nicht aus anderen Gründen längere Fristen bestehen.
- **3 Jahre:** für arglistig verschwiegene Mängel.
- **5 Jahre:** für Mängel an Bauwerken sowie an Sachen, die darin fest eingebaut sind, z. B. Fenster, Türen usw.
- **30 Jahre:** für Rechte, die in ein Grundbuch eingetragen sind, für sogenannte *dingliche Herausgabeansprüche.*

Daneben gibt es noch allgemeine Verjährungsfristen nach § 194 ff. BGB. Sie betragen:
- **3 Jahre:** für allgemeine Ansprüche, soweit nicht anders geregelt.
- **10 Jahre:** für Rechte an Grundstücken.
- **30 Jahre:** z. B. für familien- und erbrechtliche Ansprüche.

Eine Verjährung beginnt in jedem Fall am Schluss des Jahres, in dem der Gläubiger von einem Mangel Kenntnis erhält. Ausnahmen bilden u. a. Mängel und Rechte an Grundstücken und Gebäuden.

Nach Eintritt der Verjährung besteht der Rechtsanspruch zwar weiter, der Schuldner ist aber berechtigt, die Leistung zu verweigern. Das Gleiche gilt auch für den Verkäufer einer Ware, die mit Mängeln behaftet ist. Die Verjährung wird gehemmt, das heißt, es tritt eine Pause in der Verjährungsfrist ein, und zwar bei
- Rechtsverfolgung des Anspruchs,
- Verhandlungen über den Anspruch,
- Leistungsverweigerung,
- höherer Gewalt.

Mit diesen Änderungen ist das neue Schuldrecht auch EU-weit harmonisiert.

3.2.12   Verbraucherschutz und -beratung

Hersteller und Händler von Waren und Dienstleistungen betreiben aufwendiges Marketing, um die Vorzüge ihrer Produkte herauszustellen, Bedürfnisse bei Kunden zu wecken und sie zum Kauf zu animieren. Verbraucher sind aber nicht alleine auf diese einseitigen Informationen angewiesen. Sie können sich vor dem Kauf informieren bei
- **Verbraucherzentralen,**
- der **Stiftung Warentest.**

Verbraucherzentralen gibt es in allen 16 Bundesländern – mit Geschäftsstellen in allen größeren Städten. Dort können sich Verbraucher unabhängig und neutral informieren und kostenlosen Rat einholen, z. B.
- vor größeren Anschaffungen wie Waschmaschinen oder Küchen,
- über energiesparende Geräte,
- Beratung bei Leistungsstörungen beim Kauf von Waren und Dienstleistungen,
- Beratung in der persönlichen Lebensführung, wie Überschuldung oder gesunde Lebensführung.

Die **Stiftung Warentest** befindet sich in Berlin und wird vom Bund finanziert. Sie testet z. B. in Labors vergleichend Geräte unterschiedlicher Hersteller, vergleicht aber auch Dienstleistungen wie Pauschalreisen oder Kreditkosten von Banken miteinander. Das Ergebnis sind Bewertungen auf einer Skala von **sehr gut** bis **mangelhaft,** die in Zeitschriften wie *„test", „test-Jahrbuch"* und *„Finanztest"* veröffentlicht werden. Eine direkte, persönliche Beratung ist bei der Stiftung Warentest nicht möglich.

Sehr zweifelhaft dagegen sind Testberichte in Fernsehen, Zeitungen sowie Zeitschriften. Sie werden oftmals von Herstellern gesponsert und sind deshalb selten objektiv, das heißt unbeeinflusst in ihren Ergebnissen.

Der nachhaltigste Verbraucherschutz ist aber das kritische Prüfen des Bedarfs und das Vergleichen von Preisen, Eigenschaften und Folgekosten **vor** dem Kauf einer Ware oder dem Buchen einer Dienstleistung, wie beispielsweise einer Pauschalreise.

 **Offene Fragen**
Formulieren Sie Ihre Antworten in Stichpunkten und vermeiden
Sie es, auf den vorhergehenden Seiten nachzusehen.

❶ Der Mensch hat sehr unterschiedliche
Bedürfnisse – gemeinsam ist allen: Sie
kosten Geld.
Nennen Sie vier Bedürfnisse und geben Sie
jeweils an, welche Bedeutung das Bedürfnis
für Sie hat (auf einer Skala von „ganz wichtig"
bis „darauf könnte man verzichten").

❷ Beurteilen Sie den Werbeslogan
„Jetzt kaufen – in drei Monaten bezahlen".

❸ Wie läuft eine Privatinsolvenz ab?

❹ Ordnen Sie den Beispielen den jeweiligen
Rechtsbereich zu:
öffentliches Recht (Ö), Privatrecht (P).
a) Privatmann mietet eine Wohnung.
b) Unternehmen stellt eine Mitarbeiterin ein.
c) Polizei verhaftet einen Einbrecher.
d) Ein Verein veranstaltet eine Tombola.
e) Ein Betrieb kündigt wegen Auftragsmangel.

❺ Unterscheiden Sie mit je einem Beispiel
Rechts- und Geschäftsfähigkeit.

❻ Ein 13-Jähriger kauft von seinem ersparten
Taschengeld (12 €/Woche) einen MP3-Player
zum Preis von 35 €. Sein Vater will den Kauf
rückgängig machen. Erläutern Sie die
Rechtslage.

❼ Nennen Sie je zwei konkrete Beispiele
für anfechtbare und für nichtige Rechtsgeschäfte.

❽ Geben Sie jeweils die Vertragsart an:
a) Ein Auszubildender leiht sich ein Fachbuch
aus der Stadtbibliothek.
b) Eine Auszubildende lässt sich ein Trachten-
kostüm nähen, den Stoff besorgt die
Schneiderin.
c) Ein Kunde vereinbart mit seiner Bank einen
Dispositionskredit über 5000 €.
d) Ein Gastwirt mietet eine Gastwirtschaft an.
e) Ein Betrieb stellt Saisonarbeitskräfte ein.
f) Ein Mieter lässt einen verstopften Abfluss
von einem Installateur reinigen.
g) Ein Auszubildender mietet für 12 Monate
ein Appartement.

❾ Beschreiben Sie möglichst genau, welche Art
der Zahlung vorliegt.
a) Eine Telefongesellschaft lässt die monatliche
Telefonrechnung abbuchen.
b) Eine Mieterin beauftragt ihre Bank,
die Miete monatlich zu überweisen.
c) Ein Kunde bezahlt eine Lieferung gegen
Nachnahme.
d) Ein Gast bezahlt seine Hotelrechnung
mit Kreditkarte.
e) Ein Kunde kauft zwei Buletten und ein
Getränk am Kiosk.

❿ Weisen Sie anhand der Auszüge aus Geschäfts-
briefen nach, wer welche Leistungsstörungen
verursacht hat.
a) „Wir sehen uns gezwungen, gegen Sie ein
Mahnverfahren einzuleiten."
b) „Wir können Ihre Ansprüche nicht anerken-
nen, die Gewährleistungspflicht ist bereits
abgelaufen."
c) „Beachten Sie, dass durch den Deckungskauf
hohe Kosten auf Sie zukommen können."
d) „Sie müssen die Kosten einer ergebnislosen
Lieferung bezahlen."

⑪ Berechnen Sie jeweils den Preis, der zu bezahlen ist.

a) Ein Kunde kauft 3 PCs zu 2.500 €/Stück und erhält einen Rabatt von 15 %.

b) Eine Kundin bezahlt für ein Fernsehgerät 375 € in bar und erhält 2 % Skonto.

c) Ein Kunde kauft eine Kücheneinrichtung im Wert von 8.000 €, leistet eine Anzahlung von 45 % des Kaufpreises und bezahlt den Rest in vier gleichen Monatsraten zu je 1.050 €.

⑫ Berechnen Sie jeweils den zu zahlenden Betrag bei Nicht-Rechtzeitig-Zahlung (Zahlungsverzug) bei einem Basiszinssatz von 2,57 % sowie einem zusätzlich üblichen Zinssatz von 5 % für Privat- und 8 % für Geschäftskunden.

a) Privatmann Huber kauft von Privatmann Maier einen Pkw im Wert von 6.000 €.

b) Privatmann Huber kauft vom Händler Müller einen Pkw im Wert von 14.000 €.

c) Händlerin Schlicht kauft von Großhändler Gern 12 PCs zu 1.800 € pro Stück.

⑬ Nennen Sie zwei Begründungen für das Bestehen von Verjährungsfristen.

Die Lösungen zum Überprüfen Ihrer Antworten finden Sie auf den Seiten 151–152.
Haben Sie alle Antworten richtig beantwortet, dann sind Sie für die Abschlussprüfung
im **Prüfungsgebiet 3.2: Rolle der Verbraucher** gut vorbereitet.

Beantworten Sie nun die Multiple-Choice-Fragen.

1. **Was ist *kein* Existenzbedürfnis?**
   1. Ferienreisen ☐
   2. Kleidung ☐
   3. Wohnung ☐
   4. Nahrung ☐
   5. Trinkwasser ☐

2. **Ein Schuldner beantragt beim Amtsgericht wegen Überschuldung eine Restschuldbefreiung.**
   1. Sie wird ihm ohne Auflagen gewährt. ☐
   2. Sie wird nach einer Wartezeit von sechs Jahren gewährt. ☐
   3. Sie wird mangels Masse abgelehnt. ☐
   4. Er muss erst einen außergerichtlichen Einigungsversuch und ein Schuldenbereinigungsverfahren nachweisen. ☐
   5. Eine Restschuldbefreiung ist nur für Unternehmen möglich. ☐

3. **Hauptzweck des öffentlichen Rechts ist es,**
   1. Rechte nach dem Lebensalter zu gewähren. ☐
   2. Schutzrecht gegenüber dem Staat zu sichern. ☐
   3. Minderjährige zu schützen. ☐
   4. den Geschäftsverkehr zu regeln. ☐
   5. das Privatrecht zu ergänzen. ☐

4. **Wer gilt als *beschränkt geschäftsfähig*?**
   1. Kinder unter 7 Jahren ☐
   2. Kinder und Jugendliche zwischen 7 und 14 Jahren ☐
   3. Kinder und Jugendliche zwischen 7 und 17 Jahren ☐
   4. Personen ohne die bürgerlichen Ehrenrechte ☐
   5. Personen, die entmündigt sind ☐

5. **In welchem Fall handelt es sich um eine juristische Person des privaten Rechts?**
   1. Stopselclub e.V. ☐
   2. Fa. Hans Huber ☐
   3. Emilio OHG ☐
   4. Ministerpräsident von Sachsen ☐
   5. Vorsitzender des Rudervereins Elbstrom ☐

6. **Der Kaufvertrag über ein Grundstück in der Antarktis ist**
   1. gültig. ☐
   2. nur notariell beglaubigt gültig. ☐
   3. anfechtbar. ☐
   4. schwebend rechtswirksam. ☐
   5. nichtig. ☐

7. **Ein Vertrag kommt zustande beispielsweise durch**
   1. Angebot und Nachfrage. ☐
   2. Nachfrageüberhang. ☐
   3. Angebotsüberhang. ☐
   4. Angebot und Angebotsannahme. ☐
   5. allein durch einen Antrag. ☐

8. **Was ist *nicht* für jeden Kaufvertrag notwendig?**
   1. Lieferbedingungen ☐
   2. Gerichtsstand ☐
   3. Zahlungsbedingungen ☐
   4. der Erfüllungsort ☐
   5. notarielle Beurkundung ☐

9. **Das Widerrufsrecht bei Haustürgeschäften**
   1. beträgt 2 Wochen. ☐
   2. beträgt 1 Woche. ☐
   3. wird frei vereinbart. ☐
   4. kann ausgeschlossen werden. ☐
   5. beträgt 2 Jahre. ☐

10. **Eine halbbare Zahlung liegt vor bei Bezahlung**
    1. per Nachnahme. ☐
    2. mit Kreditkarte. ☐
    3. mit Überweisung. ☐
    4. mit Geldkarte. ☐
    5. mit Bargeld. ☐

11. **Ein Verkäufer liefert eine Ware nicht rechtzeitig. Der Käufer hat das Recht auf**
    1. Schadensersatz. ☐
    2. Verzugszinsen. ☐
    3. Nacherfüllung. ☐
    4. Ersatz der Aufwendungen. ☐
    5. beliebige Sanktionen. ☐

12. Eine gelieferte Ware ist fehlerhaft. Was liegt vor?

1. Nicht-Rechtzeitig-Lieferung ☐
2. Schlechtleistung ☐
3. Gläubigerverzug ☐
4. Nicht-Rechtzeitig-Zahlung ☐
5. Annahmeverzug ☐

13. Welche Pflicht hat ein Verkäufer nach Abschluss eines Kaufvertrags *nicht*?

1. Annahme des Kaufpreises ☐
2. Übertragung des Eigentums ☐
3. Lieferung der Ware zur rechten Zeit ☐
4. Lieferung der Ware am rechten Ort ☐
5. Rücknahme der Verpackung ☐

14. Für die Lieferung von Frischwaren ist vereinbart: „Bei Bezahlung des Rechnungsbetrags von 950 € innerhalb von 7 Tagen gewähren wir Ihnen 2 % Skonto." Welchen Betrag überweisen Sie bei Zahlung am 5. Tag?

1. mindestens 950,00 € ☐
2. mindestens 19,00 € ☐
3. mindestens 931,00 € ☐
4. mindestens 969,00 € ☐
5. beliebigen Betrag ☐

15. Wegen Nicht-Rechtzeitig-Zahlung einer Lieferantenrechnung muss der Privatmann Redlich Verzugszinsen bezahlen. Wie hoch ist seine Zahllast, wenn der Rechnungsbetrag 1.200,00 € und der Basiszinssatz 2,57 % beträgt?

1. 1.200,00 € ☐
2. 1.230,84 € ☐
3. 1.260,00 € ☐
4. 1.354,20 € ☐
5. 1.326,84 € ☐

16. Welche Forderung verjährt nach 2 Jahren?

1. Rechte aus Grundstücksgeschäften ☐
2. Rechte aus Sachmängeln ☐
3. Rechte aus arglistig verschwiegenen Mängeln ☐
4. Rechte aus Erbansprüchen ☐
5. Rechte aus Gebäuden und Baumängeln ☐

17. Sie kaufen sich einen gebrauchten Pkw mit einer Garantiezeit von 6 Monaten. Nach drei Monaten stellen Sie einen Getriebeschaden fest. Der Verkäufer

1. muss den Mangel durch Nachbesserung beseitigen. ☐
2. kann den Garantieanspruch wegen Ihrer Mitschuld ablehnen. ☐
3. muss Ihnen nachträglich einen anderen Pkw zur Verfügung stellen. ☐
4. muss Ihnen einen nachträglichen Rabatt gewähren. ☐
5. muss den Pkw wieder in Zahlung nehmen. ☐

18. Sie beabsichtigen, sich ein neues Motorrad zu kaufen. Sie werden neutral und kompetent informiert durch:

1. Freunde, die bereits Motorrad fahren. ☐
2. unterschiedliche Motorradhändler. ☐
3. die Sendung „Biker" auf RTL 2. ☐
4. die Testberichte der Hersteller. ☐
5. die Stiftung Warentest mittels ihrer Publikationen. ☐

Die Lösungen finden Sie auf Seite 152.
Arbeiten Sie jetzt das **Prüfungsteilgebiet 3.3 Berufliche Entwicklung** durch.

3.3 Berufliche Entwicklung

3.3.1 Existenzgründung – ich mache mich selbstständig

Mit dem erfolgreichen Abschluss Ihrer beruflichen Erstausbildung haben Sie eine entscheidende Basis für eine erfolgreiche berufliche Zukunft gelegt. Trotzdem sollten Sie sich jetzt schon Gedanken über die nächsten Schritte einer Weiterbildung machen, denn je höher Ihre berufliche Qualifikation ist, desto

- höher ist in der Regel Ihr Einkommen,
- besser sind Sie vor Arbeitslosigkeit geschützt,
- zufriedener sind Sie in Ihrem Erwerbsleben.

Vorausgesetzt Sie wollen in Ihrem erlernten Beruf weiter tätig sein, bieten sich Ihnen mehrere Möglichkeiten der Höherqualifizierung. Sie können

- sich als Facharbeiter oder Geselle spezialisieren, z. B. zur Qualitätsmanagement- oder CNC-Fachkraft,
- die Meisterprüfung bei einer Kammer ablegen,
- sich zum staatlich geprüften Techniker ausbilden lassen,
- ein Studium zum Ingenieur in Ihrem Fachgebiet beginnen.

Eine Option könnte auch die selbstständige Ausübung eines Gewerbes sein. Dieses Vorhaben will aber gut überlegt und langfristig geplant sein.

Trotz dieser Einschränkungen sollten Sie sich aber nicht entmutigen lassen, wenn Sie die persönlichen Voraussetzungen für eine selbstständige Tätigkeit besitzen. Staat, Kammern und Berufsverbände helfen mit Beratung, Zuschüssen und Darlehen in der Gründungsphase der Selbstständigkeit – dies jedoch nur dann, wenn Sie neben den persönlichen Voraussetzungen auch weitere Anforderungen erfüllen (siehe unten).

3.3.2 Wirtschaftsförderung – vielfältige Hilfen

Der Staat, in Gestalt von Bund, Ländern und Kommunen, fördert den Weg in die Selbstständigkeit, besonders für vorher als Gesellen oder Facharbeiter abhängig Beschäftigte. Die Vorteile sind offensichtlich:

- Die Kommunen profitieren von Gewerbebetrieben durch die Gewerbesteuer.
- Selbstständige entlasten die gesetzlichen Sozialversicherungen.
- Wer sich selbstständig macht und expandiert, der schafft neue Arbeitsplätze.
- Das zumeist höhere Einkommen von Selbstständigen erhöht das Steueraufkommen.

Auch Banken und Sparkassen profitieren von Selbstständigen durch die Vergabe von Darlehen und Krediten sowie durch die Abwicklung des Zahlungsverkehrs für die Unternehmen. Die Förderung der

Voraussetzungen für die selbstständige Ausübung eines Gewerbes			
rechtliche	persönliche	finanzielle	wirtschaftliche
Sie müssen voll geschäftsfähig sein; in gefahrengeneigten Berufen ist eine Meisterprüfung notwendig, z. B. als Elektroinstallateur, Metallbauer u. a. Bestimmte Branchen brauchen eine behördliche Zulassung, z. B. eine Autolackiererei.	Sie müssen hochmotiviert sein, Führungseigenschaften und kaufmännische Kenntnisse besitzen, über ein gutes Organisationstalent verfügen und Rückschläge verkraften können.	Für die Gründungsphase müssen Sie über ausreichend Startkapital verfügen, einen Finanz- und Wirtschaftsplan erstellen und mit Ihren Lieferanten günstige Verträge aushandeln.	Es ist zu prüfen, ob die Standortfaktoren für ein Gewerbe günstig sind, z. B. Kunden, Bedarf Ihrer Erzeugnisse oder Dienstleistungen, Arbeitskräfte, landschaftliche Voraussetzungen u. a.
Voraussetzungen für die Meisterprüfung beachten, z. B. Berufstätigkeit, Kosten, Wartezeiten.	Kritische Selbstprüfung Ihrer persönlichen Eigenschaften; von Experten der Kammern für Existenzgründer beraten lassen.	Finanziellen Grundstock ansparen; Kreditwürdigkeit durch Banken oder Sparkassen prüfen lassen; Möglichkeiten für Zuschüsse erfragen.	Es muss Bedarf für Ihr geplantes Gewerbe vorhanden sein; das ist z. B. für einen Landmaschinenmechaniker in einer Großstadt nicht wahrscheinlich.

Selbstständigkeit ist auch im Interesse der Kammern, erhöhen sie doch so die Zahl ihrer Mitglieder und damit ihren Einfluss auf Staat, Wirtschaft und Gesellschaft.

Aus diesen Gründen haben Staat, Banken und Kammern eine Vielzahl von Möglichkeiten geschaffen, die Selbstständigkeit zu fördern:

- Der Staat fördert die Kreditwürdigkeit bei Banken durch Bürgschaften seiner Kreditanstalt für Wiederaufbau sowie durch zinsgünstige Darlehen und unterstützt die Ansiedlung von Gewerbebetrieben in strukturschwachen Regionen, z. B. in Mecklenburg Vorpommern oder im Bayerischen Wald.
- Die Bundesagentur für Arbeit leistet Zuschüsse zum Lebensunterhalt, wenn sich Arbeitslose selbstständig machen, und zahlen Lohnkostenzuschüsse, wenn der Neuunternehmer Langzeitarbeitslose beschäftigt.

- Die Kommunen fördern die Ansiedlung von Gewerbebetrieben durch günstige Grundstücke, niedrige Gewerbesteuern und Erschließungskosten für Grundstücke.
- Die Kammern unterstützen durch unabhängige Beratung und niedrige Mitgliedsbeiträge.
- Die Banken und Sparkassen geben sich bei Existenzgründern auch mit geringeren Sicherheiten für Kredite zufrieden.

Trotz aller finanziellen Hilfen und kostenloser Beratung sollten Sie vor dem Schritt in eine selbstständige Existenz bedenken, dass circa 40 % aller Neugründungen in den ersten vier Jahren wieder insolvent werden. Die Gründe dafür sind vielfältig, sehr oft sind aber zu niedriges Eigenkapital, kaufmännisches Ungeschick und zu hohe Gewinnentnahmen in den Anfangsjahren der Selbstständigkeit ausschlaggebend für das Scheitern einer Unternehmung.

Aufgaben

Offene Fragen
Formulieren Sie Ihre Antworten in Stichpunkten und vermeiden Sie es, auf den vorhergehenden Seiten nachzusehen.

1 Nennen Sie fünf Gründe, die für eine Weiterbildung nach der beruflichen Erstausbildung sprechen.

2 Sie planen, sich als Industriemechaniker mit einem Werkzeugschleifservice selbstständig zu machen. Welche rechtlichen Voraussetzungen müssen Sie beachten?

3 Wo sollten Sie sich beraten lassen, wenn Sie planen, als Koch einen Pizza-Lieferservice zu eröffnen?

4 Nennen Sie fünf mögliche Gründe, warum der Weg in die Selbstständigkeit bei vielen Gewerbetreibenden scheitert.

Die Lösungen zum Überprüfen Ihrer Antworten finden Sie auf den Seiten 152–153. Haben Sie alle Antworten richtig beantwortet, dann sind Sie für die Abschlussprüfung im **Prüfungsgebiet 3.3: Berufliche Entwicklung** gut vorbereitet.

Beantworten Sie nun die Multiple-Choice-Fragen.

1. **Welche Vorteile können Sie durch berufliche Fort- und Weiterbildung sicher erwarten?**
   1. sicherer Arbeitsplatz ☐
   2. höheres Einkommen ☐
   3. berufliche Mobilität ☐
   4. Aufstieg im Betrieb ☐
   5. höhere Rentenansprüche ☐

2. **In welchem Fall ist die Standortwahl für ein Gewerbe günstig?**
   1. Friseursalon in einem Einödhof ☐
   2. Landmaschinenreparatur in der Innenstadt von Berlin ☐
   3. technischer Service für Boote an der Ostseeküste ☐
   4. Fahrradreparatur in den Alpen ☐
   5. Dampfmaschinenwartung ☐

3. **In welchem Fall ist eine Meisterprüfung Voraussetzung für die Selbstständigkeit?**
   1. in jedem Gewerbe ☐
   2. nur im Einzel- und Großhandel ☐
   3. in Betrieben mit hoher Umweltbelastung ☐
   4. in Gewerben, die Auszubildende beschäftigen ☐
   5. in gefahrgeneigten Berufen, z. B. Elektroinstallateur ☐

4. **Der Weg in die Selbstständigkeit erfordert vor allem**
   1. Mut zum Risiko. ☐
   2. mindestens 50 % Eigenkapital. ☐
   3. eine vorausgehende Arbeitslosigkeit. ☐
   4. eine kaufmännische Ausbildung. ☐
   5. zwei verlässliche Bürgen für das Gründungskapital. ☐

5. **Wer muss Facharbeiter beraten, die sich selbstständig machen wollen?**
   1. Banken und Versicherungen ☐
   2. Betriebsberatungsstellen der Kammern ☐
   3. die zuständige Gewerkschaft ☐
   4. die zuständigen Berufsverbände ☐
   5. die Meisterschulen ☐

6. **Warum fördert der Staat den Weg in die Selbstständigkeit?**
   1. Betriebsgründer schaffen meist neue Arbeitsplätze. ☐
   2. Selbstständige zahlen höhere Einkommenssteuern. ☐
   3. Selbstständige zahlen höhere Sozialversicherungsabgaben. ☐
   4. Arbeitsplätze werden frei. ☐
   5. Das Warenangebot wird größer. ☐

7. **Welche Aufgabe haben die Kreditsicherungsgemeinschaften der Kammern?**
   1. Sie vermitteln zinslose Kredite. ☐
   2. Sie treten als Bürgen für Geschäftsgründungsdarlehen auf. ☐
   3. Sie sind eine andere Bezeichnung für die Kreditanstalt für Wiederaufbau (KfW) des Bundes. ☐
   4. Sie prüfen die Standortwahl. ☐
   5. Sie testen die Bewerber auf Eignung als Selbstständige. ☐

8. **Was könnte ein Grund für das Scheitern als selbstständiger Gewerbetreibender sein?**
   1. Auftragsüberhang ☐
   2. Übernahme der Buchführung durch den Buchungsservice ☐
   3. zu hoch bezahlte Mitarbeiter ☐
   4. geringes Eigenkapital ☐
   5. niedrige Zinssätze für angesparte Rücklagen ☐

Die Lösungen finden Sie auf Seite 153. Arbeiten Sie jetzt das **Prüfungsteilgebiet 3.4 Deutschland in der Weltwirtschaft** durch.

3.4 Deutschland in der Weltwirtschaft

In Ihrer beruflichen Erstausbildung sind Sie in der Berufsschule mit berufsfachlichen Aufgaben an Ihrem Arbeitsplatz und in Ihrem Ausbildungsbetrieb befasst. Mit den Abläufen im Betrieb, dessen Beziehungen zu Mitarbeitern, Zulieferern und Kunden beschäftigt sich die **Betriebswirtschaftslehre.**
Betrachtet man das Wirtschaftsgeschehen in einem Staat, z.B. in Deutschland, sowie seine Beziehungen ins Ausland, so ist dies Aufgabe der **Volkswirtschaftslehre.**
Die Art und Weise, wie die Partner in einer Volkswirtschaft, also Unternehmen, Selbstständige, Arbeitnehmer, Banken und Staat, zusammenwirken, bezeichnet man als **Wirtschaftssystem.**

3.4.1 Wirtschaftssysteme – Markt kontra Plan

Grundsätzlich lassen sich zwei Extremformen von Wirtschaftssystemen unterscheiden:

System	Freie Marktwirtschaft	Zentralverwaltungswirtschaft (= Planwirtschaft)
Aufgabe des Staates	Er greift nicht in die Wirtschaft ein; es herrscht das freie Spiel der Marktkräfte.	Er lenkt die Wirtschaft mit Plandaten und kontrolliert deren Erfüllung.
Kennzeichen	Freie Unternehmer bestimmen das Wirtschaftsgeschehen uneingeschränkt.	Der Staat beherrscht die Unternehmen, zumeist sind es Staatsbetriebe.
Prinzip	Angebot und Nachfrage bestimmen Preise, Löhne, Arbeitsbedingungen usw.	Die Plandaten geben Warenmengen und -art, Preise und Löhne vor, meist in Form von Fünfjahresplänen.
Beispiele	USA, Russland, viele Schwellenländer in Asien und Afrika.	Vormalige sozialistische Länder wie die DDR, die Sowjetunion; derzeitig Nordkorea, Kuba.

In Deutschland hat man sich 1949 bei der Gründung der Bundesrepublik für eine Marktwirtschaft mit starken staatlichen Einflüssen entschieden. Dieses System ist als sogenannte **Soziale Marktwirtschaft** sehr erfolgreich und wurde von vielen europäischen Ländern übernommen. Als der Erfinder dieses Mittelwegs zwischen den Extremen gilt Professor Ludwig Erhard, der erste Wirtschaftsminister der Bundesrepublik Deutschland.

Kennzeichen einer sozialen Marktwirtschaft sind:

- **Privateigentum an Produktionsmitteln:** Die Unternehmen sind in Privatbesitz, der Staat behält sich aber einflussreiche Beteiligungen an Unternehmen der Daseinsvorsorge vor, z.B. öffentlicher Verkehr, Gesundheitswesen, Infrastruktur. Geraten Schlüsselunternehmen einer Volkswirtschaft, wie Banken, in wirtschaftliche Schwierigkeiten, so kann der Staat seine Beteiligung am Betriebskapital erzwingen.

- **Wettbewerb:** Der Staat sorgt durch Gesetze für einen Wettbewerb der Unternehmen am Markt, verhindert Monopole und Abhängigkeiten, z.B. durch Förderung alternativer Energien.

- **Tarifautonomie:** Arbeitgeberverbände und Gewerkschaften können Löhne und Arbeitsbedingungen im Rahmen von Gesetzen frei aushandeln. Wo das nicht gegeben ist, gibt der Staat Regeln vor, z.B. Mindestlöhne.

- **Sozialer Ausgleich:** Der Staat sorgt durch ein Steuersystem, das Wohlhabende stärker belastet und Bedürftige unterstützt, für einen Ausgleich zwischen Arm und Reich. Mit den gesetzlichen Sozialversicherungen ist für Arbeitnehmer bei Alter, Krankheit, Arbeitslosigkeit und Pflegebedürftigkeit eine Basisversorgung gesichert, auch Arbeitgeber sind zu Beitragsleistungen verpflichtet.

Dem Staat kommt in der sozialen Marktwirtschaft eine wichtige und aktive Funktion zu, da durch den Wettbewerb der „Marktbeteiligten" ebenso wie durch Einflüsse der Weltwirtschaft kein stabiles Gleichgewicht herrschen kann. Die Wirtschaftsordnung ist weder ein statisches noch ein sich selbst regulierendes System, sondern braucht die ordnende Hand des Staates. Alle staatlichen Eingriffe lassen sich in drei Kernaufgaben zusammenfassen:

Marktwirtschaftliche Grundregeln schützen	Störungen von innen und außen mildern und beseitigen	Soziale Korrekturen zugunsten der Schwächeren vornehmen
beispielsweise durch • Verbraucherschutzgesetze, • Gesetz gegen unlauteren Wettbewerb, • europaweite Interventionen.	beispielsweise durch • finanzielle Förderung strukturschwacher Regionen und Wirtschaftszweige, • Eingriff in den Konjunkturverlauf.	beispielsweise durch • ausgleichende Steuerpolitik mit Freibeträgen und Progression, • Grundsicherung für Rentner und Langzeitarbeitslose.

Eine der wichtigsten Aufgaben ist die Beeinflussung der Konjunktur durch steuerpolitische Maßnahmen und durch den direkten Eingriff in das Wirtschaftsgeschehen, z. B. die Beteiligung an notleidenden Banken. Da sich Europa im Zuge der Europäischen Union zu einem großen zusammenhängenden Wirtschaftsraum entwickelt hat, muss die Bundesregierung ihre Maßnahmen eng mit der Europäischen Kommission, das ist die europäische Regierung, abstimmen. Das ist besonders wichtig bei währungspolitischen Maßnahmen in der sogenannten Euro-Zone. Das sind die Länder, in denen der EURO die nationalen Währungen abgelöst hat: Deutschland, Frankreich, Italien, Österreich, Slowenien, Griechenland, Niederlande, Belgien, Luxemburg, Irland, Spanien und Portugal.

3.4.2 Wirtschaftspolitische Ziele – vom Boom in die Depression

Alle Eingriffe des Staates in das Wirtschaftsgeschehen können nicht verhindern, dass das Bruttoinlandsprodukt (BIP) in regelmäßigen zeitlichen Abständen zunimmt und wieder sinkt. Das BIP ist die Summe aller Güter und Dienstleistungen einer Volkswirtschaft in einem Jahr zu Marktpreisen. Es betrug im Jahr 2009 in Deutschland ungefähr 1.400 Milliarden Euro.

> **Merke:**
> Die Zu- und Abnahme des BIP in Wellenbewegung bezeichnet man als Konjunkturverlauf. Er schwankt periodisch, das heißt wiederkehrend, zwischen Hochkonjunktur (= Boom) und Tiefstand (= Depression). Den Aufschwung nach einer Depression bezeichnet man als Expansion, den Abschwung nach einem Boom als Rezession.

Die Ursachen für die Konjunkturschwankungen sind vielfältig. So steigen z. B. bei einem Aufschwung die Preise, weil das Angebot der Nachfrage hinterherhinkt. Die Unternehmen stellen mehr Waren und Dienstleistungen her, weil sie sich große Gewinne versprechen. Bis diese aber auf den Markt kommen, ist die Konjunktur bereits „überhitzt", die Verbraucher geben nicht so viel Geld aus und die Nachfrage sinkt. Es werden nicht mehr so viele Arbeitskräfte gebraucht, die Arbeitslosigkeit steigt und damit sinkt auch die Nachfrage weiter.

Der Staat hat die Aufgabe, diese Schwankungen zu dämpfen, denn er ist

- durch das „Gesetz zur Förderung der Stabilität und des Wachstums der Wirtschaft" (= Stabilitätsgesetz) dazu verpflichtet;

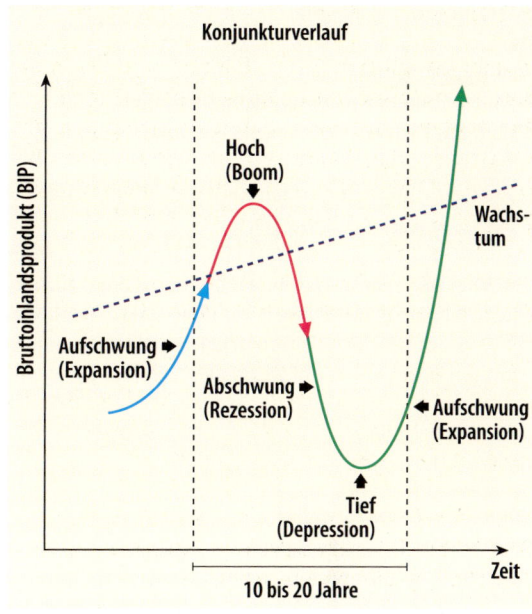

- an gleichmäßig fließenden Steuereinnahmen interessiert; diese sinken bei Abschwung und Depression;
- verpflichtet, Defizite bei den gesetzlichen Sozialversicherungen durch Bundeszuschüsse auszugleichen; diese steigen in der Depression.

Der Staat, aber auch die Verbraucher sowie die Unternehmen sind an einem gesamtwirtschaftlichen Gleichgewicht mit stetigem Wachstum interessiert. Der Staat versucht, dies durch wirtschafts- und finanzpolitische Maßnahmen zu erreichen. Diese Maßnahmen widersprechen sich aber teilweise. Man spricht von diesen sich widersprechenden Maßnahmen bzw. Zielen deshalb auch vom **„Magischen Sechseck"**.

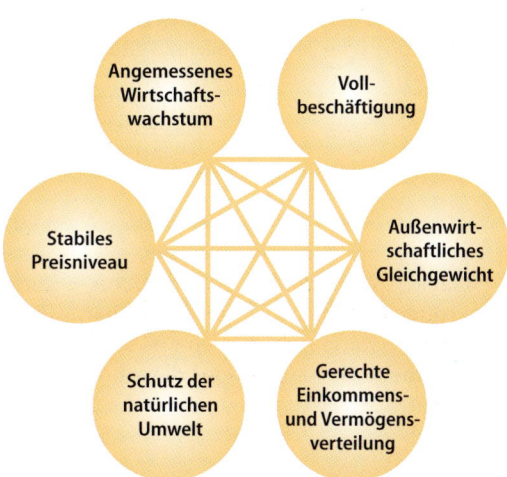

Es ist unmöglich, alle diese Ziele gleichzeitig zu erreichen, es kommt zu Zielkonflikten. Herrscht im Boom Vollbeschäftigung,

- sind stabile Preise wenig wahrscheinlich,
- wird die Umwelt durch hohe Produktionszahlen stärker belastet als in einer Depression,
- werden infolge der hohen Kaufkraft mehr Güter aus dem Ausland importiert.

Der Staat hat in den letzten Jahrzehnten Maßnahmen entwickelt, um in der Phase eines Booms die Nachfrage der Verbraucher nach Gütern und Dienstleistungen zu dämpfen und sie in einer Depression zu steigern.

Konjunkturphase	Boom	Depression
Einzelmaßnahmen	• Steuern erhöhen • Sparanreize schaffen, z. B. durch hohe Zinsen für Bundesanleihen • Subventionen senken, z. B. für Windenergieanlagen • Staatsausgaben senken, z. B. Großbauten zurückstellen • Abschreibungsfristen für Wirtschaftsgüter erhöhen, die Unternehmen investieren in der Folge weniger • Staatsverschuldung durch Tilgung abbauen	• Steuern senken • Sparanreize dämpfen, z. B. durch Abschaffen von Bausparprämien • Subventionen erhöhen, z. B. Zuschüsse für Solaranlagen • Staatsausgaben erhöhen, z. B. Stadtsanierungen fördern • Abschreibungsfristen für Wirtschaftsgüter senken, die Unternehmen werden zu Investitionen animiert • Staatsverschuldung durch Kreditaufnahme erhöhen und damit Investitionen fördern

Unterstützt wird der Staat dabei durch die Bundesbank und die Europäische Zentralbank (EZB). Beide sind wie der Staat verpflichtet, für ein gesamtwirtschaftliches Gleichgewicht zu sorgen. Dies erreichen sie

im Boom durch	in einer Depression durch
1. Erhöhen der Leitzinsen: Die Kreditzinsen steigen, die Unternehmen und Verbraucher verschulden sich weniger, die Nachfrage sinkt.	**1. Senken der Leitzinsen:** Die Kreditzinsen sinken, die Unternehmen und Verbraucher leihen sich von Banken „billiges" Geld und investieren.
2. Erhöhen der Mindestreserven: Die Banken müssen mehr Geld bei der EZB hinterlegen, die Zinsen steigen, weil sie weniger Kredite ausgeben können.	**2. Senken der Mindestreserven:** Die Banken können hinterlegte Mindestreserven bei der EZB abrufen und so mehr Kredite ausgeben.

Alle Maßnahmen, ob sie nun durch den Staat oder die EZB eingeleitet werden, können aber nicht verhindern, dass sich die Konjunktur weiter wellenförmig entwickelt. Dazu müssten sich alle Unternehmen und Verbraucher auch konjunkturgerecht, also „antizyklisch" verhalten. Das wird aber auch in Zukunft wenig wahrscheinlich sein, denn dann müssten die Verbraucher in Boomzeiten sparen und sich in einer Rezession oder Depression verschulden, um mehr konsumieren zu können.

3.4.3 Arbeitsteilung – lokal und global

In der Periode vor der Industrialisierung (in Deutschland um 1800) stellten Handwerksmeister in kleinen Werkstätten mit wenigen Gesellen und Lehrlingen Erzeugnisse – wie beispielsweise Kutschen – selber vollständig her. Oft mussten sie für notwendige Rohstoffe, beispielsweise Holz, selbst sorgen – also selbst Bäume fällen und daraus Bretter sägen. Die Produktion in hoch entwickelten Volkswirtschaften ist durch eine differenzierte Arbeitsteilung gekennzeichnet.

> **Arbeitsteilung = Zerlegen von Produktionsschritten in einzelne kleine Teilaufgaben.**

Dabei wird unterschieden zwischen:

Arbeitsteilung (AT) im Hinblick auf				
alle Produktionsstufen von Erzeugnissen, z. B. Pkws, unterscheidet man		die Endfertigung von Erzeugnissen, z. B. Pkws, unterscheidet man		
vertikale AT	horizontale AT	innerbetriebliche AT	überbetriebliche AT	globale AT
in den Wirtschaftsbereichen bzw. Produktionsfaktoren.	durch verschiedene Hersteller des gleichen Erzeugnisses.	z. B. Zerlegen der Teilefertigung und Montage in kleine Ablaufabschnitte.	z. B. Montage eines Erzeugnisses aus Eigen- und Fremdfertigungsteilen.	durch Spezialisierung von Ländern auf bestimmte Erzeugnisse.
• Urproduktion, z. B. Förderung von Eisenerz • Halbzeugherstellung, z. B. Stahlwerk, Walzen von Blech • Verarbeitung, z. B. Pressen von Karosserieteilen, Montage von Pkws • Dienstleistungen, z. B. Transport von Erz, Stahlblech und Neufahrzeugen zum Händler	Unterschiedliche Hersteller fertigen gleiche oder ähnliche Erzeugnisse, denn keiner kann alleine die Nachfrage nach bestimmten Erzeugnissen befriedigen, z. B. mehrere Unternehmen fertigen in Deutschland Stahl, Stahlblech, Pkws.	Die Fertigung einer Pkw-Karosserie wird beispielsweise zerlegt in Zuschnitt, Stanzen der Einzelteile, Schweißen und Lackieren. Die Einzelteile werden in Serie an unterschiedlichen Arbeitsplätzen in Reihenfertigung (= hintereinander) produziert.	Pkw-Hersteller in Deutschland montieren ihre Produkte aus ca. 20 % Eigen- und 80 % Fremdfertigungsteilen, die von Zulieferern kommen. Viele Hersteller sind nur noch Montagewerke, die nahezu alle Bauteile von Zulieferern beziehen.	Viele Bauteile und Dienstleistungen für deutsche Pkw-Hersteller werden nur aus dem Ausland bezogen, z. B. elektronische Komponenten und Software in Asien, Gummiteile in Afrika usw. Der weltweite Handel sowie niedrige Transportkosten fördern die globale Arbeitsteilung.

Die unterschiedlichen Formen der Arbeitsteilung sind nicht nur in der Fertigung von Erzeugnissen üblich, sondern auch bei Dienstleistungen, z. B. bei der

- Auswahl und Einstellung von Mitarbeitern durch Personaldienstleister,
- Abwicklung der Buchhaltung durch externe Rechenzentren,
- Übernahme der Teilelager durch Fremdfirmen.

Die zunehmende Verlagerung von betrieblichen Prozessen ist als Outsourcing bekannt – mit den Formen:

- **Single Sourcing: ein** externer Zulieferer, z.B. für Windschutzscheiben,
- **Multiple Sourcing: mehrere** Zulieferer, z.B. für Reifen,
- **Global Sourcing:** Zulieferer aus verschiedenen Kontinenten, z. B. für Elektronik.

Die zunehmende Arbeitsteilung in der Wirtschaft hat nicht nur die Waren und Dienstleistungen billiger gemacht, sondern hat auch Auswirkungen auf Menschen, Wirtschaft und Welthandel.

Arbeitsteilung hat für Wirtschaft, Mitarbeiter und Verbraucher	
Vorteile durch	**Nachteile** durch
• niedrige Preise, • Spezialisierung der Hersteller auf Kernprozesse, • kürzere Arbeitszeiten in Industrieländern, • höhere Produktivität beim Endhersteller, • humane Arbeitsplätze an gesteuerten Maschinen.	• Abhängigkeit von Lieferanten, • Verlust von Know-how, • Verarmung in Zulieferländern, • Abhängigkeit der Zulieferer von Aufträgen, • Monotonie durch große Stückzahlen.

3.4.4 Globalisierung – die ganze Welt ein Markt

Globalisierung brachte den Menschen und der Wirtschaft			
in den entwickelten Ländern an		**in den Entwicklungsländern** an	
Vorteilen	**Nachteilen**	**Vorteilen**	**Nachteilen**
• reicheres Angebot an Waren, exotischen Früchten usw.	• heimische Erzeugnisse werden nicht mehr nachgefragt	• neue Absatzmärkte für früher wenig nachgefragte Erzeugnisse, z. B. Blumen, Hirse, Soja	• Monokulturen durch Ausrichtung der Produktion auf den Bedarf der Industrieländer
• Zugang zu neuen Märkten weltweit	• Verlust von klassischen Inlandsmärkten	• Zugang zu neuen Märkten	• Abhängigkeiten durch Exporte
• veränderte Warenströme, z. B. früher in die USA, heute nach China	• Abhängigkeit von Importen, z. B. Erdöl und -gas	• Wohlstand durch Export von Öl, Gas und anderen Rohstoffen	• Ausbeutung der Lagerstätten von fossilen Brennstoffen
• Import von billigen Zulieferteilen	• Verlust von Arbeitsplätzen im Inland	• neue Arbeitsplätze durch Verlagerung der Fertigung in ihre Billiglohnländer	• Kinderarbeit, um im globalen Wettbewerb konkurrenzfähig zu sein
• stabile Preise durch große Konkurrenz der Produzenten und Importe	• stagnierende und sinkende Löhne durch Freizügigkeit von Arbeitskräften	• Arbeitslose finden Arbeit in den Industrieländern	• Fachkräfte wandern ab, Arme und Ungelernte bleiben zurück
• umweltbelastende Industrien wie Chemie können ins Ausland verlagert werden	• Arbeitsplätze und Know-how gehen verloren	• Zugang zu bisher verschlossenen Technologien wird möglich; neue Arbeitsplätze entstehen	• Verlagerung der Umweltzerstörung in die Länder der Dritten Welt; Ackerflächen gehen verloren

Die Arbeitsteilung ist ein Prozess, der sich in den letzten einhundert Jahren sprunghaft entwickelt hat:
- erst innerhalb Deutschlands,
- mit der Gründung der Europäischen Gemeinschaft (EG) 1956 in Westeuropa,
- nach dem Fall des Eisernen Vorhangs 1990 in ganz Europa,
- durch die Liberalisierung des Welthandels, den zunehmenden Verbrauch von fossilen Energieträgern und die Entwicklung in Ostasien auch global – also weltweit.

Wurden früher auf Märkten nur die in der Region hergestellten Waren gehandelt, so ist es heute durch die offenen Grenzen und die Abschaffung von Zöllen möglich, Erzeugnisse weltweit anzubieten und zu erwerben. Eine wesentliche Voraussetzung dafür war auch die globale Verbreitung moderner Kommunikationstechnik, insbesondere des Internets. Mit seiner Hilfe können Kunden und Lieferanten weltweit problemlos Informationen und Angebote austauschen und in Echtzeit kommunizieren. Die **Globalisierung,** sie wird oft auch als **weltweite Arbeitsteilung** gesehen, hat das Leben der Menschen nachhaltig beeinflusst – dies ist aber abhängig von der Region, in der sie leben.

Besonders stark sind Arbeitnehmer in den europäischen Industrieländern durch die Verlagerung der Güterproduktion in Schwellenländer wie Rumänien, Indien und China betroffen. Gerade bei lohnintensiven Erzeugnissen, wie der Pkw-Teilefertigung, lohnt es sich für heimische Unternehmen, nicht mehr in Deutschland, sondern in Billig-Lohnländern fertigen zu lassen. Ob eine Verlagerung ins kostengünstige Ausland für ein Unternehmen rentabel ist, muss im Einzelfall durch die Untersuchung und Abwägung der Standortfaktoren untersucht werden.

Standortfaktoren, die für	
eine Fertigung in Deutschland sprechen	eine Verlagerung der Produktion ins Ausland sprechen
• hervorragende Infrastruktur, z. B. Straßen • politische, wirtschaftliche und soziale Stabilität • hohe Produktivität der Mitarbeiter und Anlagen • gut ausgebildete Facharbeiter und Ingenieure	• geringe Lohnkosten, kaum Kosten für die soziale Sicherung der Mitarbeiter • wenig Auflagen durch Arbeitsschutz-, Sozial- und Umweltschutzgesetze • direkter Zugang zu Entscheidungsträgern und damit einfache Genehmigungsverfahren

Bei einer Standortverlagerung ins Ausland ist aber auch zu beachten, dass sich langfristig die Lebensverhältnisse der Menschen weltweit anpassen werden. Die Vorteile durch niedrigere Lohnkosten werden minimiert. Auch die Vorteile durch geringere Auflagen zum Schutz der Umwelt werden verschwinden, da der Umweltschutz zum globalen Problem geworden ist. Die Erwärmung der Atmosphäre, der Anstieg der Weltmeere sowie die zunehmende Versteppung ehemals fruchtbaren Landes bedrohen auch die Industrieländer und werden zu globalen Standards im Umweltschutz führen müssen. Zudem ist für viele Investoren die politische Instabilität der Entwicklungsländer ein entscheidender Standortnachteil. Die Vorteile einer billigen Fertigung können durch Unruhen und Erpressbarkeit schnell zunichtegemacht werden.

Globale Arbeitsteilung:
Beispiel Jeansproduktion

8 Tragen der Jeans
1 Baumwolle ernten
2 Garn spinnen
3 Färben
4 Weben
5 Produktion der Waschanleitungen & Nieten
6 Zusammennähen
7 Stonewashing

Aufgaben

Offene Fragen
**Formulieren Sie Ihre Antworten in Stichpunkten und vermeiden
Sie es, auf den vorhergehenden Seiten nachzusehen.**

1 Nennen Sie je drei Kennzeichen der freien Marktwirtschaft und der Planwirtschaft.

2 Nennen Sie drei Kennzeichen einer sozialen Marktwirtschaft.

3 Welche Kernaufgaben hat der Staat zur Sicherung der Sozialen Marktwirtschaft?

4 Warum kann Deutschland nicht alleine Wirtschafts- und Finanzkrisen durch staatliche Maßnahmen lösen?

5 Nennen Sie je drei Kennzeichen einer Hochkonjunktur und einer wirtschaftlichen Depression.

6 Beschriften Sie die Grafik und beschreiben Sie den Zusammenhang der beiden Kurven.

7 Wie kann die Europäische Zentralbank (EZB) den Konjunkturverlauf in einer Depression beeinflussen?

8 Erklären Sie am Beispiel einer Lkw-Produktion die unterschiedlichen Formen der Arbeitsteilung:
a) vertikale Arbeitsteilung,
b) horizontale Arbeitsteilung,
c) innerbetriebliche Arbeitsteilung,
d) überbetriebliche Arbeitsteilung,
e) globale Arbeitsteilung.

9 Nennen Sie je drei Chancen und Gefahren, die für Sie persönlich als Arbeitnehmer im Rahmen der Globalisierung bestehen.

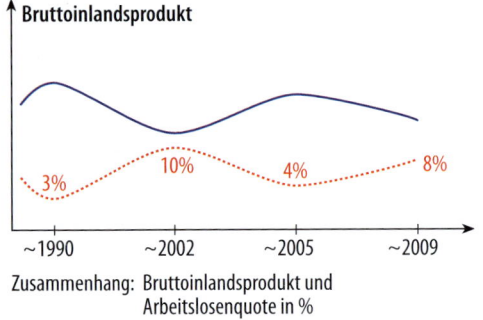

Zusammenhang: Bruttoinlandsprodukt und Arbeitslosenquote in %

Die Lösungen zum Überprüfen Ihrer Antworten finden Sie auf den Seiten 153–154.
Haben Sie alle Antworten richtig beantwortet, dann sind Sie für die Abschlussprüfung
im **Prüfungsgebiet 3.4: Deutschland in der Weltwirtschaft** gut vorbereitet.

Beantworten Sie nun die Multiple-Choice-Fragen.

Multiple-Choice-Fragen

Kreuzen Sie die richtige Lösung an!

1. Was ist typisch für eine freie Marktwirtschaft?
1. Der Staat wirkt sozial ausgleichend. ☐
2. Eine Planbehörde gibt Ziele vor. ☐
3. Die Betriebe sind in Volkseigentum. ☐
4. Der Markt allein regelt Löhne und Preise. ☐
5. Der Staat sorgt für Wettbewerb. ☐

2. Wer gilt als Begründer der sozialen Marktwirtschaft?
1. Karl Marx, Revolutionär ☐
2. Ludwig Erhard, Wirtschaftsminister ☐
3. Konrad Adenauer, Bundeskanzler ☐
4. Karl Schiller, Wirtschaftsminister ☐
5. Milton Friedman, Wirtschaftswissenschaftler ☐

3. Der Staat sichert in der sozialen Marktwirtschaft den Wettbewerb durch
1. gesetzliche Sozialversicherungen. ☐
2. Tarifautonomie. ☐
3. Steuerprogression. ☐
4. Verbot von Kartellen. ☐
5. Privateigentum an Produktionsmitteln. ☐

4. Was kennzeichnet eine Rezession (wirtschaftlicher Abschwung)?
1. sinkende Arbeitslosenzahlen ☐
2. steigende Zinsen ☐
3. stabile Preise ☐
4. Arbeitskräftemangel ☐
5. steigende Arbeitslosenzahlen ☐

5. Was kennzeichnet eine wirtschaftliche Hochkonjunktur (Boom)?
1. hohe Beschäftigungsquote ☐
2. geringer Export ☐
3. niedrige Kreditzinsen ☐
4. hohe Sozialausgaben ☐
5. geringes Steueraufkommen ☐

6. Was gibt das Bruttoinlandsprodukt (BIP) an?
1. Summe aller produzierten Güter und Dienstleistungen eines Jahres ☐
2. Lohnsumme eines Unternehmens in einem Jahr ☐
3. Summe aller Unternehmenskredite ☐
4. Größe des Bundeshaushalts ☐
5. Zahl der Arbeitslosen – Höhe des Arbeitslosengeldes ☐

7. Was ist *nicht* Ziel des Magischen Sechsecks?
1. Vollbeschäftigung ☐
2. stabile Preise ☐
3. Wirtschaftswachstum ☐
4. gerechte Einkommens- und Vermögensverteilung ☐
5. geringe Importquote ☐

8. Wie beeinflusst die Konjunktur den Umweltschutz?
1. Es gibt keinen Zusammenhang zwischen Konjunktur und Umweltschutz. ☐
2. Im Boom muss der Umweltschutz sich anderen Zielen unterordnen. ☐
3. Der Staat fördert den Umweltschutz unabhängig von der Konjunktur. ☐
4. Umweltschutz können wir uns nur bei niedrigen Kreditzinsen leisten. ☐
5. Umweltschutz ist nur in der Rezession möglich. ☐

9. Wie kann der Staat in einer Depression die Wirtschaft „ankurbeln"?
1. Steuereinnahmen erhöhen ☐
2. Staatsverschuldung abbauen ☐
3. Abschreibungsfristen verlängern ☐
4. Staatsausgaben für Investitionen erhöhen ☐
5. Die EZB zur Erhöhung der Mindestreserve drängen ☐

121

10. In welchem Fall verhalten Sie sich „antizyklisch" korrekt?

1. in Boomzeiten einen Konsumentenkredit aufnehmen ☐
2. in der Rezession sparen ☐
3. in der Rezession in ein neues Auto investieren ☐
4. im Aufschwung eine Fortbildung beginnen ☐
5. immer einen Festbetrag vom Einkommen sparen ☐

11. Ein PC-Hersteller in Deutschland bezieht seine Bauteile weltweit. Diese Arbeitsteilung ist

1. vertikal. ☐
2. horizontal. ☐
3. innerbetrieblich. ☐
4. überbetrieblich. ☐
5. global. ☐

12. Kennzeichen einer überbetrieblichen Arbeitsteilung ist

1. die Beschränkung auf die Montage von Zulieferteilen zu einem Fertigerzeugnis. ☐
2. die Verlagerung der Fertigung nach Osteuropa. ☐
3. das Outsourcen von einzelnen Fertigungsprozessen auf Fremd-firmen. ☐
4. die Herstellung aller Komponenten eines Erzeugnisses in Eigenfertigung. ☐
5. das Zerlegen der Fertigung in viele kleine Ablaufabschnitte. ☐

13. Was ist ein Vorteil der internationalen Arbeitsteilung bei der Pkw-Produktion?

1. Die Abhängigkeit von Lieferanten nimmt zu. ☐
2. Das Know-how zu Motoren usw. wird breit gestreut. ☐
3. Die Anzahl der Montagevorgänge wird geringer. ☐
4. Die Pkw-Preise bleiben stabil. ☐
5. Auch Entwicklungsländer nehmen an der Massenmotorisierung teil. ☐

14. Was ist eine negative Folge der Globalisierung?

1. Die Umweltverschmutzung in Entwicklungsländern nimmt zu. ☐
2. Es herrscht mehr Freizügigkeit auf dem Arbeitsmarkt. ☐
3. Der Verbrauch an fossilen Brennstoffen ist gesunken. ☐
4. Menschen in Entwicklungsländern können sich hochwertige Industriegüter leisten. ☐
5. Es findet ein sozialer Ausgleich zwischen Erster und Dritter Welt statt. ☐

15. Welcher Standortfaktor spielt bei der Verlagerung einer Mobiltelefonfertigung nach Osteuropa die geringste Rolle?

1. die niedrigeren Löhne ☐
2. die geringeren Sozialkosten ☐
3. die mangelhaften Arbeitsschutz-gesetze ☐
4. das politische System im Fertigungsland ☐
5. die Transportkosten nach Deutschland ☐

Die Lösungen finden Sie auf Seite 154.
Arbeiten Sie jetzt **die Musterprüfungssätze** durch.

4 Musterprüfungssätze

Je nach Ausbildungsberuf unterscheidet sich die Abschlussprüfung im Fach Wirtschafts- und Sozialkunde.

Im Folgenden haben Sie die Möglichkeit, je nach Ausbildungsberuf, den passenden Abschlusstest zu simulieren:

- Musterprüfungssatz 1 ist üblich für Bau-, Holz-, Druck-, Kfz- und ähnliche Berufe,
- Musterprüfungssatz 2 ist üblich für neu geordnete Metallberufe (mit geteilter Prüfung),
- Musterprüfungssatz 3 ist üblich für Mechatroniker und neu geordnete Elektroberufe (mit geteilter Prüfung).

Unabhängig von Ihrem Ausbildungsberuf sollten Sie für eine bessere Prüfungsvorbereitung alle drei Musterprüfungssätze bearbeiten.

Rezept

Es empfiehlt sich, bei der Bearbeitung der Musterprüfungssätze folgende Vorgehensweise zu wählen:

1. Versuchen Sie zuerst, die offenen Fragen und dann im Anschluss die Multiple-Choice-Aufgaben zu lösen, ohne jedoch dabei im Text nachzulesen.
2. Vergleichen Sie dann Ihre Ergebnisse mit den Antworten im Lösungsteil und überprüfen Sie, ob sie übereinstimmen.
3. Sollte dies nicht der Fall sein, dann suchen Sie mithilfe des Stichwortverzeichnisses den Lernstoff zu einer Frage heraus, die Sie nicht oder nur unzureichend beantworten konnten.
4. Arbeiten Sie den betreffenden Abschnitt nochmals durch.
5. Bearbeiten Sie einige Tage später nur die Aufgaben, die Sie beim ersten Durchgang falsch gelöst haben oder gar nicht beantworten konnten.

Wenn Sie diese Vorgehensweise befolgen, dann können Sie Ihre Lücken mit geringem Aufwand schließen und sind fit für die Prüfung im Fach Wirtschafts- und Sozialkunde.

Musterprüfungssatz 1 – Sie haben 45 Minuten Zeit!

Achtung:
- Von den angebotenen **25 Multiple-Choice-Aufgaben** müssen Sie in der Abschlussprüfung **20 Aufgaben bearbeiten.** Entscheiden Sie selbst, welche Aufgaben Sie lösen möchten. Es ist jeweils nur eine Antwort richtig.

- Von den angebotenen **vier offenen Aufgaben** müssen Sie in der Abschlussprüfung **drei Aufgaben bearbeiten.** Entscheiden Sie selbst, welche Aufgaben Sie lösen möchten. Antworten Sie in Stichpunkten.

A Multiple-Choice-Fragen  Kreuzen Sie die richtige Lösung an!

1. Welche Regelung in einem Berufsausbildungsvertrag ist zulässig?
1. Die wöchentliche Arbeitszeit beträgt 48 Stunden. ☐
2. Der Ausbildungsnachweis ist in der Berufsschule zu führen. ☐
3. Die Teilnahme an Unterweisungen zur Unfallverhütung ist Pflicht. ☐
4. Für beschädigtes Werkzeug ist Ersatz zu leisten. ☐
5. Ausbildungsbegleitende Maßnahmen sind selbst zu bezahlen. ☐

2. In welchem Fall gilt das Berufsbildungsgesetz (BBiG)?
1. Herr. K. macht eine Erstausbildung zum Metallbauer. ☐
2. Frau. M. lässt sich in einem Kurzlehrgang zur Altenpflegehelferin ausbilden. ☐
3. Herr S. besucht eine Berufsfachschule für Datentypisten. ☐
4. Herr W. besucht einen Volkshochschullehrgang zum Heilpraktiker. ☐
5. Frau P. studiert nach dem Abitur Betriebswirtschaftslehre. ☐

3. Welche Hauptpflicht hat ein Arbeitnehmer nach Abschluss eines Arbeitsvertrags zu erfüllen?
1. die vereinbarte Tätigkeit persönlich zu leisten ☐
2. bei persönlicher Verhinderung einen Vertreter zu stellen ☐
3. Überstunden zu leisten ☐
4. bei schwacher Konjunktur Lohnabschläge hinzunehmen ☐
5. während einer Hochkonjunktur auf eine Kündigung zu verzichten ☐

4. In welchem Fall endet ein Arbeitsverhältnis *nicht*?
1. Aufhebung eines Arbeitsvertrags ☐
2. Erreichen der Altersgrenze ☐
3. Eintritt der Erwerbsunfähigkeit ☐
4. Beteiligung an einem Warnstreik ☐
5. Vorruhestand des Arbeitnehmers ☐

5. Eine außerordentliche Kündigung ist gerechtfertigt bei Mitarbeitern
1. mit schwankenden Leistungen. ☐
2. die Überstunden ablehnen. ☐
3. ohne Unterhaltsverpflichtungen. ☐
4. die Wehr- oder Ersatzdienst leisten. ☐
5. die mehrmals zu spät zur Arbeit erscheinen. ☐

6. Wonach richtet sich die Urlaubsdauer für jugendliche Azubis?
1. allein nach dem gültigen Tarifvertrag ☐
2. nach dem Ausbildungsjahr ☐
3. nach der im Betrieb üblichen Urlaubsdauer ☐
4. nach den Beschlüssen der Jugend- und Auszubildendenvertretung (JAV) ☐
5. nach dem Alter des Azubis ☐

7. Welche Vorteile hat ein Prämienlohn?
1. Die Lohnhöhe ist konstant. ☐
2. Es wird die Mengenleistung gefördert. ☐
3. Die Prämie lässt sich den betrieblichen Erfordernissen anpassen. ☐
4. Die Qualität ist der bestimmende Faktor. ☐
5. Die Lohnhöhe ist von der Arbeitszeit unabhängig. ☐

8. Warum sind an Arbeitsgerichten Vertreter von Gewerkschaften und Arbeitgeberverbänden als Beisitzer tätig?
1. Sie beraten die Richter, wirken aber nicht am Urteil mit. ☐
2. Sie entlasten die Gerichte, da Richtermangel herrscht. ☐
3. Sie bringen Sachverstand ein und wirken am Urteil mit. ☐
4. Sie vertreten die Prozessparteien. ☐
5. Sie sichern den Einfluss der Verbände auf die Gerichte. ☐

9. Welche Organisation ist tariffähig?
1. Industrie- und Handelskammer ☐
2. Deutscher Gewerkschaftsbund (DGB) ☐
3. Bund der Deutschen Industrie (BDI) ☐
4. IG Bergbau, Chemie, Energie (IG BCE) ☐
5. Jeder Betrieb, der Mitglied der Handwerkskammer ist ☐

10. Was ist Hauptaufgabe der Industrie- und Handelskammern (IHK)?
1. Vertretung von Arbeitnehmerinteressen ☐
2. Vertretung der Azubis gegenüber Ausbildungsbetrieben ☐
3. Vertretung ihrer Mitglieder gegenüber Staat und Gesellschaft ☐
4. Führen der Ausbildungsverzeichnisse ☐
5. Abnahme von Zwischen- und Abschlussprüfungen bei Ausbildung und Umschulung ☐

11. Was bedeutet der Begriff Industriegewerkschaft? Eine Industriegewerkschaft
1. ist nur in Industriebetrieben tätig. ☐
2. organisiert nur Arbeitnehmer aus der Industrie. ☐
3. schließt Tarifverträge nur mit der Industrie ab. ☐
4. organisiert alle Arbeitnehmer eines bestimmten Industriezweigs. ☐
5. besitzt eigene Betriebe in der Industrie. ☐

12. Welche Behauptung über Streiks trifft zu?
1. Sie sind nicht zulässig, wenn sie sich gegen einzelne Arbeitgeber richten. ☐
2. Sie dürfen sich nicht gegen das Handeln der Staatsorgane richten. ☐
3. Sie sind nur während der Tarifvertragszeit zulässig. ☐
4. Sie dürfen nur von Betriebsräten organisiert sein. ☐
5. Sie dürfen sich nur gegen den eigenen Arbeitgeber richten. ☐

13. Der Betriebsrat hat ein Mitbestimmungsrecht bei der
1. Verwendung des Unternehmensgewinns. ☐
2. Durchführung der Berufsausbildung. ☐
3. Einstellung eines leitenden Angestellten. ☐
4. Entscheidung, ob die Zahl der Azubis verringert wird. ☐
5. geplanten Erweiterung der Produktion. ☐

14. Was ist *kein* eigenständiges Recht der Jugend- und Auszubildendenvertretung (JAV)?
1. an Betriebsratssitzungen teilzunehmen ☐
2. Sprechstunden für Azubis abzuhalten ☐
3. Jugend- und Auszubildendenversammlungen abzuhalten ☐
4. Aussetzen von Beschlüssen des Betriebsrats, wenn sie die JAV betreffen ☐
5. mit der Betriebsleitung über Anträge von Azubis zu verhandeln ☐

15. Wer kann einen Tarifvertrag abschließen?
1. Ein Arbeitgeberverband mit einem Betriebsrat. ☐
2. Ein Großunternehmen mit der zuständigen Industriegewerkschaft. ☐
3. Die IG Metall mit der Post AG. ☐
4. Die Gewerkschaft ver.di mit einer IHK. ☐
5. Der Bund der Deutschen Industrie mit dem DGB. ☐

16. In welchem Fall liegt eine Umschulung vor?
1. Ein Azubi wechselt mit Zustimmung der IHK seinen Ausbildungsbetrieb. ☐
2. Ein Geselle bildet sich zum Handwerksmeister fort. ☐
3. Frau K. besucht nach der Elternzeit einen EDV-Lehrgang. ☐
4. Ein Sattler erlernt nach längerer Arbeitslosigkeit den Beruf des Maschinenbauers. ☐
5. Ein Industriemechaniker erwirbt die Qualifikation als CNC-Fachkraft. ☐

17. Was bedeutet das Beschäftigungslandprinzip bei Auslandsaufenthalten? Ein Arbeitnehmer
1. hat Anspruch auf deutsche Tariflöhne. ☐
2. ist versichert bei Krankheit und Arbeitslosigkeit. ☐
3. hat Anspruch auf Auslandszuschläge. ☐
4. hat die gleichen Rechte und Pflichten wie seine Arbeitskollegen. ☐
5. kann keine Arbeitnehmerrechte in Anspruch nehmen. ☐

18. Wer ist Träger der gesetzlichen Rentenversicherung?
1. Deutsche Rentenversicherung Bund ☐
2. Berufsgenossenschaft ☐
3. Bundesversorgungsamt ☐
4. Ersatzkasse ☐
5. Bundesagentur für Arbeit ☐

19. Was ist Berechnungsbasis für das Arbeitslosengeld I (ALG I)?
1. der Bruttolohn ☐
2. der pauschalierte Nettolohn ☐
3. die Anzahl der Beiträge ☐
4. das Lebensalter ☐
5. die Dauer der Betriebszugehörigkeit ☐

20. Welcher Fall wird am Sozialgericht behandelt?
1. Ein Arbeitnehmer erhebt Kündigungsschutzklage. ☐
2. Ein Arbeitgeber will gegen den Willen des Betriebsrats die tägliche Pausenzeit verringern. ☐
3. Ein Azubi ist mit seiner Note in der Facharbeiterprüfung nicht einverstanden. ☐
4. Ein Rentner klagt gegen seinen Rentenbescheid. ☐
5. Ein Hartz-IV-Empfänger klagt gegen seinen Vermieter. ☐

21. Bei einem Pkw-Hersteller erfolgt die Endmontage auf einem Fließband. Welche Maßnahme steigert die Produktivität?
1. Beschäftigung zusätzlicher Mitarbeiter ☐
2. Einführung von Schichtarbeit ☐
3. Verlängerung der täglichen Arbeitszeit ☐
4. Erhöhung der Bandgeschwindigkeit ☐
5. Einrichtung eines zweiten Fließbands ☐

22. Wie berechnet sich die Wirtschaftlichkeit W eines Betriebes?
1. $W = Gewinn \times 100 / Umsatz$ ☐
2. $W = Gewinn / Aufwand$ ☐
3. $W = Ertrag / Aufwand$ ☐
4. $W = Produktionsmenge / Schichtzeit$ ☐
5. $W = Gewinn \times 100 / Eigenkapital$ ☐

23. Ein Zulieferer hat Bauteile für die Pkw-Montage nicht rechtzeitig angeliefert. Der Pkw-Hersteller hat das Recht auf
1. Schadensersatz. ☐
2. Verzugszinsen. ☐
3. Nacherfüllung. ☐
4. Ersatz seines Gewinnausfalls. ☐
5. beliebige Sanktionen. ☐

24. Welche Vorteile sind durch berufliche Fort- und Weiterbildung sicher zu erwarten?
1. sicherer Arbeitsplatz ☐
2. höheres Einkommen ☐
3. höhere berufliche Mobilität ☐
4. Aufstieg im Betrieb ☐
5. höhere Rentenansprüche ☐

25. Existenzgründer von Kleinbetrieben wählen oft die Unternehmensform
1. Aktiengesellschaft (AG). ☐
2. Gesellschaft mit beschränkter Haftung (GmbH). ☐
3. eingetragene Genossenschaft (eG). ☐
4. Kommanditgesellschaft (KG). ☐
5. Einzelunternehmen. ☐

B Offene Fragen
Beantworten Sie alle Aufgaben in Stichworten!

1 Ein Berufsausbildungsvertrag (BAV) muss nach Berufsbildungsgesetz (BBiG) Mindestvorschriften enthalten. Welche Angaben sind *nicht* zulässig?
A: Verpflichtung zur Teilnahme an überbetrieblichen Ausbildungsmaßnahmen
B: Dauer der täglichen Arbeitszeit
C: Höhe der Ausbildungsvergütung
D: Verpflichtung, nach der Ausbildung im Betrieb weiter tätig zu sein
E: Lohnabzug bei Berufsschulversäumnissen
F: Verbot, einer Gewerkschaft beizutreten
G: Vereinbarung über Lehrzeitverkürzung
H: Dauer der Probezeit

2 Die Firma Automotiv plant, das gesamte Unternehmen neu zu strukturieren. So soll unter anderem die Fertigung an einen kostengünstigen Standort in den neuen Bundesländern verlagert werden, einige Betriebsteile geschlossen werden, ein Teil der Fertigung „outgesourct", die Betriebskantine an ein Cateringunternehmen vergeben und mindestens 20 % der Mitarbeiter entlassen werden.
Welche Mitwirkungsmöglichkeiten hat der Betriebsrat?
Beurteilen Sie auch die Wirksamkeit.

3 Eine Umfrage bei Arbeitgeberverbänden hat ergeben, dass junge Facharbeiter am Arbeitsmarkt dann die größten Chancen haben, wenn sie über Zuatzqualifikationen verfügen.
Nennen Sie fünf solcher Zusatzqualifikationen und warum sie wichtig sind und beurteilen Sie deren Bedeutung.

4 Die gesetzlichen Sozialversicherungen decken einen großen Teil der Risiken im Leben ab, trotzdem bleiben Lücken.
Nennen Sie zwei solcher Vorsorgelücken und geben Sie an, wie man diese Lücken schließen könnte.

Musterprüfungssatz 2 – Sie haben 45 Minuten Zeit!

A Multiple-Choice-Fragen

Kreuzen Sie die richtige Lösung an!

1. Welche Behauptung zu Investitionen privater Unternehmen trifft *nicht* zu?
1. Arbeitsplätze schaffen ☐
2. Gewinne erhöhen ☐
3. Fertigung rationalisieren ☐
4. Rendite verringern ☐
5. Produktivität steigern ☐

2. Was versteht man unter beruflicher Mobilität?
1. Die Bereitschaft, mit dem Pkw zur Arbeit zu fahren. ☐
2. Die Notwendigkeit, den Beruf mehrmals zu wechseln. ☐
3. Die Bereitschaft, sich beruflichen Anforderungen anzupassen. ☐
4. Die Bereitschaft, den Wohnort zu wechseln. ☐
5. Die Bereitschaft, sich körperlich fit zu halten. ☐

3. In welchem Fall spricht man von globaler Arbeitsteilung?
1. Ein Unternehmen vertreibt seine Erzeugnisse weltweit. ☐
2. Ein Betrieb lässt in einem Zweigwerk im Ausland fertigen. ☐
3. Ein Unternehmen bezieht Zulieferteile aus aller Welt. ☐
4. Ein Unternehmen verlagert seine gesamte Fertigung ins Ausland. ☐
5. Ein Betrieb beschäftigt Mitarbeiter aus mehreren Nationen. ☐

4. In welchem Fall handelt es sich um eine Schlecht-Leistung?
1. Der Käufer verweigert die Annahme einer bestellten Ware. ☐
2. Der Käufer bezahlt eine gelieferte Ware nicht fristgemäß. ☐
3. Der Verkäufer übergibt die Ware erst nach Barzahlung. ☐
4. Der Käufer tritt von einem Kauf ohne Angabe von Gründen zurück. ☐
5. Die Bedienungsanleitung für eine gelieferte Ware ist fehlerbehaftet. ☐

5. Was unterscheidet ein Unternehmen der öffentlichen Hand von privaten Unternehmen?
1. Es muss bei der Preisgestaltung soziale Gesichtspunkte berücksichtigen. ☐
2. Die Produktivität spielt keine Rolle. ☐
3. Es muss „schwarze" Zahlen erwirtschaften. ☐
4. Die Mitarbeiter genießen einen besonderen Kündigungsschutz. ☐
5. Es darf kein Betriebsrat gewählt werden. ☐

6. Ein Firmeninhaber bietet seinen Mitarbeitern an, sich am Unternehmen als Kommanditisten zu beteiligen. Welche Unternehmensform liegt hier vor?

1. Aktiengesellschaft (AG) ☐
2. Offene Handelsgesellschaft (OHG) ☐
3. Kommanditgesellschaft (KG) ☐
4. Gesellschaft bürgerlichen Rechts (GbR) ☐
5. Gesellschaft mit beschränkter Haftung (GmbH) ☐

7. In welchem Fall spricht man von einer außerordentlichen Kündigung?

1. Kündigung durch den Arbeitgeber wegen Leistungsverweigerung ☐
2. Kündigung zum Ende der Ausbildungszeit ☐
3. Kündigung zum Ende der Lebensarbeitszeit ☐
4. Kündigung wegen Behinderung der Betriebsratsarbeit ☐
5. Kündigung wegen Auftragsmangel ☐

8. Was beeinflusst das Arbeitsentgelt eines Leistungslöhners am stärksten?

1. die Anwesenheitszeit im Betrieb ☐
2. die Arbeitszeit in Stunden ☐
3. die produzierte Qualität ☐
4. die Mengenleistung ☐
5. die Kombination aus Termintreue und Qualität ☐

9. Was entspricht dem Jugendarbeitsschutzgesetz (JugArbSchG)?

1. Jugendliche dürfen nur zwischen 8 und 24 Uhr beschäftigt werden. ☐
2. Jugendlicher ist, wer noch nicht 18, aber 15 Jahre alt ist. ☐
3. Jugendliche dürfen sonntags nicht beschäftigt werden. ☐
4. Die Ausbildungsvergütung orientiert sich am Lebensalter. ☐
5. Der Urlaub für Jugendliche beträgt einheitlich 30 Werktage. ☐

10. In welchem Fall hat der Betriebsrat ein Mitbestimmungrecht?

1. Entwicklung neuer Erzeugnisse ☐
2. Einführung von Kurzarbeit ☐
3. Pausengestaltung ☐
4. Verlagerung der Produktion ins Ausland ☐
5. Umstellung der Fertigung vom Verrichtungs- auf das Fließprinzip ☐

11. In welchem Fall handelt es sich um eine gesetzliche Sozialleistung des Arbeitgebers?

1. verkürzte Arbeitszeit für Arbeitnehmer in Wechselschicht ☐
2. kostenlose Berufskleidung ☐
3. Zuschuss zum Kantinenessen ☐
4. Entgeltfortzahlung im Krankheitsfall ☐
5. Übernahme der Fahrtkosten im öffentlichen Personennahverkehr ☐

12. Wie wird die gesetzliche Rentenversicherung finanziert?

1. Beiträge und Riesterrente der Arbeitnehmer ☐
2. Beiträge und Rürup-Rente der Arbeitgeber ☐
3. gesetzliche und freiwillige Beiträge von Arbeitgebern und Arbeitnehmern ☐
4. Umlageverfahren für alle Arbeitnehmer ☐
5. Beiträge von Arbeitgebern und Arbeitnehmern sowie Zuschüsse aus dem Bundeshaushalt ☐

13. In welchem Fall ist ein Sozialgericht zuständig?

1. Ein Arbeitnehmer klagt gegen die Anordnung von Kurzarbeit. ☐
2. Ein Betriebsrat fühlt sich vom Arbeitgeber behindert. ☐
3. Ein Arbeitssuchender klagt gegen die Ablehnung seiner Bewerbung. ☐
4. Ein Patient fühlt sich von seinem Arzt schlecht beraten. ☐
5. Ein Arbeitnehmer klagt gegen die Ablehnung einer Rehabilitationsmaßnahme durch die Rentenversicherung. ☐

14. Eine Gewerkschaft plant zur Unterstützung ihrer Lohnforderung einen Warnstreik. Was trifft zu?

1. Streiks dürfen nur vom Betriebsrat organisiert werden. ☐
2. Warnstreiks sind während der Friedenspflicht nicht zulässig. ☐
3. Es hat erst eine Urabstimmung stattzufinden. ☐
4. Warnstreiks im öffentlichen Dienst sind unzulässig. ☐
5. Warnstreiks fördern einen Tarifabschluss. ☐

15. Welche Versicherung ergänzt das System der gesetzlichen Sozialversicherungen?

1. Risiko-Lebensversicherung ☐
2. Unfallversicherung ☐
3. Krankenversicherung ☐
4. Pflegeversicherung ☐
5. Reisegepäckversicherung ☐

16. Ein Auszubildender plant, nach Abschluss seiner Berufsausbildung ein Jahr in Großbritannien zu arbeiten. Welchen Vorteil kann er durch diesen Auslandsaufenthalt *nicht* erwarten?

1. bessere Sprachkenntnisse ☐
2. persönliche Flexibilität ☐
3. höheres Einkommen nach seiner Rückkehr ☐
4. soziale Absicherung während seines Auslandsaufenthalts ☐
5. erweiterter beruflicher und persönlicher Horizont ☐

B Offene Fragen
Beantworten Sie alle Aufgaben in Stichworten!

1 Das Berufsbildungsgesetz (BBiG) unterscheidet Berufsvorbereitung, Berufsausbildung, berufliche Fortbildung und Umschulung. Ordnen Sie die einzelnen Maßnahmen jeweils richtig zu (Mehrfachzuordnungen sind möglich):
Erstausbildung, Vorbereitungslehrgang für Schulabgänger, Erhaltung der beruflichen Fertigkeiten, Ausbildung zum Meister, Fortbildung zum Techniker, CNC-Lehrgang für Industriemechaniker, geordnete Ausbildung, Ausbildung eines Zerspanungsmechanikers zum Technischen Zeichner als Rehabilitationsmaßnahme, VHS-Kurs zur Persönlichkeitsentwicklung, Sprachkurs für einen Reisemonteur.

Berufsvorbereitung	Berufsausbildung	Fortbildung	Umschulung

2 In der Volkswirtschaft unterscheidet man private Unternehmen und Unternehmen der Öffentlichen Hand. Kreuzen Sie jeweils die zutreffende Lösung an (Mehrfachankreuzungen sind möglich).

	Art des Unternehmens		Unternehmensziel		Vorherrschende Unternehmensform			
	öffentliches	privates	Leistung für die Allgemeinheit anbieten	Gewinne erzielen	Einzelunternehmen	AG	GmbH	Kommunalbetrieb
Tante-Emma-Laden								
Pkw-Hersteller								
Lebensversicherungsgesellschaft								
Kiosk im Schwimmbad								
Gebäudereinigung								
Energieversorgungsunternehmen								
städtische Kläranlage								
U-Bahn								

3 Ein Auszubildender wird am 1. Februar 18 Jahre alt. Beantworten Sie die Fragen mithilfe des Auszugs aus dem JArbSchG. Der Auszubildende arbeitet in einem tarifgebundenen Betrieb der Metallindustrie. Der Urlaubsanspruch nach Tarifvertrag beträgt 30 Arbeitstage.

a) Wie viele Tage und Wochen
   beträgt der Urlaubsanspruch
   des Jugendlichen nach
   a) JArbSchG?
   b) Tarifvertrag?

b) Welcher Anspruch geht vor?

Auszug aus dem JArbSchG:
§ 19: Urlaub
(2) Der Urlaub beträgt jährlich
1. mindestens 30 Werktage, wenn der Jugendliche zu Beginn des Kalenderjahres noch nicht 16 Jahre alt ist,
2. mindestens 27 Werktage, wenn der Jugendliche zu Beginn des Kalenderjahres noch nicht 17 Jahre alt ist,
3. mindestens 25 Werktage, wenn der Jugendliche zu Beginn des Kalenderjahres noch nicht 18 Jahre alt ist,

4 Die Übersicht zeigt die im Jahr 2009 am häufigsten gewählten Ausbildungsberufe:

1. Fachinformatiker/-in	6. Kaufmann/-frau für Bürokommunikation	11. Elektroniker/-in	16. Koch/Köchin	21. Friseur/-in
2. Industrie-mechaniker/-in	7. Mechatroniker/-in	12. Kaufmann/-frau im Groß- und Einzelhandel	17. Zahnmedizinische/r Fachangestellte/r	22. Anlagen-mechaniker/-in
3. Bürokaufmann/-frau	8. Verkäufer/-in	13. Maler/-in und Lackierer/-in	18. Kaufmann/-frau im Einzelhandel	23. Fachverkäufer/-in im Lebensmittelhandwerk
4. Industriekaufmann/-frau	9. Medizinische/r Fachangestellte/r	14. Gärtner/-in	19. Fachkraft für Lagerlogistik	24. Hotelfachmann/-frau
5. Bürokaufmann/-frau	10. Tischler/-in	15. Metallbauer/-in	20. Kfz-Mechantroniker/-in	25. Restaurant-fachmann/-frau

a) Nennen Sie je drei Gründe, warum bestimmte Ausbildungsberufe beliebt und andere weniger beliebt sind.
b) Welchen Einfluss haben Ihrer Meinung nach die Aufstiegs- und Weiterbildungschancen für die Berufswahl?

5 Die Mitwirkungsrechte eines Betriebsrats sind abgestuft.
Nennen Sie jeweils zwei Beispiele zu den unterschiedlich wirksamen Rechten:

Mitbestimmungsrechte bei	Anhörungsrechte bei	Informations- und Beratungs-rechte zu
a)	a)	a)
b)	b)	b)

6 Die gesetzlichen Sozialversicherungen – Renten-, Kranken- und Arbeitslosenversicherung – stehen vor großen Finanzierungsproblemen. Nennen Sie je zwei Ursachen für deren Finanzierungsprobleme und zusätzlich je zwei bereits beschlossene oder noch zu erwartende Lösungsansätze.

Versicherung	Rentenversicherung	Krankenversicherung	Arbeitslosenversicherung
Ursachen für Finanzierungsprobleme	a) b)	a) b)	a) b)
Lösungsansätze	a) b)	a) b)	a) b)

Musterprüfungssätze

Achtung:
- Von den angebotenen **16 Multiple-Choice-Aufgaben** müssen Sie in der Abschlussprüfung **alle Aufgaben bearbeiten.** Es ist jeweils nur eine Antwort richtig.

- Von den angebotenen **fünf offenen Aufgaben** müssen Sie in der Abschlussprüfung **alle Aufgaben bearbeiten.** Antworten Sie in Stichpunkten.

A Multiple-Choice-Fragen      Kreuzen Sie die richtige Lösung an!

1. Ein Berufsausbildungsvertrag
1. ist nicht kündbar. ☐
2. ist jederzeit mit einer Frist von 14 Tagen kündbar. ☐
3. ist eine Sonderform des Arbeitsvertrags. ☐
4. ist der Arbeitsagentur zur Genehmigung vorzulegen. ☐
5. kann nur aus wichtigem Grund gekündigt werden. ☐

2. Wer sind die Vertragspartner in der Berufsausbildung?
1. Ausbilder und Auszubildender ☐
2. Ausbildender und Auszubildender ☐
3. Auszubildender und IHK ☐
4. Ausbilder und Arbeitsagentur ☐
5. Auszubildender und Berufsschule ☐

3. Die Verbundausbildung ist eine Berufsausbildung
1. in Betrieb und Berufsschule. ☐
2. über mehrere Jahre. ☐
3. in zwei Ausbildungsbetrieben. ☐
4. als Rehabilitationsmaßnahme. ☐
5. während einer Umschulung. ☐

4. Was ist *nicht* Teil des Arbeitsrechts?
1. Arbeitsverträge ☐
2. Betriebsvereinbarungen ☐
3. Tarifvertragsrecht ☐
4. Mutterschutz ☐
5. Sozialgesetzbücher ☐

5. Was gilt für Interessenverbände der Wirtschaft?
1. Es besteht Zwangsmitgliedschaft. ☐
2. Sie müssen politisch neutral sein. ☐
3. Der Staat finanziert ihren Aufwand. ☐
4. Sie beeinflussen Parteien und Staat. ☐
5. Sie vertreten nur Arbeitnehmer-interessen. ☐

6. Für die Jugend- und Auszubildenden-vertretung (JAV) gilt:
1. Sie darf selbst Versammlungen abhalten. ☐
2. Ihre Mitglieder sind unkündbar. ☐
3. Sie können Verträge mit der Unternehmensleitung schließen. ☐
4. Ihr Vorsitzender ist Mitglied des Betriebsrats. ☐
5. Sie kann eingerichtet werden, auch wenn kein Betriebsrat besteht. ☐

7. In welchem Fall liegt eine allgemeine Weiterbildung vor?
1. Besuch einer Meisterschule ☐
2. Fortbildung zum Techniker ☐
3. Rhetorikkurs an einer VHS ☐
4. Umschulung zum Datentypisten ☐
5. Erwerb der Fachhochschulreife ☐

8. **Welche Entwicklung kann zu Problemen in der gesetzlichen Rentenversicherung führen?**
   1. Sperrung des Arbeitslosengelds ☐
   2. Klage gegen Zuzahlung bei Arztleistungen ☐
   3. Klage gegen einen Bescheid über Hartz IV ☐
   4. Kündigungsschutzklagen ☐
   5. Klagen gegen Kürzung des Kindergelds ☐

9. **Die Sozialgerichtsbarkeit ist *nicht* zuständig bei**
   1. verlängerter Lebensarbeitszeit. ☐
   2. steigenden Löhnen. ☐
   3. Rückgang der Zahl der Arbeitslosen. ☐
   4. steigendem Bruttoinlandsprodukt. ☐
   5. demografischer Entwicklung. ☐

10. **Welche Abteilung gehört zum Bereich „Beschaffung" eines Industriebetriebs?**
    1. Materiallager ☐
    2. Einkauf ☐
    3. Personalabteilung ☐
    4. Qualitätsmanagement ☐
    5. Controlling ☐

11. **Wie wird die Rendite in % eines Unternehmens berechnet?**
    1. Gewinn x 100 / eingesetztes Kapital ☐
    2. Aufwand / Ertrag ☐
    3. Gewinn x 100 / Kosten ☐
    4. Ausbringung / Einsatz ☐
    5. Gewinn x 100 / Umsatz ☐

12. **Was gilt für den Aufsichtsrat eines Unternehmens?**
    1. Er ist identisch mit der Unternehmensleitung. ☐
    2. Nur Aktionäre dürfen Mitglied sein. ☐
    3. Er bestellt und kontrolliert den Vorstand. ☐
    4. Es herrscht im Aufsichtsrat immer paritätische Mitbestimmung. ☐
    5. Der Staat stellt die Hälfte der Mitglieder. ☐

13. **In welchem Fall liegt eine Fusion vor?**
    1. Mehrere Brauereien gründen eine gemeinsame Vertriebsgesellschaft. ☐
    2. Ein Pkw-Hersteller erwirbt eine Minderheitsbeteiligung an anderen Herstellern. ☐
    3. Zwei Unternehmen schließen sich zusammen. ☐
    4. Zweigbetriebe eines Unternehmens werden zusammengelegt. ☐
    5. Ein Betrieb betreibt Outsourcing. ☐

14. **Welche Folge hat eine Privatinsolvenz?**
    1. Eine Bank übernimmt die Schuldenverwaltung. ☐
    2. Die Gläubiger verzichten auf ihre Forderungen. ☐
    3. Der Schuldner ist vor Pfändung sicher. ☐
    4. Eine Restschuldbefreiung ist möglich. ☐
    5. Ein Schuldner verliert seine Geschäftsfähigkeit. ☐

15. **Was kennzeichnet eine soziale Marktwirtschaft?**
    1. Der Staat beteiligt sich an Unternehmen. ☐
    2. Es gelten Mindestlöhne in allen Branchen. ☐
    3. Die gesetzlichen Sozialversicherungen sind verstaatlicht. ☐
    4. Der Staat sorgt für Wettbewerb und sozialen Schutz. ☐
    5. Ein Schuldner verliert seine Geschäftsfähigkeit. ☐

16. **Was kennzeichnet eine Depression der Wirtschaft?**
    1. Bruttoinlandsprodukt sinkt ☐
    2. Zinsen steigen ☐
    3. Löhne bleiben stabil ☐
    4. Arbeitslosenzahlen sinken ☐
    5. Staatsverschuldung bleibt stabil ☐

135

Aufgaben

B Offene Fragen
Beantworten Sie alle Aufgaben in Stichworten!

1 Ein Unternehmen veröffentlicht folgende Zahlen:
Gewinn: 0,2 Mio. €,
Aufwand: 1,4 Mio. €,
Erträge: 1,2 Mio. €,
Eigenkapital: 0,6 Mio. €
a) Berechnen Sie die
   – Wirtschaftlichkeit W;
   – Rendite R des Eigenkapitals in %;
   – Umsatzrendite UR in %.
b) Nennen Sie drei Maßnahmen, mit denen
das Unternehmen seinen Gewinn steigern
könnte.

2 Skizziert sind die Alterspyramiden des Jahres
1900 sowie die für das Jahr 2020 erwartete.
a) Nennen Sie zwei bemerkenswerte Unterschiede.
b) Welche zwei Probleme können sich aus den
Unterschieden für die Rentenversicherung
ergeben?
c) Schlagen Sie zwei Lösungen vor, diese
Probleme zu mindern.

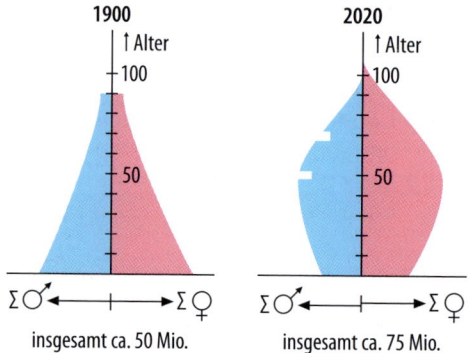

3 Durch eine lang anhaltende Wirtschaftskrise
gerät ein Pkw-Hersteller in eine Absatzkrise und
muss möglicherweise Mitarbeiter entlassen.
Nennen Sie je zwei Möglichkeiten der
Krisenbewältigung durch
a) den Staat,
b) das betroffene Unternehmen,
c) die Mitarbeiter.

4 Bei Konzernbildung auf nationaler Ebene unterscheidet man
vertikale, horizontale, diagonale Konzentration.
a) Beschreiben Sie drei Möglichkeiten von
Unternehmenszusammenschlüssen am
Beispiel der Automobilindustrie.
b) Warum kann der Staat Unternehmenszusammenschlüsse beeinflussen?
Nennen Sie dazu ein Ihnen bekanntes Beispiel.

5 Ein Kunde bestellt bei einem Internetanbieter
eine Digitalkamera, Lieferung fünf Tage nach
Bestellung, zahlbar 14 Tage nach Erhalt der Ware.
Nennen und erläutern Sie an diesem Fall zwei
Beispiele für Leistungsstörungen durch den
a) Verkäufer, b) Käufer.

6 Bezeichnen Sie die Phasen des skizzierten
Konjunkturverlaufs und geben Sie
die Entwicklung der Messgrößen an:
↑ steigt ↓ fällt.

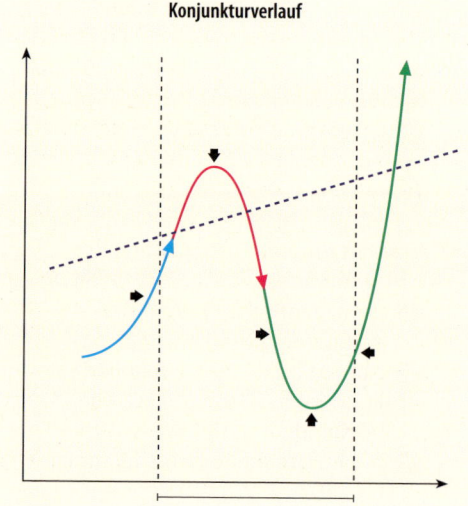

5 Lösungen zu den Aufgaben

Musterprüfungssatz 1 – Seite 124 bis 127

Lösungen zu Teil A:
Multiple-Choice-Aufgaben, Seite 124–126
Wertung: 70 % der Abschlussprüfung

1. ③	2. ①	3. ①	4. ④	5. ⑤
6. ⑤	7. ③	8. ③	9. ④	10. ③
11. ④	12. ②	13. ②	14. ⑤	15. ②
16. ④	17. ④	18. ①	19. ②	20. ④
21. ④	22. ③	23. ①	24. ③	25. ⑤

Lösungen zu Teil B:
Offene Fragen (in Kurzform), Seite 127
Wertung: 30 % der Abschlussprüfung

zu ❶
Nicht zulässig in einem BAV sind Vereinbarungen zu:
D: Verpflichtung, nach der Ausbildung im Betrieb weiter tätig zu sein
E: Lohnabzug bei Berufsschulversäumnissen
F: Verbot, einer Gewerkschaft beizutreten

zu ❷
Mitwirkungsmöglichkeiten ergeben sich aus § 111, § 112 BetrVG. Der Betriebsrat muss allerdings nur unterrichtet werden, die Unternehmensleitung hat sich dann mit ihm zu beraten. Wird ein Sozialplan notwendig und kommt keine Einigung zustande, dann entscheidet die Einigungsstelle.

zu ❸
Zusatzqualifikationen von jungen Facharbeitern, z. B.:
- Fremdsprachenkenntnisse: Die Welt wird ein globaler Markt (sehr wichtig);
- soziale Kompetenz: Die Menschen leben und arbeiten in Gemeinschaften zusammen (wichtig);
- fachliche Kompetenz: Der Betriebserfolg hängt u. a. von den Fachkenntnissen der Mitarbeiter ab (sehr wichtig);
- Kommunikationsfähigkeit: Der persönliche und fachliche Austausch am Arbeitsplatz wird immer wichtiger (erwünscht, aber nicht entscheidend);
- Teamfähigkeit: Kaum jemand arbeitet an Einzelarbeitsplätzen, sondern in Teams (wichtig);
- Weiterbildungsgrundlagen: Der technische Fortschritt fordert von Fachkräften permanente lebenslange Weiterbildung (sehr wichtig);

- unternehmerisches Denken: An Arbeitsplätzen mit Arbeitsteilung ist jeder Kunde und Lieferant zugleich (erwünscht, aber nicht entscheidend);
- spezielles Fachwissen: Moderne Maschinen und Anlagen verlangen Spezialisierung (wichtig).

zu ❹
Nicht abgedeckte Risiken sind z. B.
- Unfälle im privaten Lebensbereich; sie lassen sich durch eine private Unfallversicherung absichern.
- Regressansprüche durch eigene Fahrlässigkeit, z. B. beim Sport; sie lassen sich durch eine Privathaftpflichtversicherung absichern.

Musterprüfungssatz 2 – Seite 128 bis 133

Lösungen zu Teil A:
Multiple-Choice-Aufgaben, Seite 128–130
Wertung: 40 % der Abschlussprüfung

1. ④	2. ③	3. ③	4. ⑤	5. ①
6. ③	7. ①	8. ④	9. ②	10. ③
11. ④	12. ⑤	13. ⑤	14. ⑤	15. ①
16. ③				

Lösungen zu Teil B:
Offene Fragen (in Kurzform), Seite 131–133
Wertung: 60 % der Abschlussprüfung

zu ❶

Berufsvorbereitung	Berufsausbildung
Vorbereitungslehrgang für Schulabgänger	Erstausbildung, geordnete Ausbildung
Fortbildung	**Umschulung**
Erhaltung der beruflichen Fertigkeiten • Ausbildung zum Meister • Fortbildung zum Techniker • CNC-Lehrgang für Industriemechaniker • Sprachkurs für einen Reisemonteur	• Geordnete Ausbildung, • Ausbildung eines Zerspanungsmechanikers zum Technischen Zeichner als Rehabilitationsmaßnahme

zu **2**

	Art des Unternehmens		Unternehmensziel		Vorherrschende Unternehmensform			
	öffentliches	privates	Leistung für die Allgemeinheit anbieten	Gewinne erzielen	Einzelunternehmen	AG	GmbH	Kommunalbetrieb
Tante-Emma-Laden		X		X	X			
Pkw-Hersteller		X		X		X		
Lebensversicherungsgesellschaft		X		X		X	X	
Kiosk im Schwimmbad		X		X	X		X	
Gebäudereinigung		X		X	X	X	X	
Energieversorgungsunternehmen		X		X		X	X	
städtische Kläranlage	X		X					X
U-Bahn	X		X					X

zu **3**

3.1 Urlaubsanspruch des Jugendlichen nach
   a) JArbSchG: 25 Werktage = 4 Wochen und 1 Tag; b) Tarifvertrag: 30 Arbeitstage = 6 Wochen
3.2 Der Urlaubsanspruch aus dem Tarifvertrag geht vor, der Auszubildende hat 30 Arbeitstage bezahlten Urlaub.

zu **4**

a) Gründe, warum Ausbildungsberufe
   • beliebt sind: hohes Ansehen in der Gesellschaft, geregelte Arbeitszeiten, hohe Ausbildungsvergütung
   • weniger beliebt sind: geringes gesellschaftl. Ansehen, Schichtarbeit, geringe Ausbildungsvergütung
b) die Aufstiegs- und Weiterbildungschancen sind ein wichtiges Motiv für die Berufswahl, denn sie sind z. B. bei
   Fachinformatikern und Industriemechanikern sehr gut, bei Hotel- und Restaurantfachkräften eher gering.

zu **5**

Mitbestimmungsrechte bei	Anhörungsrechte bei	Informations- und Beratungsrechte zu
a) Gestaltung der Arbeits- und Pausenzeiten b) Einrichtungen zur Überwachung von Mitarbeitern	a) Kündigungen von Arbeitnehmern b) Versetzung von Mitarbeitern	a) Fertigung neuer Erzeugnisse b) Einstellung von leitenden Angestellten

zu **6**

	Rentenversicherung	Krankenversicherung	Arbeitslosenversicherung
Ursachen für Finanzierungsprobleme:	a) zunehmende Lebenserwartung b) rückläufige Geburtenrate	a) steigendes Gesundheitsbewusstsein b) zunehmende Lebenserwartung	a) steigende Arbeitslosenzahlen b) Verlagerung von Arbeitsplätzen ins Ausland
Lösungsansätze:	a) Rente mit 67 b) geringere Rentensteigerungen	a) Leistungseinschränkungen b) steigende Beiträge	a) steigende Beiträge b) Leistungseinschränkungen, z. B. Hartz IV

Musterprüfungssatz 3 – Seite 134 bis 136

Lösungen zu Teil A:
Multiple-Choice-Aufgaben, Seite 134–135
Wertung: 40 % der Abschlussprüfung

1. ⑤   2. ②   3. ③   4. ⑤   5. ④
6. ①   7. ③   8. ⑤   9. ④   10. ②
11. ①   12. ③   13. ③   14. ④   15. ④
16. ①

Lösungen zu Teil B:
Offene Fragen (in Kurzform), Seite 136
Wertung: 60 % der Abschlussprüfung

zu ①
Gewinn: 0,2 Mio. €, Aufwand 1,2 Mio. €,
Erträge 1,4 Mio. €, Eigenkapital 0,6 Mio. €,
Umsatz 2,5 Mio. €
a) Berechnen Sie
- Wirtschaftlichkeit $W = \dfrac{Ertrag}{Aufwand}$

  $W = \dfrac{1,4 \text{ Mio. } €}{1,2 \text{ Mio. } €}$

  W = 1,16

- Rendite R des Eigenkapitals $= \dfrac{Gewinn \times 100}{Eigenkapital}$

  $R = \dfrac{0,2 \text{ Mio. } € \times 100}{0,6 \text{ Mio. } €}$

  R = 33,3 %

- Umsatzrendite $R_U = \dfrac{Gewinn \times 100}{Umsatz}$

  $R_U = \dfrac{0,2 \text{ Mio. } € \times 100}{2,5 \text{ Mio. } €}$

  R_U = 8 %

b) Der Gewinn ließe sich steigern durch
- Erhöhen der Erträge, z. B. Preissteigerungen für die Erzeugnisse,
- Verringern der Kosten, z. B. Zulieferer geringer entlohnen,
- einfache Arbeiten outsourcen,
- Lohnkosten durch höhere Automatisierung verringern.

zu ②
a) Unterschiede in den Alterspyramiden:
   1900: Zahl der Kinder nimmt gleichmäßig zu.
         Nur wenige werden sehr alt.
   2020: Zahl der Kinder nimmt stark ab.
         Die Lebenserwartung ist stark gestiegen.

b) Probleme aus den Unterschieden für die Rentenversicherung:
- Die Rentenbezugszeiten werden länger.
- Die Zahl der Beitragszahler nimmt laufend ab.

c) Lösungen zur Minderung dieser Probleme:
- Renteneintrittsalter erhöhen,
- private Vorsorge außerhalb der gesetzlichen Rentenversicherung fördern.

zu ③
Möglichkeiten der Krisenbewältigung bei einem Pkw-Hersteller durch
a) den Staat:
- Kurzarbeitergeld,
- Absatzförderung, z. B. durch Abwrackprämien;

b) das betroffene Unternehmen:
- Veränderung der Produktion, z. B. Elektrofahrzeuge,
- Erschließen neuer Märkte;

c) die Mitarbeiter:
- Umschulung in andere Berufe außerhalb der Pkw-Industrie,
- Mobilität in Wachstumsregionen.

zu ④
a) Unternehmenszusammenschlüsse am Beispiel der Automobilindustrie:
- Vertikale Konzentration: Unternehmen entlang der Wertschöpfungskette schließen sich zusammen: Stahlgewinnung, Blechwalzwerk, Zulieferbetriebe, Pkw-Hersteller, Pkw-Handel.
- Horizontale Konzentration: Unternehmen der gleichen Branche schließen sich zusammen, z. B. mehrere Pkw-Hersteller.
- Diagonale Konzentration: Unternehmen unterschiedlicher Branchen schließen sich zusammen: Pkw-Hersteller, Motorradhersteller, Lkw-Hersteller.

b) Der Staat hat die Aufgabe, den Wettbewerb zu sichern. Das „Kartellgesetz" gibt die Möglichkeit, Unternehmenszusammenschlüsse zu untersagen oder nur mit Auflagen zu genehmigen.
So können Energieversorgungsunternehmen (EVU) gezwungen werden, sich von ihrem Netz zu trennen, um eine vertikale Konzentration zu verhindern (wenige EVUs besitzen die ganze Prozesskette von Kohleförderung über Kraftwerke, Stromnetz bis zum Hausanschluss).

zu ⑤

Leistungsstörungen durch

a) Verkäufer:
- Nicht-Rechtzeitig-Lieferung: Die Digitalkamera wird erst nach einem Monat geliefert.
- Schlechtleistung: Die Bedienungsanleitung liegt nicht auf Deutsch vor.

b) Käufer:
- Gläubigerverzug: Der Kunde verweigert die Annahme der Digitalkamera bei Lieferung.
- Nicht-Rechtzeitig-Zahlung: Der Kunde bezahlt erst drei Wochen nach Erhalt der Kamera.

zu ⑥

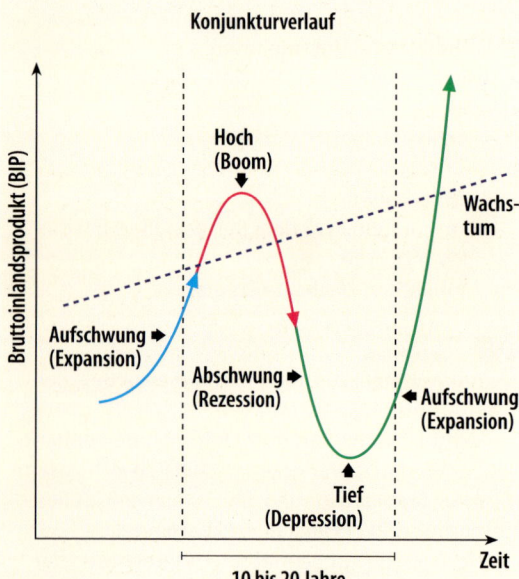

Konjunkturverlauf

Boom:	**Depression:**
Arbeitslosenzahl: ↓	Arbeitslosenzahl: ↑
Zinsen: ↑	Zinsen: ↓
Preise: ↑	Preise: ↓

Kapitel 1: Prüfungsgebiet
Der Jugendliche in Ausbildung und Betrieb

Teilgebiet 1.1: *Berufliche Erstausbildung im Ausbildungsbetrieb*

Lösungen zu den offenen Fragen (in Kurzform) auf Seite 9:

zu ①

Eigene Ausbildung lohnt, da
- Nachwuchs betriebsspezifisch ausgebildet werden kann,
- keine Kosten für Einarbeitungszeit von neuen Mitarbeitern anfallen,
- ein guter Mix von Stammpersonal und jungen Mitarbeitern herrscht.

zu ②

Produktionsfaktoren, z. B. bei der Herstellung von Getriebemotoren:
a) Arbeit: geistige und körperliche Arbeit bei der Konstruktion, Planung, der Arbeit an Werkzeugmaschinen und bei der Montage.
b) Boden: Standort des Betriebs.
c) Kapital: Maschinen und Anlagen zur Fertigung, Betriebsgebäude.

zu ③

Produktionsformen: A = Urproduktion, B = Verarbeitung, C = Dienstleistung

Berufsschule	C
Herstellung von PC-Chips	B
Drehmaschinenherstellung	B
U-Bahn betreiben	C
Gewerblicher Schneeräumdienst	C
Getreideanbau	A
Großhandel	C

zu ④

Ausbildungsberuf, z. B. Metallbauer: Berufsfeld Metalltechnik
Weitere Berufe im Berufsfeld Metalltechnik: Konstruktionsmechaniker, Zerspanungsmechaniker, Werkzeugmechaniker.

zu ⑤

Ein Ausbildender muss
- persönlich und fachlich geeignet sein,
- die notwendigen Einrichtungen für die Ausbildung besitzen,
- ein angemessenes Verhältnis zwischen der Anzahl der Mitarbeiter und den Auszubildenden sicherstellen können.

zu
Wichtige Inhalte eines Berufsausbildungsvertrags sind u. a.:
a) Art, Beginn, Dauer sowie zeitliche und sachliche Gliederung der Ausbildung
b) Dauer der Probezeit
c) Ausbildungsvergütung
d) Urlaubsdauer
e) tägliche Arbeitszeit
f) Verfahren zur Kündigung des Ausbildungsverhältnisses

zu
Besonderheiten eines Berufsausbildungsverhältnisses gegenüber einem Arbeitsverhältnis:
a) Vermittlung von Fertigkeiten und Kenntnissen steht im Vordergrund.
b) Es ist auf Zeit angelegt (Ausbildungsdauer).
c) Der Azubi erhält keinen Lohn für geleistete Arbeit, sondern eine Ausbildungsvergütung.
d) Es besteht in der Regel Berufsschulpflicht.

zu
Der Azubi kann mit einer Frist von vier Wochen sein Ausbildungsverhältnis kündigen. Ein Fortsetzen der Ausbildung in einem anderen Betrieb ist nur mit Zustimmung der Kammer möglich. Er muss sich deshalb erst an den Ausbildungsberater der Kammer wenden.

zu
Die Ausbildungsordnung soll eine planmäßige, geordnete und umfassende Ausbildung für alle Auszubildenden im jeweiligen Beruf sicherstellen.

zu
Die Zwischenprüfung ist unter anderem eine Rückmeldung für den Azubi darüber, welchen Kenntnisstand er zur „Halbzeit" erreicht hat.

zu
Prüfung bestanden: Fertigkeitsprüfung Note 3,0
Kenntnisprüfung: Note 4,0 (4,5 x Faktor 2 + 3,0 x Faktor 2 + 5,0 x Faktor 1 / Faktor 5 = 4,0)

zu
Nein, denn ein Zeitvertrag endet mit Fristablauf, ohne dass es einer Kündigung bedarf.

zu ⑬
Es handelt sich um einen Werkvertrag; er ist zulässig.

zu ⑭
Nein, denn der Betriebsrat muss nur gehört werden, seine Zustimmung ist aber nicht notwendig.

Lösungen zu den Multiple-Choice-Aufgaben auf den Seiten 10–11:

1. ④   2. ①   3. ③   4. ⑤   5. ⑤
6. ③   7. ②   8. ②   9. ①   10. ③
11. ③   12. ⑤   13. ③   14. ①   15. ④

Teilgebiet 1.2: *Duales System – Arbeitsrechte – Arbeitsschutz: bewährte Modelle*

Lösungen zu den offenen Fragen (in Kurzform) auf den Seiten 25–26:

zu
Lernorte:
- Betrieb:
  Firma Müller, Coburg; vermittelt die praktische Ausbildung sowie Fertigkeiten und Kenntnisse; Rechtsgrundlage ist das Berufsbildungsgesetz.
- Berufsschule:
  Die für den Ort des Betriebs zuständige Berufsschule; sie ergänzt die betriebliche Berufsausbildung und vermittelt allgemeine Bildung; Rechtsgrundlage bildet das Schulpflichtgesetz des Landes Bayern.

zu
- Berufsvorbereitung:
  Ziel ist es, den Einstieg in das Berufsleben zu erleichtern bzw. zu ermöglichen. Dabei sollen die Berufswahl unterstützt sowie die Voraussetzungen für die erfolgreiche Aufnahme einer Berufsausbildung geschaffen werden, die durch die Schulbildung nicht erreicht wurden.
- Berufsausbildung:
  Erstausbildung in einem anerkannten Ausbildungsberuf, z. B. Ausbildung zum Industriemechaniker
- Fortbildung
  Weiterbildung in einem erlernten oder ausgeübten Beruf, z. B. Fortbildung eines Industriemechanikers zum staatlich geprüften Maschinenbautechniker.
- Umschulung:
  Wechsel des Berufs nach einer Erstausbildung, z. B. Umschulung eines Industriemechanikers zum Technischen Zeichner, da er seinen Beruf nach einem Arbeitsunfall nicht mehr ausüben kann.

zu **3**

Akkordarbeit ist zulässig, wenn es dem Ausbildungszweck dienlich ist.

zu **4**

Der Azubi hat Anspruch auf ein Zeugnis. Das qualifizierte Zeugnis enthält neben Name, Ausbildungsbetrieb, Beruf, Tätigkeit, Dauer der Ausbildung zusätzlich Angaben über persönliche Führung, Bewertung der Leistungen usw.

zu **5**

Zuständige Stelle: Handwerkskammer;
Abschluss: Geselle

zu **6**

Bedeutung des Arbeitsrechts, abgestuft nach der Wichtigkeit:
1. Artikel 12 Grundgesetz
2. Mutterschutzgesetz
3. Manteltarifvertrag
4. Lohntarifvertrag
5. Gewohnheitsrecht
6. individueller Arbeitsvertrag

zu **7**

Pflichten des Arbeitgebers im Rahmen eines Arbeitsvertrags sind u. a.:
• Fürsorgepflicht
• Grundsatz der Gleichbehandlung aller Mitarbeiter
• Pflicht, den Lohn für die geleistete Arbeit zu bezahlen

Pflichten des Arbeitnehmers im Rahmen eines Arbeitsvertrages sind u. a.:
• Arbeitspflicht
• Verschwiegenheitspflicht
• Gehorsamspflicht

zu **8**

Vorteile von
• Zeitlohn:
  – einfache Berechnung
  – nicht von Leistungsschwankungen des Arbeitnehmers abhängig
  – Betrag ist für den Arbeitnehmer gesichert

• Prämienlohn:
  – Leistungsanreiz für den Arbeitnehmer
  – Schwerpunktbildung möglich, z. B. Konzentration auf Qualität
  – Leistungsdifferenzierung gegenüber den Mitarbeitern

• Akkordlohn:
  – Höhere Leistung steigert den Lohn sofort
  – Mengenleistung ist meist höher als beim Zeitlohn

zu **9**

• Reallohn:
  Kaufkraft des Lohns; d. h. die Menge der Güter und Dienstleistungen, die man für den Betrag des Lohns erhält.
• Nominallohn:
  Betrag des Lohns; z. B. Bruttolohn von 3250 €/Monat.
• Tariflohn:
  Lohn, den die Tarifvertragsparteien vereinbart haben; er entspricht dem Mindestlohn der jeweiligen Lohngruppe.

zu **10**

Technische Schutzvorschriften regeln die Sicherheit von Maschinen und Anlagen, z. B. im Rahmen des Geräte- und Produktionssicherheitsgesetzes, des Arbeitssicherheitsgesetzes.
Soziale Schutzvorschriften gewähren Rechte in bestimmten Situationen oder für bestimmte schutzwürdige Gruppen von Arbeitnehmern, z. B. im Rahmen des Bundesurlaubsgesetzes, des Kündigungsschutzgesetzes oder des Mutterschutzgesetzes.

zu **11**

Nein; der Jahresurlaub dient der Erholung; die Mitarbeiterin kann fristlos entlassen werden.

zu **12**

Akkordarbeit ist für werdende Mütter nicht zulässig; der Arbeitgeber muss ihr einen Ersatzarbeitsplatz im Zeitlohn anbieten. Sie muss aber dadurch keine Einbuße in der Lohnhöhe akzeptieren.

zu **13**

Diese Vereinbarung ist zulässig; die Regelarbeitszeit von 40 Stunden bezieht sich auf sechs Werktage pro Woche.

zu **14**

Kündigung:
a) ordentlich, wenn z. B.
  • das Verhalten des Arbeitnehmers nicht zu tolerieren ist, weil er beispielsweise immer unpünktlich ist (= verhaltensbedingt),
  • der Arbeitnehmer aufgrund von Auftragsmangel nicht beschäftigt werden kann (= betriebsbedingt);

b) fristlos, wenn z. B.
- der Arbeitnehmer seine Pflichten grob missachtet, beispielsweise laufend gegen Unfallverhütungsvorschriften verstößt,
- der Arbeitnehmer gegenüber Mitarbeitern und Vorgesetzten tätlich wird.

zu
Erhöhten Kündigungsschutz genießen z. B.
- Schwerbehinderte,
- Mitarbeiter, die Wehr- oder Ersatzdienst leisten,
- Mitarbeiter, die sich in der Elternzeit befinden.

zu
Wichtige Vorschriften aus dem Jugendarbeitsschutzgesetz sind z. B.
- Arbeitszeit: höchstens 8 Stunden pro Tag und 40 Stunden die Woche,
- Pausen: 30 Minuten bei 4,5 – 6 Stunden Arbeitszeit, 60 Minuten bei mehr als 6 Stunden Arbeitszeit,
- Schichtzeit: maximal 11 Stunden einschließlich der Pausen; Jugendliche ab 16 Jahren dürfen in Mehrschichtbetrieben bis 23 Uhr beschäftigt werden.

zu ⑰
Das Güteverfahren bei Arbeitsgerichtsprozessen soll
- eine Verhandlung überflüssig machen und das Verfahren beschleunigen,
- die streitenden Parteien zu einem Kompromiss anregen,
- eine „Verhärtung der Fronten" vermeiden.

zu ⑱
Der Verzicht auf den Anwaltszwang in der I. Instanz an Arbeitsgerichten soll die Kosten für Arbeitnehmer gering halten und rechtsuchende Arbeitnehmer nicht durch Anwaltsgebühren belasten.

zu ⑲
a) Ein Gütetermin soll eine gütliche Einvernahme zwischen Kläger und Beklagtem herbeiführen und das Prozessrisiko mindern.
b) Die drei Instanzen sollen Kläger und Beklagtem den weiteren Rechtsweg offen halten, wenn sie sich durch ein Urteil im Nachteil fühlen.

Lösungen zu den Multiple-Choice-Aufgaben auf den Seiten 27–30:

1. ⑤	2. ②	3. ①	4. ③	5. ③
6. ②	7. ⑤	8. ⑤	9. ⑤	10. ①
11. ③	12. ①	13. ⑤	14. ②	15. ④
16. ③	17. ①	18. ②	19. ④	20. ④
21. ①	22. ③	23. ④	24. ⑤	25. ③
26. ③	27. ②	28. ②	29. ②	30. ⑤
31. ⑤	32. ①	33. ④	34. ③	

Teilgebiet 1.3: Möglichkeiten und Grenzen betrieblicher Mitbestimmung

Lösungen zu den offenen Fragen (in Kurzform) auf Seite 43:

zu
Interessenverbände:
- dürfen eine bestimmte politische Richtung vertreten,
- erhalten für ihre Arbeit keine Zuschüsse vom Staat,
- wirken bei der Vorbereitung von Gesetzen und Verordnungen mit,
- die Mitgliedschaft ist freiwillig.

zu
Arbeitgeberverbände:
- organisieren, bündeln und vertreten Arbeitgeberinteressen,
- wollen gewerkschaftliche Forderungen abwehren,
- wollen die Mitbestimmung einschränken,
- fordern Reformen der gesetzlichen Sozialversicherungen zur Entlastung der Arbeitgeber.

Gewerkschaften:
- organisieren, bündeln und vertreten Arbeitnehmerinteressen,
- wollen Arbeitnehmerinteressen in Staat und Wirtschaft durchsetzen,
- wollen die Mitbestimmung sichern,
- fordern Reformen der gesetzlichen Sozialversicherungen ohne zusätzliche Belastungen der Versicherten.

zu
Industrie- und Handelskammern
- sind vom Staat errichtete „Körperschaften des öffentlichen Rechts",
- erfordern Zwangsmitgliedschaft,
- nehmen für den Staat Aufgaben wahr.

zu 4

a) Innungen
   - organisieren selbstständige Handwerksmeister,
   - pflegen die Traditionen des Handwerks,
   - führen Zwischen- und Abschlussprüfungen durch.

b) Die Mitgliedschaft von Gesellen entspricht alter Handwerkstradition.

zu 5

Vorteile einer Mitgliedschaft in einer Gewerkschaft sind:

- Jedes Mitglied trägt zu einem mitgliederstarken Verband bei.
- Unterstützung bei Streik und Aussperrung.
- Beratung bei Problemen mit dem Arbeitsrecht.

zu 6

Industriegewerkschaft:
Es gibt in einem Betrieb nur eine Gewerkschaft, das vermeidet „Verzettelung" bei Forderungen.
Einheitsgewerkschaft:
Es gibt nur eine Gewerkschaft für Arbeiter und Ange-stellte, die Arbeitgeber können die beiden Gruppen nicht gegenseitig ausspielen.

zu 7

Tarifautonomie bedeutet: Arbeitgeberverbände kön-nen mit Gewerkschaften Tarifverträge ohne staatliche Einmischung und Vorgaben aushandeln.

zu 8

- Schutzfunktion:
  Arbeitgeber können Löhne und Arbeitsbedin-gungen nicht willkürlich ändern.
- Ordnungsfunktion:
  Arbeitsverhältnisse, Eingruppierung und Löhne sind während der Laufzeit eines Tarifvertrags gere-gelt.
- Sichern des Betriebsfriedens:
  Während der Laufzeit von Tarifverträgen sind Streik und Aussperrung nicht zulässig.

zu 9

Lohntarifverträge regeln Löhne, Ausbildungsvergü-tungen, Gehälter; Laufzeit 1–2 Jahre.
Manteltarifverträge regeln Rahmenbedingungen des Arbeitslebens, z. B. Arbeitszeit, Eingruppierung, z. B. nach ERA, Akkordgrundsätze; Laufzeit meist 4–5 Jahre.

zu 10

a) Schwerpunktstreik: Ausgewählte Betriebe werden bestreikt, z. B. ein Reifenhersteller; so lassen sich ohne großen Aufwand ganze Wirtschaftszweige, z. B. die Automobilindustrie, stilllegen.

b) Warnstreik: kurzer Streik, um die Arbeitgeber von der Ernsthaftigkeit zu überzeugen, selbst einen längeren Streik durchzuführen.

c) Aussperrung: Schließen eines Betriebs für alle Beschäftigten, auch für die, die nicht streiken.

zu 11

Rechtswidrig ist ein Streik, wenn er nicht nach den Regeln des Tarifvertragsgesetzes oder den Regeln der zuständigen Industriegewerkschaft geführt wird, z. B. ein Streik zur Durchsetzung politischer Ziele oder eine längere Arbeitsniederlegung ohne Urabstimmung.

zu 12

Wichtige Organe der Betriebsverfassung sind:

- Betriebsversammlung: Versammlung aller Arbeitnehmer, die im Betrieb beschäftigt sind,
- Betriebsrat: gewählte Vertreter der Arbeitnehmer,
- Jugend- und Auszubildendenvertretung: gewählte Vertreter der Auszubildenden (ohne Altersbegrenzung) und der jugendlichen Arbeit-nehmer im Betrieb (bis 18 Jahre).

zu 13

Wichtige Aufgaben des Betriebsrats sind, dafür zu sorgen, dass

- Tarifverträge und Betriebsvereinbarungen eingehalten werden,
- alle Arbeitnehmer gleich behandelt werden,
- Mitarbeiter mit besonderem Schutzbedürfnis, z. B. Schwerbehinderte, nicht benachteiligt werden.

zu 14

Formvorschriften für Betriebsratswahlen:

- Wahl alle vier Jahre.
- Kosten trägt der Arbeitgeber.
- Die Anzahl der Beschäftigten bestimmt die Zahl der Betriebsräte.
- Es besteht keine Wahlpflicht.

zu 15

Rechte des Betriebsrats:

- Mitbestimmung in sozialen Angelegenheiten, z. B. Beginn und Ende der täglichen Arbeitszeit, Betriebsordnung.

- Mitwirkung in personellen Angelegenheiten, z. B. Beurteilungsgrundsätze, Einstellung und Kündigung von Mitarbeitern.
- Informationsrechte in wirtschaftlichen Angelegenheiten, z. B. Planung des Personalbedarfs, Sozialpläne bei Betriebsschließungen.

zu 16

Kann sich der Betriebsrat mit dem Arbeitgeber in einer mitbestimmungspflichtigen Angelegenheit nicht einigen, z. B. Beginn und Ende der täglichen Arbeitszeit, so kann er das Arbeitsgericht anrufen.

zu 17

Eigenständige Rechte der Jugend- und Auszubildendenvertretung (JAV) sind u. a.:
- Die JAV kann Sprechstunden während der Arbeitszeit anbieten.
- Mitglieder der JAV müssen für Schulungs- und Bildungsmaßnahmen freigestellt werden.
- Die JAV hat ein Informationsrecht gegenüber dem Betriebsrat.

zu 18

Untersagt der Arbeitgeber der JAV das Abhalten von Sprechstunden während der Arbeitszeit, so verstößt er gegen das Betriebsverfassungsgesetz; die JAV kann sich für eine Vermittlung an den Betriebsrat wenden.

zu 19

Minimalrechte von Arbeitnehmern (AN), in deren Betrieb kein Betriebsrat vorhanden ist, sind z. B. :
- Informationsrecht der AN über ihren unmittelbaren Arbeitsbereich,
- Anhörung in Fragen, die ihn oder seinen Arbeitsbereich direkt betreffen,
- Recht auf ein Arbeitszeugnis.

zu 20

Paritätisch bedeutet, dass Arbeitgeber und Arbeitnehmer im Aufsichtsrat von Unternehmen in gleicher Anzahl vertreten sind. Dazu kommt noch ein neutrales Mitglied, auf das sich AG- und AN-Vertreter einigen müssen. Der Aufsichtsrat ist ein wichtiges Gremium in Aktiengesellschaften, denn es bestimmt den Vorstand und kontrolliert ihn.
Paritätische Mitbestimmung existiert nur in Montanunternehmen (= Unternehmen, die Eisen, Stahl und Kohle gewinnen).

Lösungen zu den Multiple-Choice-Aufgaben auf den Seiten 44–46:

1. ③ 2. ① 3. ① 4. ③ 5. ②
6. ② 7. ⑤ 8. ④ 9. ⑤ 10. ②
11. ④ 12. ① 13. ④ 14. ① 15. ②
16. ② 17. ⑤ 18. ③ 19. ③ 20. ⑤
21. ④ 22. ① 23. ②

Teilgebiet 1.4: *Lebenslanges Lernen*

Lösungen zu den offenen Fragen (in Kurzform) auf Seite 50:

zu 1
Lebenslanges Lernen
- mindert das Arbeitsplatzrisiko,
- erhöht die berufliche Mobilität,
- trägt zur Sicherung des Einkommens bei,
- fördert Aufstiegschancen im Beruf.

zu 2
- Berufliche Fortbildung: Weiterbildung im erlernten oder ausgeübten Beruf.
  Beispiele: Aufstiegsfortbildung zum Meister, Techniker oder Betriebswirt, Anpassungsfortbildung mit einem REFA- oder MTM-Lehrgang.
- Umschulung: Wechsel des Berufs nach einer Erstausbildung.
  Beispiele: nach einem Unfall: vom Industriemechaniker zum Technischen Zeichner oder wegen Wegfall des bisherigen Berufs: Schriftsetzer schult um zum Mediengestalter.
- Allgemeine Weiterbildung: Erwerb von persönlichen Qualifikationen.
  Beispiele: Erwerb des Computer-Führerscheins oder des Fachabiturs.

zu 3
Viele Unternehmen
- unterstützen Fortbildungsmaßnahmen ihrer Mitarbeiter
  - durch Freistellung für Maßnahmen,
  - Übernahme der Kosten,
  - Aussicht auf höherwertige Tätigkeiten und höhere Entlohnung.
- mit der Absicht, die
  - Mitarbeiter stärker an das Unternehmen zu binden,
  - Kosten für neuanzuwerbendes Personal zu senken,
  - Investitionen in neue Maschinen und Anlagen durch geschultes Personal rentabel zu machen.

zu ④

Der Staat fördert Umschulung und Weiterbildung durch
- umfassende Beratung, z.B. durch Arbeitsagenturen und Rentenversicherungsträger,
- Zuschüsse zu den Kosten von Maßnahmen,
- Hilfen zum Lebensunterhalt, z.B. „Meister-BAFöG",

mit der Absicht,
- Arbeitslosigkeit und Unterbeschäftigung zu vermeiden oder zu beseitigen,
- den Wirtschaftsstandort Deutschland durch gute Fachkräfte zu sichern,
- über die später höheren Einkommen höhere Lohn- und Einkommensteuern zu erhalten.

zu ⑤

Die Grafik zeigt
- Je höher die berufliche Qualifikation, desto geringer ist die Arbeitslosenquote.
- Es gibt unabhängig von der Wirtschaftslage einen großen Sockel von Arbeitslosen mit geringer beruflicher Qualifikation; er steigt in Zeiten der Krise immer am stärksten.

zu ⑥

Bei der Wahl von Ausbildungsberuf und -ort zeigt sich
- Flexibilität z.B. durch die Bereitschaft, auch einen anderen als den sogenannten Traumberuf zu wählen, wenn in diesem keine Ausbildungsplätze angeboten werden;
- Mobilität z.B. durch die Bereitschaft, einen Ausbildungsplatz auch in einer entfernten Region anzunehmen und den Wohnort zu wechseln.

zu ⑦

Sozialkompetenzen werden immer wichtiger, denn die Menschen werden in Unternehmen immer stärker im Team arbeiten.
Methodenkompetenzen braucht man, um die Verfahren zu beherrschen, wie man sich selbst Fachkenntnisse aneignen kann, z.B. durch E-Learning.

zu ⑧

individuelle Lösung

Lösungen zu den Multiple-Choice-Aufgaben auf den Seiten 51–52:

| 1. ② | 2. ⑤ | 3. ③ | 4. ② | 5. ① |
| 6. ③ | 7. ⑤ | 8. ③ | 9. ④ | 10. ⑤ |

Teilgebiet 1.5: *Europa wächst zusammen – Leben, Lernen und Arbeiten in Europa*

Lösungen zu den offenen Fragen (in Kurzform) auf Seite 56:

zu ①

Mobilitätsprogramme ermöglichen es jungen Menschen, Europa nicht nur als Touristen, sondern Land und Leute auch aus Perspektive der Arbeitswelt kennenzulernen – und dabei zusätzlich auch noch Fremdsprachenkenntnisse zu erwerben.

zu ②

Wichtige Teile des Europasses sind
- europäischer Lebenslauf,
- europäisches Sprachendokument,
- europäische Zeugniserläuterungen für den Bereich berufliche Bildung,
- europäischer Diplomzusatz,
- Europapass-Mobilitätsnachweis.

zu ③

Nachteile bei einem Arbeitseinsatz im Ausland könnten sein:
- geringeres Einkommen,
- weniger Gesundheitsfürsorge,
- Sprach- und Verständigungsprobleme (in der Anfangszeit),
- ungewohnte Sitten und Gebräuche.

zu ④

Zu einem Auslandspraktikum im Rahmen des Leonardo-Projekts geben die entsprechenden Internetseiten Informationen, um sich entsprechend vorzubereiten und Einblick in die notwendigen Anträge zu gewinnen.

zu ⑤

Durch eine erfolgreiche 3,5-jährige Berufsausbildung werden nach EQR die Stufe 2 und 210 Kreditpunkte erreicht.

zu

Erreichte Kreditpunkte:

210 Kreditpunkte: Berufsausbildung,

5 Kreditpunkte: REFA-Lehrgang:
4 Wochen Vollzeit,

2,5 Kreditpunkte: Quality-Management-Lehrgang:
2 Wochen Vollzeit,

2,5 Kreditpunkte: CNC-Schulung:
4 x 1 Woche Teilzeit: (4 x 1 1/3) : 2 =

= **220 Kreditpunkte**

**Lösungen zu den Multiple-Choice-Aufgaben
auf den Seiten 57–58:**

1.   2. ②   3. ④   4. ⑤   5. ⑤

6. ①   7. ①   8. ②   9. ③   10. ⑤

11. ③

Kapitel 2: Prüfungsgebiet
Nachhaltige Existenzsicherung

Teilgebiet 2.1: *Soziale Sicherungssysteme*

**Lösungen zu den offenen Fragen (in Kurzform)
auf Seite 66:**

zu

Die „fünf Säulen" der gesetzlichen sozialen
Sicherung in Deutschland sind

a) gesetzliche Krankenversicherung   1883

b) gesetzliche Unfallversicherung   1884

c) gesetzliche Rentenversicherung   1889

d) Arbeitslosenversicherung   1927

e) Pflegeversicherung   1995

zu

Aufgaben in der sozialen Sicherung, z. B.

Aufgabe	Gesetzliche Sozialversicherung	Träger, z. B.
Alterssicherung	Rentenversicherung	Deutsche Rentenversicherung – Bund
Krankenfürsorge	Krankenkasse	AOK
Unterstützung bei Pflegebedürftigkeit	Pflegekasse	bei der AOK
Arbeitsvermittlung	Arbeitsagentur	zuständige Arbeitsagentur
Heilbehandlung nach Arbeitsunfällen	Unfallversicherung	Berufsgenossenschaft

zu ③

Versicherung	Leistungen
a) gesetzliche Krankenversicherung	Vorsorgeuntersuchungen, Krankengeld
b) gesetzliche Rentenversicherung	Altersrenten, Witwen-/Waisenrenten
c) gesetzliche Unfallversicherung	Unfallverhütung, Unfallrente
d) Arbeitslosenversicherung	Arbeitsvermittlung, ALG I
e) Pflegeversicherung	Pflegegeld, Sachleistungen

zu ④

Zweck der Rehabilitationsleistungen der gesetzlichen Rentenversicherung:
Durch sie wird
- ein frühzeitiger Rentenbeginn verhindert,
- ein Versicherter wieder arbeitsfähig und bleibt damit Beitragszahler und wird nicht zum Leistungsempfänger.

zu ⑤

Unfallverhütungsvorschriften sollen Unfälle verhindern und damit Leistungszahlungen vermeiden.

zu ⑥

Der Arbeitgeber kann durch wirksame Unfallverhütungsmaßnahmen Arbeitsunfälle verhindern und so die Leistungen und damit den Beitrag zur gesetzlichen Unfallversicherung mindern.

zu ⑦

a) ALG I ist eine Versicherungsleistung der Bundesagentur für Arbeit.
b) ALG II ist eine staatliche Leistung aus Steuermitteln.
c) Wer keinen Anspruch mehr auf ALG I hat, erhält ALG II.

zu ⑧

Die Pflegeversicherung wurde eingeführt, weil
- die Menschen immer älter werden,
- älter werdende Menschen leichter zu Pflegefällen werden können,
- immer seltener Angehörige vorhanden sind, die ältere Menschen pflegen können.

zu ⑨

Der Sozialversicherungsausweis muss beim Arbeitgeber abgegeben und bei wechselnder Beschäftigung immer mitgeführt werden, z. B. auf Baustellen.

zu ⑩

Längere Lebenserwartung der Menschen bewirkt:
Die Zeitspanne, in der ältere Mitmenschen Rente beziehen, verlängert sich. Die Zahl der Beitragszahler bleibt aber gleich. Mögliche Auswege sind höhere Beiträge oder ein Absenken des Rentenniveaus.

zu ⑪

Eine steigende Zahl von Arbeitslosen führt dazu, dass die Anzahl der Beitragszahler sinkt, die der Leistungsempfänger hingegen steigt.

zu ⑫

Sozialgerichte sind zuständig für Klagen im Zusammenhang mit den gesetzlichen Sozialversicherungen, z. B. Klage auf Übernahme von Reha-Maßnahmen, Klage gegen einen Rentenbescheid usw.

zu ⑬

Der Verzicht auf den Anwaltszwang in der I. Instanz an Sozialgerichten soll die Kosten für Arbeitnehmer gering halten und Rechtsuchende nicht durch Anwaltsgebühren unnötig belasten.

zu ⑭

Nein, denn die Berufung als ehrenamtlicher Sozialrichter ist ein Ehrenamt und kann aus diesem Grunde nicht abgelehnt werden. Der Arbeitgeber muss Ihren Vater für Verhandlungen bei voller Bezahlung freistellen.

Lösungen zu den Multiple-Choice-Aufgaben auf den Seiten 67–69:

1. ②	2. ④	3. ①	4. ④	5. ④
6. ④	7. ②	8. ③	9. ②	10. ①
11. ①	12. ⑤	13. ③	14. ⑤	15. ④
16. ③	17. ③	18. ①	19. ④	

Teilgebiet 2.2: *Zielkonflikte der sozialen Sicherung*

Lösungen zu den offenen Fragen (in Kurzform) auf Seite 75:

zu ①

Die gesetzlichen Sozialversicherungen reichen nicht aus, z. B.
a) für Opfer von Gewalttaten: Bei andauernder Arbeitsunfähigkeit als Folge der Gewalttat erhalten sie keine oder nur eine geringe Rente.
b) Personen ohne Krankenversicherung: Sie können den von privaten Krankenkassen angebotenen Basistarif oft nicht bezahlen (2009: ca. 500 €/Monat).

zu ②

Wichtige Reformen des gesetzlichen Sozialversicherungssystems der letzten Jahre sind:
a) Einführung des Gesundheitsfonds in der gesetzlichen Krankenversicherung → Kosten des Gesundheitssystems sollen gesenkt werden.
b) Hinausschieben des Renteneintrittsalters auf 67 Jahre → die Beitragszeit wird verlängert, die des Rentenbezugs verkürzt; das soll die gesetzliche Rentenversicherung entlasten.

zu ③

Veränderungen der Altersstruktur in Deutschland:
a) Geburtenrate sinkt → weniger Beitragzahler;
b) Lebenserwartung steigt → Zeit des Rentenbezugs wird länger.

zu ④

Sinkender Auftragseingang → Entlassungen → Arbeitslosenquote steigt → Ausgaben für Alg I und Alg II steigen.
Gegensteuern z. B. durch:
a) Verlängern der Bezugszeit für Kurzarbeitergeld, damit die Unternehmen Mitarbeiter weiter beschäftigen können,
b) Erhöhung des Beitragssatzes zur Arbeitslosenversicherung,
c) Herabsetzen von Höhe und Bezugsdauer von Alg I.

zu ⑤

Der Einzelne kann zur Senkung der Kosten im Gesundheitssystem beitragen durch z. B.:
• gesündere Lebensweise → geringerem Krankheitsrisiko,
• Vorsorgeuntersuchungen → Früherkennung von Krankheiten,
• Verzicht auf Arztbesuche bei Bagatellerkrankungen → Senkung der Arztkosten.

zu ⑥

Eine Kapitallebensversicherung
• schafft eine Zusatzrente im Alter,
• versorgt für begrenzte Zeit Hinterbliebene bei plötzlichem Tod,
• ist steuerlich begünstigt und senkt so die Lohnsteuer.

zu ⑦

Das „Drei-Säulen-Modell" einer zukünftigen Alterssicherung besteht aus
• Basisversorgung durch die Rente aus der gesetzlichen Rentenversicherung,
• Zusatzversorgung, z. B. durch eine „Riester-Rente",
• verringerte Ausgaben, z. B. keine Miete, weil frühzeitig eine Eigentumswohnung erworben wurde.

zu ⑧

Eine sehr ungleiche Vermögensverteilung in einem Staat führt zu
• Verarmung von Besitzlosen,
• Unzufriedenheit mit Staat und Regierung,
• Demotivation der Arbeitnehmer, die keine Vermögenseinkünfte besitzen, da nichts mehr vom Einkommen zur Vermögensbildung zurückgelegt werden kann.

zu ⑨

a) Transferleistungen des Staates sind Zahlungen an besonders belastete Bevölkerungsgruppen; sie sollen für soziale Gerechtigkeit sorgen,
b) z. B. Kindergeld, weitere individuelle Antworten möglich.

Lösungen zu den Multiple-Choice-Aufgaben auf den Seiten 76–77:

1. ③	2. ①	3. ⑤	4. ①	5. ③
6. ⑤	7. ②	8. ①	9. ③	10. ②
11. ③				

Teilgebiet 2.3: *Berufs- und Lebensplanung*

Lösungen zu den offenen Fragen (in Kurzform) auf Seite 81:

zu ①
Individuelle Lösungen.

zu ②
Eine Potenzialanalyse ist eine strukturierte Untersuchung in Matrixform. Sie umfasst alle Faktoren, die die Leistungsfähigkeit einer Person kennzeichnen.

zu ③
Individuelle Lösungen.

zu ④
Individuelle Lösungen.

zu ⑤
Rollenkonflikte am Arbeitsplatz lassen sich am nachhaltigsten durch Gespräche mit den Betroffenen lösen.

zu ⑥
Individuelle Lösungen.

zu ⑦
Eigenschaften, die Existenzgründer haben müssen:
• Mut zum Risiko,
• Bereitschaft, mit weniger Einkommen leben zu können,
• Fähigkeit, Mitarbeiter führen zu können.

Lösungen zu den Multiple-Choice-Aufgaben auf den Seiten 82–83:

1. ③	2. ①	3. ②	4. ⑤	5. ③
6. ③	7. ④	8. ②	9. ⑤	10. ②

Kapitel 3: Prüfungsgebiet
Unternehmen und Verbraucher in Wirtschaft und Gesellschaft

Teilgebiet 3.1: *Unternehmensanalyse*

Lösungen zu den offenen Fragen (in Kurzform) auf Seite 94:

zu

Grundsätze, die immer bei der Herstellung von Gütern und Dienstleistungen gelten, z. B. :
a) Alle Wirtschaftsgüter sind knapp.
b) Der Gewinn wird höher, wenn die Produktionsanlagen besser ausgelastet sind.
c) Der Markt regelt durch seine Nachfrage das Angebot.

zu ❷

• Meerwasser	A
• Blechcoil zur Pkw-Fertigung	B
• Zange im Hobbykeller	C
• Drehmaschine	C
• Taxi	C
• Zweitwagen der Ehefrau	B
• Spänekiste	C

zu ❸

Konsumgüter:
Kleidung, Möbel in der Wohnung, Privat-Pkw
Investitionsgüter:
Werkzeugmaschinen, Büromöbel, Lkw

zu ❹
a) Schlüsselindustrie: Pkw-Fertigung, Chemieindustrie
b) Schwerindustrie: Stahlwerk, Gießerei
c) Dienstleistung: Reinigungsfirma, Kraftwerk
d) Grundstoffindustrie: Zementfabrik, Zuckerfabrik

zu ❺

a) Messestand	C
b) Versuchsabteilung	B
c) Lager	A
d) Spanende Fertigung	B
e) Montage	B
f) Werbeabteilung	C
g) Arbeitsvorbereitung	B
h) Qualitätsprüfung	B

zu
a) Einzelfertigung: Bürohochhaus, Kirchenrenovierung
b) Serienfertigung: Pkw, Fertigpizza
d) Massenfertigung: Schrauben, Nägel

zu ❼

Im Verrichtungsprinzip werden die Pkws an einem Platz aus Einzelteilen komplett montiert, im Fließprinzip liegen sie auf einem Fließband und werden an vielen Stationen allmählich zur Endform montiert.

zu ❽

Pkw-Fertigung:
Kernprozesse: Endmontage, Konstruktion
Unterstützungsprozesse: Einkauf, Personalverwaltung
Führungsprozesse: Investitionsentscheidung, Betriebsverlagerung

zu ❾

Produktivitätsanstieg um 3 % bedeutet:
Das Betriebsergebnis ist bei gleichem Arbeitseinsatz um 3 % gestiegen bzw. mit der gleichen Zahl an Mitarbeitern und dem gleichen Maschinen- und Materialeinsatz wurden 3 % mehr Möbel produziert.

zu ❿

Letztes Geschäftsjahr:
Ertrag = 56 Mio. €, Aufwand = 42 Mio. €; W = E/A = 56 Mio. € /42 Mio. €; W = 1,33.
Dieses Geschäftsjahr:
Ertrag = 58 Mio. €, Aufwand = 42 Mio. €; W = E/A = 58 Mio. € /42 Mio. €; W = 1,38
Die Wirtschaftlichkeit W ist um 3,76 % gestiegen (Basis 1,33 = 100 %).

zu ⓫

Der Pkw-Hersteller bezieht Teile und Komponenten von mehreren Zulieferern (multi), die auch im Ausland fertigen (global).

zu ⓬

Durch „Outsourcen" ins Ausland gehen in Deutschland Arbeitsplätze verloren, die Zahl der Arbeitslosen wird steigen, die Kaufkraft sinken und die Automobilindustrie könnte so im Inland Absatzprobleme bekommen.

zu **13**

Rechtsform und die Eigentümer bei folgender Unternehmensform:

- Hans Müller KG: Kommanditgesellschaft; es haften Kommanditist(en) als Teilhafter, Komplementär(e) als Vollhafter.
- WMB AG: Aktiengesellschaft; es haften Aktionäre nur mit dem Wert ihrer Aktie(n).
- Hans Müller Werkzeugbau: Einzelunternehmen; es haftet Herr Hans Müller mit seinem gesamten Firmen- und Privatvermögen.
- Werkzeugbau GmbH: Gesellschaft mit beschränkter Haftung; es haften die Gesellschafter jeweils mit ihrer Einlage.

zu **14**

A: Interessengemeinschaft: „Die Busunternehmer einer Region bilden eine Interessengemeinschaft"; d.h., sie schließen sich ohne Kapitalbeteiligung zusammen, um z.B. gemeinsam zu werben.

B: Kartell: „Die Busunternehmer einer Region bilden ein Kartell"; d.h., sie schließen sich ohne Kapitalbeteiligung zusammen, um z.B. die Tagesmieten für einen Bus hochzuhalten.

C: Fusion: „Die Busunternehmer einer Region fusionieren"; sie geben ihre Selbstständigkeit auf, Ergebnis ist ein einziges Unternehmen, das dann die Busmieten bestimmen kann.

D: Monopol: „Der Busunternehmer XY hat in der Region ein Monopol"; er ist der größte Anbieter und kann die kleineren Unternehmen, z.B. bei Busmieten, unterbieten.

Lösungen zu den Multiple-Choice-Aufgaben auf den Seiten 95–96:

1. ④	2. ③	3. ④	4. ②	5. ⑤
6. ③	7. ③	8. ①	9. ②	10. ③
11. ③	12. ③	13. ③	14. ②	15. ④
16. ⑤	17. ⑤	18. ①	19. ②	20. ③
21. ②				

Teilgebiet 3.2: *Die Rolle der Verbraucher*

Lösungen zu den offenen Fragen (in Kurzform) auf den Seiten 106–107:

zu **1**

Hierarchie der Bedürfnisse
a) Grundbedürfnisse, wie Nahrung: ganz wichtig, unverzichtbar
b) Sicherheitsbedürfnisse, wie Rente im Alter: wichtig
c) Luxusbedürfnisse, wie jährliche Urlaubsreise: nicht so wichtig, darauf könnte man verzichten
d) Kulturbedürfnisse, wie Theater: nicht so wichtig, darauf könnte man verzichten

zu **2**

Mit dem Werbeslogan „Jetzt kaufen – in drei Monaten bezahlen" sollen Verbraucher animiert werden, ihre Wünsche sofort zu erfüllen, auch wenn sie sich diese im Moment nicht leisten können. Sie sollen sich im Augenblick keine Sorgen um die Bezahlung machen.

zu **3**

Eine Privatinsolvenz läuft in drei Stufen ab:
1. außergerichtlicher Einigungsversuch
2. Schuldenbereinigungsverfahren am Amtsgericht
3. Restschuldbefreiung.

zu **4**

a) P   b) P   c) Ö   d) P   e) P

zu **5**

Rechtsfähigkeit erlaubt dem Menschen, seine Rechte und Pflichten wahrzunehmen, z.B. sein Leben im Rahmen der Gesetze frei zu gestalten.
Geschäftsfähigkeit ist die Fähigkeit, Rechtsgeschäfte wirksam abschließen zu können, z.B. sich als Erwachsener eine neue Kücheneinrichtung auf Abzahlung zu kaufen.

zu **6**

Der Kauf des MP3-Players ist nicht schwebend unwirksam und nicht anfechtbar, da der Kaufpreis in Relation zum Taschengeld angemessen ist.

zu ⑦

Anfechtbare Rechtsgeschäfte:
- Ein Händler verkauft einen Pkw als fahrbereit, jedoch ohne Motor.
- Ein neuer Laptop ist mit 20 € statt mit 2000 € ausgezeichnet.

Nichtige Rechtsgeschäfte:
- Ein Händler verkauft 10 Stangen unverzollte Zigaretten zum Preis von insgesamt 50 €.
- Ein Landwirt kauft eine Wiese gegen Handschlag und 100 € in bar.

zu ⑧

a) Leihvertrag
b) Werklieferungsvertrag
c) Darlehensvertrag
d) Pachtvertrag
e) Arbeitsvertrag bzw. Dienstvertrag
f) Werkvertrag
g) Mietvertrag

zu ⑨

a) bargeldlos mit Einzugsermächtigung
b) bargeldlos mit Dauerauftrag
c) halbbar mit Nachnahme
d) bargeldlos mit Kreditkarte
e) bar

zu ⑩

a) Nicht-Rechtzeitig-Zahlung (Zahlungsverzug) durch den Käufer
b) Schlechtleistung (mangelhafte Lieferung) durch den Verkäufer
c) Nicht-Rechtzeitig-Lieferung (Lieferungsverzug) durch den Verkäufer
d) Gläubigerverzug (Annahmeverzug) durch den Käufer

zu ⑪

a) 3 x 2.500 € = 7.500 € abzüglich 15 % von 7.500 € = 1.125 €; zu bezahlen sind: 6.375 €.
b) 375 € abzüglich 2 % von 375 € = 7,50 €; zu bezahlen sind: 367,50 €.
c) 45 % von 8.000 € = 3.200 €;
   4 Raten zu je 1.050 € = 4.200 €;
   Summe: 3.200 € + 4.200 € = 7.400 €.

zu ⑫

Zu zahlen sind
a) 6.000 € + 454,20 € = 6.454,20 €
   (2,57 % + 5 %) von 6.000 € = 454,20 €
b) 14.000 € + 1.059,80 € = 15.059,80 €
   (2,57 % + 5 %) von 14.000 € = 1.059,80 €
c) 21.600 € + 2.283,12 € = 23.883,12 €
   (2,57 % + 8 %) von (12 x 1.800 €) = 2.283,12 €

zu ⑬

Begründungen für das Bestehen von Verjährungsfristen:
a) Die möglicherweise fehlerhafte Montage an einer Sache lässt sich z.B. nach vielen Jahren nicht mehr zweifelsfrei nachweisen.
b) Verjährungsfristen schützen Verkäufer vor unkalkulierbaren Risiken aus lange zurückliegenden Geschäften:

Lösungen zu den Multiple-Choice-Aufgaben auf den Seiten 108–109:

1. ①	2. ④	3. ②	4. ③	5. ①
6. ⑤	7. ④	8. ⑤	9. ①	10. ①
11. ①	12. ②	13. ⑤	14. ③	15. ⑤
16. ②	17. ①	18. ⑤		

Teilgebiet 3.3: *Berufliche Entwicklung*

Lösungen zu den offenen Fragen (in Kurzform) auf Seite 112:

zu ①

Für eine Weiterbildung nach der beruflichen Erstausbildung spricht:
1. besserer Schutz vor Arbeitslosigkeit
2. höheres Sozialprestige
3. höheres Einkommen
4. höhere Arbeitszufriedenheit
5. bessere Mobilität auf dem Arbeitsmarkt

zu ②

Rechtliche Voraussetzungen für die Selbstständigkeit als Werkzeugschleifbetrieb:
a) Gesellen- oder Facharbeiterprüfung (keine Meisterprüfung!)
b) Volljährigkeit
c) eventuelle Beschränkungen der Lage des Betriebs, z.B. nur in einem Gewerbegebiet oder Mischgebiet zulässig

zu

Eine Beratung für den geplanten Pizza-Lieferservice bieten u. a. an
a) die Kammern (IHK und HWK),
b) die Betriebsberatungsstellen der zuständigen Landeswirtschaftsministerien und Gebiets-körperschaften,
c) die jeweilige Stadt- oder Gemeindeverwaltung,
d) Banken und Sparkassen (zur Rentabilität des Vorhabens).

zu ❹

Gründe für das Scheitern als selbstständiger Gewerbetreibender können sein:
a) persönlich nicht geeignet, z. B. kein kauf-männisches Talent,
b) falsche Standortwahl, kein Bedarf an diesem Gewerbe,
c) zu geringes Eigenkapital,
d) es ist bereits starke Konkurrenz vorhanden,
e) zu hohe Gewinnentnahmen, kein Kapital für Investitionen vorhanden.

Lösungen zu den Multiple-Choice-Aufgaben auf Seite 113:

1. ❸   2. ❸   3. ❺   4. ❶   5. ❷
6. ❶   7. ❷   8. ❹

Teilgebiet 3.4: *Deutschland in der Weltwirtschaft*

Lösungen zu den offenen Fragen (in Kurzform) auf Seite 120:

zu

Kennzeichen einer freien Marktwirtschaft sind:
• Angebot und Nachfrage regeln die Preise.
• Privateigentum an Produktionsmitteln.
• Der Staat überlässt die Wirtschaft dem freien Spiel der Marktkräfte.
Kennzeichen einer Planwirtschaft sind:
• Preise und Löhne werden vom Staat vorgegeben.
• Die Unternehmen sind meist verstaatlicht.
• Der Staat gibt langfristige Planziele vor.

zu ❷

Kennzeichen einer sozialen Marktwirtschaft sind:
• Privateigentum an Produktionsmitteln.
• Eingriffe des Staates zur Sicherung des Wettbewerbs.
• Der Staat sorgt durch Steuern und ein Sozial-versicherungssystem für einen sozialen Ausgleich.

zu ❸

Kernaufgaben des Staates zur Sicherung der sozialen Marktwirtschaft sind:
• marktwirtschaftliche Grundregeln sichern, z. B. durch Untersagung von Kartellen,
• Störungen von innen und außen mildern, z. B. durch Förderung strukturschwacher Gebiete,
• soziale Korrekturen zugunsten der Schwächeren vornehmen, z. B. durch die Steuerprogression.

zu ❹

Deutschland ist Mitglied der Europäischen Union und sehr eng mit dem Ausland durch den Export und Import verbunden; Eingriffe des Staates ohne Abspra-che mit der Europäischen Kommission und den welt-weiten Wirtschaftspartnern wären in Wirtschafts- und Finanzkrisen nahezu wirkungslos.

zu ❺

Kennzeichen einer Hochkonjunktur sind:
• hohe Preise,
• Vollbeschäftigung,
• hohes Bruttoinlandsprodukt.
Kennzeichen einer wirtschaftlichen Depression sind:
• Arbeitslosigkeit,
• stabile bis fallende Preise,
• niedrige Kredit- und Guthabenzinsen.

zu ❻

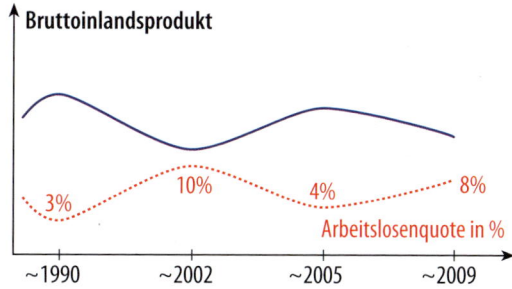

Zusammenhang: Bruttoinlandsprodukt und Arbeitslosenquote in %

In der Hochkonjunktur sinkt die Arbeitslosenquote, weil die Betriebe mehr produzieren, in der Depression steigt sie, da die Aufträge zurückgehen.

zu ⑦

Die Europäische Zentralbank (EZB) kann den Konjunkturverlauf in einer Depression beeinflussen durch:

- Senken der Leitzinsen: Die Banken erhalten von der EZB „billiges" Geld und können die Kreditzinsen für ihre Kunden gering halten.
- Senken der Mindestreserve: Die Banken müssen weniger Geld bei der EZB zinslos hinterlegen und können so mehr Kredite vergeben.

zu ⑧

Formen der Arbeitsteilung (AT) am Beispiel der Lkw-Produktion:

a) Vertikale AT: Das Blech für die Kabine wird über viele Stationen, von der Eisengewinnung bis hin zur Spedition, die anliefert, gewonnen.

b) Horizontale AT: Mehrere Hersteller fertigen in Deutschland, europa- und weltweit ähnliche bis gleiche Lkws.

b) Innerbetriebliche AT: Jeder Mitarbeiter führt oft nur einen einzigen Ablaufabschnitt an einem Teil aus, z. B. Kurbelwellen schleifen.

c) Überbetriebliche AT: Jeder Lkw-Hersteller lässt auch Teile fremdfertigen und bezieht Baugruppen von Zulieferern.

d) Globale AT: Die Zulieferer des Lkw-Herstellers fertigen auf vielen Kontinenten.

zu ⑨

Chancen der Globalisierung für Arbeitnehmer:

- Erhöhung der beruflichen Mobilität, auch ins Ausland.
- Spezialisierung für hochwertige Tätigkeiten wahrscheinlich.
- Stabile Preise durch verstärkte Abnahme aus dem Ausland.

(Weitere individuelle Antworten sind möglich.)

Gefahren der Globalisierung für Arbeitnehmer:

- Arbeitslosigkeit durch Verlagerung von Betrieben ins Ausland.
- Sinkende Löhne durch mehr Konkurrenz auf dem Arbeitsmarkt.
- Zwang sich dem internationalen Arbeitsmarkt anzupassen.

(Weitere individuelle Antworten sind möglich.)

Lösungen zu den Multiple-Choice-Aufgaben auf den Seiten 121–122:

1. ③	2. ②	3. ④	4. ⑤	5. ①
6. ①	7. ⑤	8. ③	9. ④	10. ③
11. ⑤	12. ③	13. ④	14. ①	15. ⑤

Sachwortverzeichnis